선교사가 그린 선교사 바울의 생애

안승오 지음

쿰란출판사

이글을 쓰게 된 동기

바울의 직함을 요즘의 용어로 표현한다면 무엇이 가장 적절할까? 목회자? 신학자? 선교사? 물론 그가 기독교 신학의 뼈대를 형성했다는 점에서 그를 신학자로 볼 수 있을 것이다. 또 그가 교회들을 잘 세워 일으켰다는 점에서 그를 목회자로 볼 수도 있을 것이다. 그런데 그를 가장 잘 묘사하는 말은 역시 선교사라고 생각된다. 그가 서신서들을 씀으로써 기독교 신학의 뼈대를 확립했다는 것은 사실이지만, 그의 서신서들은 책상에 차분히 앉아 신학적인 사색을 하면서 쓴 것이 아니라 선교하는 도중에 생긴 문제들과 씨름하면서 쓴 것이었고, 그 서신서들의 저술 목적 역시 교리서를 만들려는 것이 아니라 선교 현장에서의 복음의 효과적인 증대에 있었던 것이었다. 가장 대표적인 교리 서신으로 꼽히는 로마서 역시 선교 사역 확장에 중요한 목적을 두고 있다. 즉 바울은 개인적으로 알지 못하는 로마 교회와의 친분을 돈독히 하고 복음 전파의 절실함을 일깨워 서방(스페인)에서의 자신의 선교를 위한 그들의 지원을 확보하고자 했던 것이다.

이런 점에서 데이비드 보쉬 (David J. Bosch)는 "그는 첫 기독교 선교사였기에 첫 신학자가 되었다."[1]라고 말하였다. 달 (N. A. Dahl) 역시 "바울을 우선 선교사로 이해하지 않는 한 그를 신학자로 바로 이해할 수 없다."[2]고 하였다. 그렇다. 바울을 묘사할 수 있는 가장 적

---

1) David J. Bosch, *Transforming Mission : Paradigm Shifts in Theology of Mission*(Maryknoll, New York : Orbis Books, 1995), p. 124.

절한 직책은 바로 선교사이다. 그는 분명히 선교사였다. 그는 처음부터 이방인을 위한 복음 사역자로 부름받았고, 숨을 거두는 그 순간까지 그 일을 위해 뛰다가 주님 앞으로 갔다. 그가 신학적인 업적을 남겼다 해도 그것은 선교 사역을 위한 신학이었음을 기억해야 한다. 이처럼 바울의 직책이 선교사였다면, 바울의 생애를 가장 잘 이해할 수 있는 길은 그의 생애를 선교사로서 조명하는 일일 것이다. 바울을 선교사로 이해하고 그의 생애를 살필 때 그를 가장 잘 이해할 수 있다는 것이다. 이런 점에서 이 책은 선교사로서의 바울을 그려 보고자 한다.

필자가 이 책을 쓰고자 하는 생각을 갖게 된 데는 여러 가지 배경이 있다. 첫째는 선교지에서의 경험이다. 선교지에 와서 사도행전을 읽으면서 과거에 느끼지 못했던 새로운 면들을 많이 절감하게 되었다. 과거에는 바울이 선교하던 곳에서 쫓겨서 다른 도시로 피난 갔다는 사실을 그냥 별로 생각 없이 읽고 지나갔다. 또 바울이 여러 번 감옥에 갇혔다는 사실이 별 큰 충격으로 다가오지 않았다. 그러나 나 자신이 바울과 비슷한 처지에 놓이게 되면서 바울의 고난이 얼마나 큰 것이었는가를 피부 깊숙이 실감하게 되었다. 필리핀의 '문띠루

---

2) N. A. Dahl, "The Missionary Theology in the Epistle to the Romans", in *Studies in Paul : Theology for the Early Christian Mission*, pp. 70-94 (Minneapolis : Augsburg Publishing House, 1977), p. 88.

이 글을 쓰게 된 동기

빠'라는 지역에 감옥이 하나 있는데, 그곳에 외국인이 많이 수감되어 있다. 그런데 그곳의 시설이라는 것은 참으로 말로 형언키 어려울 정도로 열악하다. 나 자신이 복음을 전하다가 바울처럼 문띠루빠 감옥에 갇힌다면 나는 어떻게 반응할까? 또 나 자신이 이곳에서 사역을 하지 못하고 복음 때문에 이 나라 저 나라로 쫓겨다니며 전전긍긍한다면 나는 어떤 태도를 보일까? 솔직히 자신이 없었다. 아니 생각만 해도 끔찍했다. 이쯤 되니까 바울이 얼마나 위대한 선교사였는지가 실감이 되었다. 그는 참으로 본받을 만한 선교사였다.

둘째는 필리핀 장로회 신학대학에서의 나의 교육 경험이다. 필리핀에서 나의 주된 사역은 신학생들을 가르치는 것이었고, 내가 가르친 과목은 선교학 과목과 신약학 과목들이었다. 신약학 과목 중에서 사도행전과 바울 서신을 가르쳤는데, 이 강의를 준비하고 가르치고 또한 학생들과 토의하는 가운데 바울에 대한 나의 이해의 지평이 확장되어지면서 과거 나의 바울 이해가 매우 얄팍하였음을 깨닫게 되었다. 바울을 이해하되 수박 겉핥기 식으로 이해하고 있었던 것이다. 아울러 바울을 깊이 이해하게 되면서 그에게서 배울 수 있는 선교의 지혜가 무궁무진함을 알게 되었다. 즉 바울을 제대로 이해한다면 오늘 우리가 하는 선교 사역을 훨씬 더 바르게, 그러면서도 효과적으로 할 수 있을 것이라는 생각을 하게 되었다.

셋째, 바울의 생애를 선교사로 묘사한 책을 찾아보기가 어려웠던 점이다. 바울의 생애에 관한 책은 수도 없이 많다. 그러나 그 책들은

이 글을 쓰게 된 동기

대부분 신학자들이 자신들의 관심의 테두리 내에서 바울을 기술한 것들이다. 그것도 대부분이 번역서이고, 내용 역시 신학적인 면이 강하다는 느낌을 받았다. 또 바울의 생애를 기술한 것이라 해도 단편적이거나 매우 지루하게 다룰 뿐, 선교사로서의 바울의 생애를 심도 있으면서도 쉽게 다룬 책을 거의 발견하지 못하였다. 그리하여 필자의 선교지에서의 경험을 통하여 바울을 조금이나마 더 가깝게 느낄 수 있었던 일과 바울에 대한 나름대로의 심도 있는 연구를 근거로, 오늘 이 시대에 살아서 우리에게 선교를 말해 주는 바울의 모습을 그려 보고자 이 책을 쓰게 되었다.

필자가 이 책을 쓰는 데는 다음과 같은 몇 가지 방향을 가지고 있었다. 첫째, 바울의 모습을 있는 그대로 그려 보고자 했다. 우리는 흔히 바울을 너무 성인화 혹은 거인화하는 경향이 있다. 물론 바울은 위대한 사람이었고 영적인 거인이었다. 그러나 그렇다고 해서 그가 우리와는 아예 다른 차원의 사람이었다고 생각해서는 안 될 것이다. 그는 고민도 안 하고, 의심도 안 하고, 걱정도 없고, 분노도 없이, 불평도 없이 그저 흔들림 없는 믿음만을 가지고 선교 사역을 이루어낸 사람이 아니었다. 그 역시 수없이 많은 문제 속에서 허우적거리며 고민하였던 한 인간이었다. 이런 점에서 본서는 그의 위대한 점과 함께 그의 고민과 흔들림도 함께 그리려고 하였다. 그래야 '바울도 우리가 따라갈 만한 사람이구나.' 하는 자신감을 얻게 된다. 그도 우리와

이글을 쓰게 된 동기

같은 성정을 지닌 사람이었다는 사실, 그러면서도 참 본이 될 만한 큰 일들을 이루어냈다는 사실을 보면서 함께 도전을 얻고자 하는 것이다.

둘째, 그의 성공뿐 아니라 그가 당했던 고난, 실패, 그리고 좌절도 그려 보고자 했다. 우리가 바울에 대해 알 수 있는 주요한 두 가지 자료는 사도행전과 그가 쓴 서신서들이다. 그런데 서신서들은 바울 자신이 직접 쓴 것인 반면, 사도행전은 제3자가 나름의 저작 의도를 가지고 쓴 것으로 바울의 사역에 있어서 중요한 부분만을 그리고 있다. 그러므로 사도행전 속에서 그 표면적 사실 뒤에 있는 바울의 육체적 고통, 정신적 고뇌, 염려, 불안, 슬픔, 그리움, 기쁨, 뿌듯함 등의 그의 진솔한 감정을 찾아내기가 쉽지 않다. 사도행전만을 보면 바울의 사역이 별 어려움 없이 그냥 일사천리로 잘 진행된 것 같은 생각을 갖기 쉽다. 물론 핍박도 있었지만, 그가 가는 곳마다 믿는 자들이 일어나고 교회들이 척척 세워졌다고 생각하기 쉽다. 그러나 실상 바울이 겪은 고뇌는 말로 다 형언하기 어려운 것들이었다. 가는 곳마다 반대파를 만나고, 핍박을 받고, 사역의 열매를 거두지 못하고, 병에 시달리는 고난을 겪었다. 그럼에도 불구하고 그는 굳건히 일어나서 맡겨진 선교 사역을 감당하였고, 결국 놀라운 결실들을 이루어냈다.

바울이 당한 고통들을 보면서 우리는 우리가 하나님의 일을 감당하면서 당하는 고난이라는 것이 배부른 투정이라는 사실을 새삼 실감하게 된다. 그리고 우리에게 어떤 고난이 닥쳐온다 해도 바울을 생

이 글을 쓰게 된 동기

각하면서 견딜 수 있을 것 같은 용기를 얻게 된다. 선교 사역, 목회 사역, 그리고 삶을 살아가면서 겪는 온갖 고뇌들을 바울의 고뇌 앞으로 가져가 보라. 큰 힘을 얻게 될 것이다. 특별히 현재 선교 사역을 하면서 많은 고뇌와 번민을 가지고 있는 분들은 이 책을 읽으면서 많은 위로와 용기 그리고 새로운 활력을 얻게 될 것이다.

셋째, 그에게서 배울 수 있는 선교적인 자세와 지혜를 그려 보고자 했다. 바울은 로마 제국의 네 지역 즉 갈라디아, 마케도니아, 아가야, 그리고 소아시아 지역에 교회를 세웠다. 서기 47년 전에 이 지역에는 교회가 없었다. 그러나 서기 57년에 그는 지중해 동부 지역 선교를 마무리하고 지중해 서부 지역 선교를 계획할 정도로 많은 지역의 주요 도시에 교회들을 세웠다. 이것은 참으로 놀라운 선교적 결실이 아닐 수 없고, 여기에는 분명히 우리가 배울 만한 많은 선교적 전략이 담겨 있는 것이다. 이 책에서는 이런 전략들을 살필 것이다.

그러나 이 책의 관심은 바울의 선교 전략에만 있지 않다. 오히려 그의 삶 속에 나타난 선교적 자세나 지혜 등에 더 많은 관심을 가졌다. 왜냐하면 바울은 우리와 다른 시대적 상황 속에서 살았기 때문이다. 그의 많은 선교의 열매 뒤에는 어느 정도의 상황적 유리함이 있었던 것이 사실이다. 예를 들어 당시 헬라어가 세계적인 언어였기에 바울이 어디를 가든지 언어 소통에 큰 문제없이 선교를 할 수 있었고, 로마의 도로, 치안, 행정 등이 바울의 선교에 많은 이점을 제공하였으며, 디아스포라 유대인들과 율법을 잘 아는 경건한 무리들이

이 글을 쓰게 된 동기

있어서 그들을 기초로 비교적 용이하게 복음의 씨를 뿌릴 수 있었다.[3] 이처럼 그에게는 오늘날의 선교사들이 지니지 못한 상황적 유리함이 있었던 것이 사실이다. 그러나 동시에 그는 오늘의 선교사들이 효과적 선교를 위하여 가질 수 있는 다양한 혜택들 즉 통신, 교통, 의료, 지원 체제, 송금 체제, 기타 여러 가지 여건들을 갖지 못하였다. 또한 그에게는 지속적으로 그의 사역을 방해하는 유대인의 세력도 있었다. 한마디로 그의 상황과 오늘 우리의 상황은 많이 다르다. 따라서 그가 행한 구체적인 선교의 방법을 아는 것도 필요하지만 더 중요한 것은 모든 시대의 선교에 빛을 던져 줄 수 있는 그의 선교 자세와 지혜를 얻는 것이다. 이런 점에서 이 책은 바울의 사역과 삶을 통해서 오늘날 우리가 지녀야 할 선교에의 바른 자세와 지혜들을 얻고자 하였다.

넷째, 바울을 위대한 선교사로 만든 배경과 그가 받은 훈련들을 살펴보았다. 모든 사람이 다 그렇듯이 바울 역시 하루아침에 위대한 선교사 바울이 된 것이 아니었다. 바울만큼 오랫동안 철저하게 훈련을 받고 하나님께 쓰임을 받은 이도 드물 것이다. 바울이 받은 훈련은 선교사로 부름받은 후의 것만 해도 장장 12년이 넘는 것이었다. 율법 공부를 위해 예루살렘으로 떠난 시절부터 계산한다면 바울은 26년

---

3) Joseph Holzner, *Paul of Tarsus* (St. Louis, MO : B. Herder Book Co., 1944), p. 166.

이 글을 쓰게 된 동기

세월을 하나님에게서 선교사 훈련을 받은 셈이다. 더더구나 오늘날의 선교 훈련처럼 훈련 기간이 정해진 것도 아니었고, 훈련 후에 어떤 지역으로 가서 선교를 하게 될 것이라는 계획도 없었다. 그냥 아무런 기약도 보장도 없이 끝없는 훈련이 지속되었다. 분명한 목적이 있고 그에 따른 희망이 있다면 현재가 아무리 어려워도 참을 수 있는데, 아무런 기약이 없었기에 바울에게는 더 혹독한 훈련이었을 것이다. 이 책은 바울이 받은 이 훈련들을 깊이 있게 다루고자 하였다. 선교사가 되려는 소망을 가지고 있거나 현재 훈련을 받고 있는 분들은 이 책을 꼭 읽어 보기를 권하고 싶다. 참으로 귀하게 쓰임받는 선교사가 되기를 원한다면 참으로 많은 훈련이 요구된다는 사실을 깊이 깨닫게 될 것이다. 아울러 하나님께서 당신을 선교사로 사용하시기 위하여 당신을 어떻게 훈련시키실 것인지에 대한 깊은 통찰력을 얻게 될 것이다.

마지막으로, 바울의 생애 그리고 사역과 연관하여 가질 수 있을 만한 질문들에 관하여 나름대로 쉽고도 상세하게 설명을 적어 보았다. 사도행전과 그의 서신서들을 읽다 보면 이해가 잘 안 되는 부분 혹은 궁금한 점들이 많이 생겨나게 된다. 그것들은 지리적인 것, 여행에 관한 것, 역사적인 배경에 관한 것, 어떤 행동의 동기, 선교적인 효과에 관한 것 등 다양할 것이다. 이 책에서는 이런 부분들에 대하여 최대한 자세히 설명해 놓았다. 이 책을 읽으면서 그 많은 의문점들을 해결하는 데 도움이 될 것이고, 그래서 바울을 더욱 잘 이해하게 될

이 글을 쓰게된 동기

것이다. 특별히 바울에 대하여 관심을 갖고 있는 목회자, 선교사, 신학생, 그리고 평신도들은 이 책을 읽으면서 바울 서신과 사도행전을 보는 눈이 넓어지는 것을 체험하게 될 것이다.

이제 이 책의 효과를 최대한 증진시키기 위하여 몇 가지 조언을 하고자 한다.

1. 본문과 관련된 많은 성경 구절들을 적어 놓았다. 이 구절들을 찾아 읽어 보라. 평소에 그 구절에 대하여 이해가 잘 안 되었거나 그냥 지나쳤던 부분들에 대한 이해가 확실해질 것이다.

2. 지도를 반드시 살펴보라. 지리를 이해하는 것이 성경 이해, 특히 사도행전과 바울 서신 이해에 필수적이다. 이미 지도가 많이 나와 있기에 이 책에 따로 실어 놓지는 않았다. 그러나 바울 사도가 다닌 길을 그려 놓은 지도책을 반드시 옆에 놓고 이 책을 보기 바란다.

3. 부록을 잘 살펴보라. 본문은 나름대로 전기 형식을 빌려서 책을 구성했지만, 독자들의 편의를 위하여 부록에 주제 중심으로 바울의 선교를 분류하고 책의 장, 절을 기입해 놓았다. 바울의 선교에 관한 내용들을 주제별로 보기를 원하면 이것을 참고하면 많은 도움이 될 것이다.

4. 바울의 생애와 연관된 많은 다양한 학설들이 있기에 그것을 다 각주에 실어 놓았다. 이것을 잘 참고하면 바울의 생애와 그가 쓴 서신들에 대한 상당히 풍부한 지식을 얻을 수 있을 것을 확신한다.

이 글을 쓰게된 동기

    끝으로 이 책이 나오기까지 여러 가지 모양으로 사랑을 베풀어 주신 여러분들께 깊은 감사를 드린다. 필자를 선교사로 파송해 주시고 뜨거운 기도와 정성 어린 물질로 후원해 주시는 번동제일교회 김정호 목사님과 온 교우 여러분들께 충심으로 감사를 드린다. 또한 출판을 허락해 주신 쿰란출판사 이형규 장로님과 출판을 위해 애써 주신 직원 여러분들께도 깊은 감사를 드린다. 아울러 이 책이 출판되기까지 여러모로 많은 도움을 주신 박선진 목사님께 특별한 감사를 드린다. 그리고 필자를 낳으시고 온갖 어려운 여건 속에서도 믿음으로 양육해 주시고 오늘까지 기도로 삶을 이끌어 주신 어머니 이삼님 권사님께 깊은 감사를 드린다.
    마지막으로 쉽지 않은 선교지 여건 속에서도 묵묵히 고생을 견디며 뒷바라지를 해주며 지혜로운 조언과 정성된 기도를 해준 아내 최경숙, 그리고 타 문화 속에서도 믿음직스럽게 잘 자라 준 사랑하는 두 딸 혜선이와 혜진이에게 깊은 감사의 마음을 전한다. 아무쪼록 이 책을 통해 한국 교회 선교가 새로워지고, 하나님 나라 확장에 조금이나마 도움이 되기를 바라는 마음 간절하다.

2002년 12월 5일
추수의 땅 필리핀에서
안 승 오

차례

이 글을 쓰게 된 동기 / 2

I. 어린 바울의 주변 환경 / 19
1. 그레코 로만 문화 및 사회 ▪20
2. 흩어진 유대인들의 삶 ▪22
3. 바울의 고향 다소 ▪25
4. 바울 가문의 가풍 및 가정 교육 ▪28

II. 장래가 촉망되는 유대 랍비 / 32
1. 가말리엘의 제자가 되다 ▪33
2. 가말리엘 문하에서 하산한 후 ▪35
3. 유대 사회에서의 바울의 지위 ▪37

III. 선교사로의 부르심 / 39
1. 의심과 확신 사이에서 ▪40
2. 나사렛파 단속 반장 ▪43
3. 180도 방향 전환 ▪45
4. 아나니아를 통한 부르심의 확증 ▪47

IV. 선교사 훈련 / 52
1. 아라비아 광야에서 ▪53

   2. 모든 것이 은혜 ■56
   3. 다마스커스와 예루살렘에서 ■58
   4. 낙향 ■60
   5. 바나바와의 만남 ■62

V. 바울의 파송교회와 바울 선교단 / 66
   1. 로마 제3의 도시 : 안디옥 ■67
   2. 선교 운동의 새 중심지 : 안디옥 교회 ■68
   3. 바울 선교단의 특징 및 선교적 의의 ■74

VI. 선교의 첫걸음 / 78
   1. 키프러스(구브로) 섬 : 선교단장 바나바의 고향 ■79
   2. 떠나간 동역자 ■81
   3. 비시디아 안디옥 : 갈라디아 지역 선교의 첫 열매 ■84
   4. 눈이라도 빼어 줄 사람들 ■87
   5. 바울과 회당 ■89
   6. 핍박 속에 이어진 선교 여행 ■91
   7. 선교지 사람들의 팥죽 변덕 ■93

VII. 첫 선교 여행 결산 / 99
   1. 왔던 길로 다시 돌아 ■100

차례

2. 유대인들은 왜 그토록 바울을 핍박했을까? ■102
3. 첫 선교 여행을 성공적으로 만든 요인들 ■104
4. 자립 교회 설립의 지혜 ■108

VIII. 세계적 종교가 되는 길목에서 / 111

1. 심각한 문제 ■112
2. 바울은 강경파(?) ■114
3. 선교의 새 장을 열어 준 회의 ■116
4. 바울의 상황화 원리 ■120

IX. 유럽 대륙 마게도냐를 향하여 / 124

1. 결별로 시작된 두 번째 선교 여행 ■125
2. 믿음의 아들 디모데의 동참 ■128
3. 성령의 인도를 따라 ■131
4. 의사 누가와의 만남 ■133

X. 복음을 받은 마게도냐의 도시들 / 136

1. 복음을 받은 유럽 최초의 도시 ■137
2. 화가 변하여 복으로 ■140
3. 바울의 세례 정책 ■144
4. 한 달 만에 세워진 교회 ■146

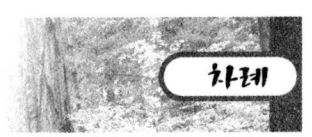

   5. 신중한 사람들 ■149

XI. 아가야 지역에 뿌려진 복음의 씨앗들 / 152
   1. 잘난 사람들 ■153
   2. 죄악의 도시, 은혜의 도시 ■160
   3. 데살로니가 전후서를 쓰면서 ■162
   4. 참 좋은 부부와의 만남 ■165
   5. 고린도 사역의 열매들과 방해 공작들 ■168
   6. 바울은 자비량 선교사(?) ■172
   7. 바울의 재정 정책 ■174

XII. 소아시아 지역 선교 / 178
   1. 에베소 : 소아시아 복음의 중심지 ■179
   2. 두란노 서원 사역에 나타난 바울의 선교적 열정과 지혜 ■182
   3. 선교의 열매를 가져온 이적과 기사 ■183
   4. 말에 능한 아볼로 vs 말에 어눌한 바울 ■185
   5. 선교사의 마음을 아프게 한 교회 ■188
   6. 에베소 사역의 절정과 종결 ■192
   7. 바울의 사역지 변경 계획과 로마서 ■195
   8. 왜 서바나인가? ■200

차례

XIII. 예루살렘으로 올라가면서 / 203
1. 슬픈 이별들 ▪204
2. 바울의 고별 설교에 나타난 선교사의 삶 ▪207
3. 성령의 헷갈리는 지시(?) ▪210
4. 왜 꼭 예루살렘에 가야만 했나? ▪212
5. 바울의 동역자들 ▪214
6. 외로운 짝사랑 ▪219
7. 바울의 선교 사역에서 배우는 지혜 ▪222
8. 수용자의 필요와 수용 상태에 민감함 ▪232

XIV. 예루살렘에서 / 235
1. 바울이 가져온 예물에 담긴 의미 ▪236
2. 바울은 회색주의자(?) ▪238
3. 체포당하는 바울 ▪241
4. 살인 음모 ▪245

XV. 재판의 연속 / 249
1. 벨릭스의 고민 ▪250
2. 결론 없는 베스도의 재판 ▪254
3. 헤롯 아그립바 2세 앞에서 ▪257
4. 바울과 재판 ▪260

차례

   5. 담대함 ■263
   6. 기다림 ■265

XVI. 죄수의 여행 / 267
   1. 죄수의 몸으로 ■268
   2. 풍랑 속에서 ■270
   3. 위로자가 된 죄수 ■272
   4. 또 한 번의 죽음의 덫 ■275
   5. 또 한 번의 기회 ■276

XVII. 선교사의 마지막 시간들 / 278
   1. 드디어 로마에 ■279
   2. 극진한 환영, 썰렁한 반응 ■280
   3. 감옥에서 낳은 아들 ■282
   4. 모든 것을 초월하여 ■284
   5. 계속되는 바울의 선교 ■285

부록 / 290
   1. 바울의 생애 연표 ■290
   2. 선교사로서의 바울의 자세 ■291
   3. 바울이 받은 선교 훈련 ■292

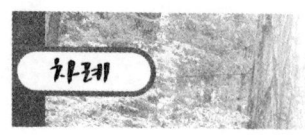

4. 바울의 선교를 강하게 만든 요인들 • 292
5. 바울의 선교 지혜 • 292
6. 바울과 그의 동역자들이 받은 재판과 심문 • 293
7. 바울이 당한 고난들 • 293
8. 바울이 쓴 서신들 • 294
9. 바울이 세운 교회들 • 294
10. 바울이 만난 세 종류의 선교 대상과 그 접근 방법 • 295
11. 바울의 3차 선교 지역들 • 295
12. 바울 주위의 사람들 • 295

참고 문헌 / 297

1. 어린 바울의 주변환경

　인간은 환경에 의해서만 형성되는 존재는 아니지만, 그렇다고 환경의 영향을 완전히 뛰어넘을 수 있는 존재도 아니다. 이런 점에서 바울이 바울 되는 데 있어서 그가 태어나고 자라난 환경을 살펴보는 것은 중요한 의미가 있다. 그가 자라난 정치, 사회, 문화적 배경은 어떤 것이었을까? 당시의 로마 사회에서 유대인들은 어떤 삶을 살았고, 그들은 주위에서 어떻게 인식되어졌는가? 그가 자란 도시는 어떤 도시였으며, 그의 부모는 어떤 분들이었으며, 또 바울에게 어떤 교육을 시켰는가? 이런 질문들은 바울을 이해하는 데 결정적인 나침반의 역할을 하게 될 것이다.

1. 그레코 로만 문화 및 사회

바울이 태어나서 평생을 살며 사역했던 때는 로마 제국 시대였다. 그가 광활한 지역을 다니며 복음을 전했지만 그곳은 다 로마의 지배 하에 있는 지역들이었다. 로마 제국은 강한 군대와 로마법, 그리고 탁월한 행정 체제를 가지고 제국 내에 평화를 이룩하여 놓았는데 이 것을 '팍스 로마나(Pax-Romana, 로마의 평화)'라고 한다. 이 팍스 로마나, 즉 로마가 이루어 놓은 평화로 인해 바울은 로마의 재판관 혹은 행정관들의 치안의 덕을 보았고, 대체로 기본적인 신변 보호를 받으며 선교를 수행할 수가 있었다. 또한 "모든 길은 로마로 통한 다."라는 말이 생길 정도로 로마인들은 제국 내 각 도시를 연결하는 직선도로망을 구축하고 이 도로를 조약돌로 포장해 군대와 인력, 그리고 물자의 이동을 용이하도록 만들어 놓았는데, 이 길을 통해서 복음이 쉽게 전달된 것은 두말할 필요조차 없었다.

로마인들은 종교적인 민족이었다. 그들은 주피터(Jupiter), 아폴로(Apollo), 머큐리(Mercury), 마르스(Mars), 넵튠(Neptune)을 비롯해 비너스(Venus), 다이아나(Diana), 미네르바(Minerva) 등 수없이 많은 신을 섬겼다. 즉 다신론적인 신 개념을 가진 민족이었다. 이런 이유로 인해 그들은 이방 종교에 대하여 비교적 관대한 정책을 베풀었다. 또한 문화적인 측면에서 보면, 로마는 알렉산더 대왕과 그의 후계자들이 이루어 놓았던 소위 헬레니즘(Hellenism)의 영향을 많이 반영하고 있었다. 헬레니즘이란 알렉산더가 페르시아와 지금의 아프가니스탄과 서 파키스탄을 점령하고, 남쪽으로 이집트 그리고 지중해 남부까지를 점령해서 이뤄 놓은 광대한 제국을 지배했던 문화이다. 헬라 문화와 동양 문화를 융합시켜 이루어진 헬레니즘은 거의 1천 년 간 지속되었다. 이 헬레니즘의 요체는 헬라의 철학과 기술 그리고 동양의 종교성이 융합되어 탄생했다. 당시의 철학사상은 플

라톤이나 아리스토텔레스 등의 고전적 헬라 철학이 약화되고, 그 관심이 형이상학에서 구체적 윤리적 문제 혹은 삶의 방식 등의 영역으로 옮겨 가고 있었다. 당시 대표적인 헬라 철학 사조로는 물질주의적인 색체가 강한 에피큐리즘(Epicuriism)과 자연에 순응해서 살 것을 강조하는 스토이시즘(Stoicism) 등이 있었다. 이 외에 회의주의(Scepticism) 또는 냉소주의(Cynicism) 등의 철학 경향도 매우 강하였다.

이러한 다양한 철학 사조들과 이 사조들을 퍼뜨리려는 철학 교사들이 많이 돌아다님으로 해서 로마 제국 내에는 사상과 신념들의 자유로운 교류가 성행했다. 즉 각 민족들의 사상과 종교들이 비교적 자유롭게 소통되었다는 것이다. 그런데 이러한 원활한 사상 교류를 가능케 한 중요한 요소 중의 하나가 바로 헬레니즘 세계에서 공통으로 사용된 일상의 헬라어, 즉 코이네(Koine, '일반적인'이란 뜻) 헬라어였다.[1] 이 언어의 통일 덕분에 바울은 로마 제국 어느 지역으로 가든지 큰 어려움 없이 의사소통을 할 수 있었다.

헬레니즘의 전반적인 분위기는 숙명에 순응할 뿐 숙명을 거스를 수 없다는 숙명주의적 사고였기 때문에, 사회는 절망적 분위기가 팽배한 가운데 어떤 구원자를 간절히 바라고 있었다. 그리하여 영지주의의 신비적 신앙 지식을 통해서 구원을 얻고자 하는 신비 종교나, 하늘에 있는 별들이 인간의 운명을 좌우한다는 생각에서 별에 있는

---

[1] 로마에서는 크게 두 가지 언어가 쓰였는데 그것은 라틴어와 헬라어였다. 라틴어는 라틴어의 황금시대로 알려진 아구스도 황제 때에 이탈리아의 한 부족에 의해 사용되었던 것이 이탈리아 전체의 공적인 언어가 되었으며, 중세 때에 꽃을 피우게 되었다. 헬라어는 코이네 헬라어가 많이 사용되었는데, 이것은 고전 헬라어에 비해 누구나 쉽게 사용할 수 있는 언어였고, 알렉산더가 문화 교류와 정신계의 통일을 위하여 보급한 것으로 주전 3세기~수후 3세기끼지 사용되었다. 신성종, 『신약 역사』(서울 : 개혁주의신행협회, 1985), p. 69.

신들을 움직여서 무언가를 얻고자 하는 점성술 등이 발달하게 되었다.[2]

이러한 현상은 황제들에게서도 잘 나타나는데, 일례로 디베료 황제(Tiberius)는 점성술을 매우 신봉하였으며 미신과 징조를 중시하였다. 그의 어머니가 점성술사들의 말을 경청하고 미래를 점치는 수단을 자주 애용하였는데, 이러한 것이 아들에게 강하게 영향을 미친 것이었다.[3]

2. 흩어진 유대인들의 삶

바울의 부모는 흩어진 유대인들 중에 산 사람들이었다. 유대인들은 B.C. 586년에 바빌로니아의 포로가 되어 70년 후에 일부 유대인들이 팔레스타인으로 돌아오기는 하였지만, 상당수는 바빌로니아에 그대로 남아 있었고, 바울 당시에도 바빌로니아에 유대인 공동체가 있었다. 이후에 알렉산더와 그의 후계자들에 의해 정복되면서 유대인들은 세계 각처에 노예로 잡혀가서 그곳에 유대인 공동체를 형성하며 살았다.

사도 시대에 유대인들이 얼마나 넓게 퍼져 살았는지는 사도행전 2장 9~11절에서 오순절 절기를 지키기 위해 예루살렘에 온 사람들이 얼마나 다양한 곳에서 왔는가를 보면 알 수 있다. 특히 로마 제국에서 가장 큰 도시 중 하나인 알렉산드리아에 유대인이 많았는데, 알렉산드리아의 다섯 구 중에 두 개 구가 완전히 유대인 구일 정도였다.[4]

---

2) W. M. Ramsay, *Cities of the St. Paul : Their Influence on His Life and Thought*(New York : Hodder & Stoughton, 1907), pp. 31~35.
3) 신성종, op. cit., p. 29.
4) F. F. Bruce, *Paul : Apostle of the Heart Set Free*(Grand Rapids, MI : Eerdmans, 1977), pp. 30~31.

또한 로마에도 유대인들이 많이 거주하였는데, 주후 1세기가 시작될 무렵 로마에 살던 유대인들은 약 4만에서 6만 정도로 추정된다. 이 숫자는 당시 예루살렘에 살던 인구 수와 비슷한 것이었다.[4] 결국 당시에 유대 땅 밖에 산 사람들이 유대 땅 안에 산 사람들보다 훨씬 많았다는 사실을 알 수 있다.

이처럼 로마의 다양한 지역에 흩어져 살았던 유대인들은 유대 본토 밖에 있으면서도 그들만의 독특한 삶의 형태를 유지하고 있었다. 그들은 자기들끼리만 어울렸고, 이방인들과는 철저히 담을 쌓았다. 유대인들은 이방인들을 불결한 사람들로 인식했고 그 결과 자신들만의 배타적인 게토(Ghetto)를 형성했다. 이런 것 외에도 이방인들의 눈에는 유대인들이 형상 없는 신을 섬기는 것이 참으로 이해하기 어려운 일이었다. 할례를 행하는 것 또한 참으로 우스꽝스럽기 그지없는 행동이었다. 거기다가 유대인들이 돈을 잘 벌고 재주가 많았기 때문에 자연히 유대인들을 미워하는 반 유대주의가 널리 팽배해 있었다.

그럼에도 불구하고 유대인들은 로마 제국 내에서 비교적 많은 혜택을 누리면서 살았다. 왜냐하면 유대인들이 아주 골치 아픈 민족이고 폭동을 잘 일으키는 민족이기 때문에 웬만하면 그냥 두는 것이 현명하다는 결론을 로마 통치자들이 나름대로 얻었기 때문이었다. 물론 유대교 자체를 로마의 합법적인 하나의 종교로 인정한 것은 아니었다. 그저 묵인하는 정도였다. 그래서 유대인들은 군대에도 안 갔

---

5) 로마 고위 관리들에 의해 발표된 칙령들에 의해 유대인들은 예외적 특권들을 누렸는데, 이렇게 된 배경에는 로마 정부에 대항한 유대인들의 끈질긴 투쟁이 있었다. 예를 들어, 갈릴리 출신 유다라는 사람은 이방 통치자에게 세금을 바치는 것은 이스라엘의 참 통치자이신 하나님에 대한 반역이라고 주장하며 반란을 일으켰다. 이 반란은 곧 진압되었지만 그 사상은 셀롯당에 의해 계속 강조되어 졌다. Ibid., p. 28.

고, 황제 숭배에도 참여하지 않아도 되는 특혜들을 누렸다.[5] 즉 유대인들은 로마의 통치 아래 살면서도 종교적 · 정치적으로 여러 가지 혜택을 누리면서 살았다.

흩어진 유대인들은 회당을 만들고 그것을 중심으로 자신들의 신앙 생활을 계속하였는데, 10명의 성인 남자가 모이면 회당 하나를 세울 수 있었다. 회당은 율법에 대한 가르침, 공동체 예배, 비공식적 친교 등을 제공하는 장으로서의 역할을 감당했다. 이들은 회당에 모여서 정기적으로 자신들의 신앙 생활을 수행하였을 뿐 아니라, 20세 이상 된 남자들의 몫으로 두 드라크마씩을 예루살렘에 있는 성전으로 보낼 정도로 자신들의 율법과 조상들의 전통에 충성된 삶을 살았다. 이들은 유대교의 순례 절기 때 예루살렘을 방문하여 성전에서 예배 드리는 것을 큰 기쁨으로 삼았으며, 예루살렘에서 파견된 순회 랍비를 모셔 회당에서 일정 기간 율법을 배우는 등 예루살렘과 늘 긴밀한 관계를 가지고 살았다.

특히 이들에게 예루살렘은 거룩한 도성으로서 세상의 중심이었으며, 종말에 하나님의 영광이 나타날 곳이었기에 언젠가 예루살렘에 귀환하는 것을 가장 귀한 것으로 생각하였다. 특별히 성전 가까이에서 살다가 죽고 거기에 묻히는 것을 인생의 가장 큰 목표요 기쁨으로 생각하였다. 흩어진 유대인들이 오랜 세월 타향에 살면서도 자신들의 정체성을 잃지 않은 중요한 이유는 예루살렘과의 이같은 긴밀한 관계 형성과 회당을 중심으로 한 계속적인 신앙 생활 덕분이었다고 할 수 있다.[6]

그러나 유대인들이 이처럼 철저히 게토를 형성하여 다른 민족을 향하여는 담을 쌓고 적개심을 가지고 살았기에 다른 민족들 역시 유대인들에게 악감정을 지니고 있었고, 이로 인해 유대인과 이방인 간

---

6) Arthur Darby Nock, *St. Paul*(New York : Harper and Brothers, 1937), p. 24.

에는 넘기 어려운 큰 장애가 있었다. 유대 땅에서 생성되어 유대의 종파로 여겨지던 기독교가 세계적인 종교로 성장하는 데는 유대인과 이방인 간의 이러한 큰 오해와 증오의 장벽을 넘어야 하는 어려움이 있었다.

3. 바울의 고향 다소

당시 다소의 인구는 약 50만 정도였고, 동방에서부터 오는 오랜 상업 도로가 다소를 통과하여 지중해로 통하고 있었고, 동시에 길리기아 문(Cilician Gates)을 통과하여 타우르스 산맥을 넘어 북쪽으로 향하는 로마의 대로와도 통하고 있었다. 즉 지정학적으로 다소는 당시 세계의 교차로 같은 지역이었다. 다소는 지중해와 타우르스 산맥 사이에 위치하면서, 소아시아의 남쪽 해안의 동쪽 반 정도를 차지하고 있었으며, 약 480킬로미터의 길이와 약 48~96킬로미터 정도의 넓이가 되는 좁고 긴 지역이었다.[7]

이 도시를 관통하고 있는 강이 있었는데, 시드누스(Cydnus)라는 폭이 좁고 물살이 센 강이었다. 이 강은 지중해에 인공으로 만들어진 항구로 귀착되어지는데, 바울이 태어나기 약 40년 전에 바로 이 항구에 클레오파트라가 안토니우스를 만나기 위해 방문하였었다.[8]

다소는 알렉산드리아와 아덴과 버금가는 헬레니즘의 중심지였다. 이 도시에는 유명한 스토아 학교가 있었는데 이로 인해 헬레니즘 교육의 중심지로 유명하였고, 지식을 갈망하고 학자를 존경하는 도시였다. 이 도시는 주전 64년 로마 제국에 속하게 된 이후에도 자유 도

---

[7] Edgar J. Goodspeed, *Paul*(Winster : The John Christian Company, 1947), pp. 1~3.

[8] John Pollock, *The Apostle*(Wheaton, IL : Victor Books, 1985), p. 4.

시로서의 지위를 계속 누렸다. 바울이 태어날 무렵 이 도시는 학문의 중심지로서의 명성을 떨치면서 '대학의 도시'로 불렸다. 이 도시의 학교들은 철학뿐 아니라 수사학과 일반 학문의 전 분야를 다루어 가르쳤으며, 교육에 대한 이들의 열정은 아테네(성경에는 '아덴')나 알렉산드리아 기타 어느 도시의 사람들보다 강했다. 이 도시의 몇몇 철학자들은 그 명성이 널리 알려졌는데, 스토아 학파인 아테노도러스(Athenodorus)와 그의 뒤를 이은 아카데미파인 네스토르(Nestor)가 유명하였다. 특별히 아테노도러스는 아구스도 황제가 젊은 시절에 그의 생도 가운데 하나였을 정도로 유명한 교사였는데, 그는 아구스도 황제의 명을 따라 주전 15년에 고향 다소로 돌아와서 시정을 개혁하기도 하였다.[9]

다소는 또한 동양 신비 종교의 중심지이기도 하였다.[10] B.C. 334년에 알렉산더 대왕이 이곳 다소에 들어왔으며, 그 후 많은 그리스 이주민들을 이주시켜서 다소는 번성하는 대학과 그리스 도시 생활의 모습을 보이면서 완전한 그리스 도시로 발전되어 갔다. 이 도시는 또한 로마의 통치 아래서 다양한 문화가 잘 융합된 곳이었다. 즉 길리기아 본토인, 소아시아를 정복했던 히타이트인, 헬라인, 앗시리아인, 페르시아인, 그리고 알렉산더가 인도로 갈 때 함께 왔던 마케도니아 사람들이 섞여 살았다. 알렉산더 사후에 여러 통치자들에 의해 헬라가 지배되면서 안티오쿠스 4세가 시리아 지역을 다스렸다.

이같이 다양한 문화가 섞여 있고, 학문과 동양 신비 종교의 중심지였던 다소에서 바울이 출생하여 상당한 시간을 그곳에서 보내었다는 것은 그의 선교 사역에 아주 결정적인 의미를 지니고 있다. 바클

---

9) F. F. Bruce,『신약사』, 나용화 역(서울 : 기독교문서선교회, 1978), p. 275.
10) William Barclay,『바울의 인간과 사상』, 서기산 역(서울 : 기독교문사, 1997), p. 27.

레이는 "만일 한 인간이 전 세계를 위한 선교사로 운명지어졌다면 그런 사람이 성장하기에 가장 알맞은 장소는 동방 전체에서 다소만한 곳이 또 없었다."[11]라고 하였다.

이 다소에도 유대인 주거 지역이 있었다. 이들은 자신들의 신앙과 혈통 밖에 있는 사람들을 이방인이라 부르면서 그들과 교제하지 않았다.[12] 바울의 부모 역시 이러한 무리 가운데 한 사람이었는데 그들은 갈릴리의 기샬라(Gishala) 지역에서 온 것으로 알려져 있다.[13] 바울이 날 때부터 시민권을 가지고 있었다는 사실을 볼 때 그의 부모는 당시 사회에서 상당한 지위를 가졌거나 로마 사회에 상당한 기여를 한 사람들이었다고 추측해 볼 수 있다.[14] 아마도 바울의 부모는 호전적인 지방 총독에게 물질적으로 도움을 줄 수 있을 정도로 큰 천막 제조업을 운영하지 않았나 싶다. 어찌되었든 그들은 물질적인 이익, 평화와 질서, 도로 및 수로, 다리 등으로 자신들에게 편리한 삶을 가능케 한 로마 제국을 신뢰하는 마음이 있었다. 바울의 부모의 의식 속에는 로마 제국이 있었고, 제국의 어떤 지역을 부를 때에도 과거의 본래 지역 이름을 부르지 않고, 로마의 행정 명칭으로 부르기를 선호하였다.[15] 이같은 상황에서 태어나고 자란 바울은 확실히 그레코 로만 문화의 영향을 직·간접적으로 받았다. 그는 헬라어를 구사하였고, 70인 역을 사용하였다. 그가 다소에서 자라면서 그리고 후에 성인이 되어 상당 시간을 다소에서 보내면서 그는 그리스 로마의 다양

---

11) Ibid., p. 27.
12) John Pollock, op. cit., pp. 4~5.
13) Arthur Darby Nock, op. cit., p. 21.
14) 바울이 시민권을 가졌다는 사실에 대하여 매우 회의적인 견해를 표명한 글(볼프강 스테게만 ≪사도 바울은 과연 로마 시민이었는가?≫)이 있다. 김재성 편, 『바울 새로 보기』(서울 : 한국신학연구소, 2000), pp. 497~539를 참조 바람.
15) Edgar J. Goodspeed, op. cit., pp. 3~5.

한 문화를 자연스럽게 호흡하며 체득하게 되었다고 볼 수 있다.

4. 바울 가문의 가풍 및 가정 교육

A.D. 10~15년 사이에 다소에서 태어난 바울은 로마 시민으로서 히브리 이름 외에 이름, 성, 별명의 세 단어로 구성된 이름을 지니고 있었다. 그런데 우리는 그의 별명인 'Paullus(바울루스)' 라는 이름 밖에 알지 못한다. 적법하게 태어난 로마 시민의 자녀는 태어난 지 30일 이내에 신고되어져야 했고, 신고인은 둘로 접힐 수 있는 돌서판(dyptych)을 시민권 증명으로 받았다.[16]

그는 또한 8일 만에 할례를 받으면서 히브리인이었던 그의 부모로부터 '사울' 이라는 이름을 받았다. 유대 역사상 베냐민 지파에서 가장 유명한 사울 왕의 이름을 따라서 지어졌으며 집에서는 사울이라는 이름으로 불렸던 것으로 보인다. 바울은 순수한 유대인의 혈통을 지니고 있었다. 그에게는 이방인의 피가 전혀 섞이지 않았다. 그의 부모는 팔레스타인으로부터 멀리 떨어진 다소 지역에 살고 있었지만, 결코 헬라인으로 살지 않았다. 오히려 철저히 이스라엘 땅에 사는 다른 히브리인들처럼 살았다. 그들에게는 '약속의 백성' 즉 살아계신 하나님의 영광을 유일하게 계시 받은 백성의 일원이라는 사실이 다소의 자유 시민이나 로마의 시민권보다 더 귀하고 영예로운 것이었다. 그의 어머니에 대하여는 자세히 알 길이 없지만, 사무엘이나 세례 요한 혹은 예수의 어머님처럼 아주 고아한 영향력을 끼친 귀한 어머니였음이 틀림없다. 그 어머니는 바울의 어린 시절에 별세한 것으로 보인다. 이런 이유로 바울은 후에 루포의 어머니를 자신의 어머니로 생각하며 살았던 것으로 보인다(롬 16 : 13).

---

16) F. F. Bruce, op. cit., p. 276.

바울의 아버지는 철저한 바리새인이었다. 후에 바리새인이라는 말은 매우 위선적인 사람들을 지칭하는 대명사가 돼버리고 말았지만, 본래 바리새인은 유대의 가장 숭고한 전통을 대표하는 사람들 중 하나였다. 그들은 종교적인 무관심이 퍼져 나가는 세상 속에서 철저한 신앙적 삶을 살아냈다. 그들은 토지 소산의 십일조를 드리는 일에 가장 양심적이었다. 그들은 소득의 십일조를 드릴 뿐 아니라 '박하와 회향과 근채'(마 23 : 23)의 십일조까지 바쳤으며, 십일조를 떼지 않은 음식은 아예 먹지 않았다.[17]

또한 영과 보이지 않는 세계를 믿지 않는 사두개파에 반하여 죽은 자의 부활과 오는 세상에 대한 신앙을 견지하였다. 또한 도덕이 퇴락해 가는 세상 속에서 거룩한 삶을 살기 위해 온 힘을 다하였다.[18]

그들은 하나님께서 우주를 다스리신다는 사실을 철저히 믿으면서, 사람들이 하나님의 율법에 불순종하고 그 뜻에 반항할지라도 하나님의 뜻은 인간의 행위에 관계없이 반드시 승리할 것임을 믿었다. 물론 그들이 지나치게 자신들의 의를 나타내고, 위선적인 삶을 산 오류를 범한 것은 사실이지만, 그들은 그래도 바른 신앙의 삶을 살아보려고 몸부림친 사람들이었다는 사실만은 받아들여야 할 것이다.

철저한 바리새인으로 산 부모 아래서 자라난 바울의 유년 시절은 유대 경전과 각종 예식과 유대 전승, 그리고 회당 예배를 중시하는 부모의 영향을 강하게 받은 시기였다.[19]

그의 부모는 헬라의 사상을 멸시하여, 바울이 그러한 사상과 문화의 영향을 받는 것을 철저히 막았고, 이러한 영향을 줄 수 있는 사람

---

17) Ibid., p. 97.
18) F. B. Meyer, *Paul : A Servant of Jesus Christ*(Fort Washington, Pennsylvania : Christian Literature Crusade, 1983), p. 17.
19) Arthur F. Glasser, *Kingdom and Mission*, Unpublished edition(Pasadena, CA : Fuller Theological Seminary, 1989), p. 275.

들과의 교제를 철저히 금하였다. 이같이 엄격한 유대식 교육을 받았었기 때문에 바울은 확실히 그 또래의 소년이라면 보고 들었어야 할 것들로부터 많이 단절되어 있었다. 그는 바리새인 아버지 슬하에서 엄격하고도 철저한 신앙 교육을 받으면서 철저한 바리새인으로 자라 갔다. 바리새인들에게 있어서 율법은 하나님의 뜻으로서 절대적이고도 최종적인 권위를 지니는 것이었다. 그들은 이 하나님의 계시인 율법을 이루고자 최선의 노력을 기울였다. 이런 가풍 속에서 자란 바울은 율법의 모든 요구 사항을 철저히 지켰다.

바울은 빌립보서 3장 4~6절에서 자신의 유대인 됨을 다음과 같이 설명하고 있다. 그는 난 지 8일 만에 할례를 받았다. 당시 많은 이들이 여러 가지 형편상 정확히 8일 만에 할례를 행하지 못한 반면에 바울은 정확히 8일 만에 할례를 받고, 선민의 표지를 그 몸에 지니면서, 하나님과 계약을 맺은 민족의 한 사람이 되었던 것이다. 그는 또한 베냐민 지파에서 태어났다. 이스라엘 최초의 왕이 베냐민 지파에서 나왔고, 왕국의 비극적인 분열이 일어났을 때에도 베냐민과 유다 두 지파만이 르호보암을 충실히 도와주었다(왕상 12:21). 그 영예로운 지파의 후손으로 그는 태어났던 것이다. 그는 또한 히브리인 중의 히브리인, 즉 외지에 살면서도 조상의 말을 여전히 기억하며 사용하던 히브리인이었던 것이다. 그는 헬라화된 유대인 디아스포라와 달리 어린 시절부터 철저하게 히브리인으로 살았던 것이다. 또한 그는 바리새인이었다. 그는 '선별된 사람들' 중의 한 사람이었고, 율법 준수를 위해서라면 어떤 희생도 치를 각오가 되어 있던 사람이었다. 그는 랍비들이 만든 갖가지 세부적인 전승들까지도 지키는 데 부족함이 없었다.[20]

후에 그는 "⋯⋯ 오늘날까지 내가 범사에 양심을 따라 하나님을

---

20) William Barclay, op. cit., pp. 18~19.

섬겼노라"(행 23 : 1)고 말할 정도로 어린 시절부터 철저히 율법을 준수하였다. 어린 시절부터 그는 참으로 하나님의 총애를 받는 인물이 되고자 하는 열망이 있었다. 이 열망보다 더 그를 강하게 사로잡는 것은 없었다. 하나님께서 원하시는 일을 행하는 데 있어서는 자신의 어떤 것을 바쳐도 아깝지 않은 그였다. 이런 의미에서 그는 철저히 유대인이었다.

그러나 그가 이처럼 철저한 유대인이었다고 해서 헬라 세계에 대하여 무지하였다고 생각해서는 안 된다. 물론 그의 어린 시절에는 부모의 철저한 통제로 말미암아 헬라 문화로부터 많이 차단되어 있었다. 그러나 그는 그 당시 가장 헬라화된 도시 중의 하나였던 다소에서 출생하여 유년 시절뿐 아니라 예루살렘 유학 후, 그리고 회심 후 생애의 상당 시간을 그곳에서 보냈다. 그 때 바울은 헬라 문화를 접할 수 있는 기회를 많이 가지게 되었고, 이러한 경험들은 바울을 세계를 위한 선교사로 만들기에 적절한 것들이었다.

결국 바울의 어린 시절을 종합하여 볼 때 확실히 그는 몸 어느 한 구석에도 유대인이 아닌 것이 없었다. 그러나 동시에 그는 다른 어느 유대인보다 그레코 로만 세계와 문화에 대하여 잘 아는 사람이었다. 즉 그는 바클레이의 말처럼 두 세계, 즉 유대인의 세계와 헬라인의 세계에 속한 사람이 되었다. 그리고 이런 점에서 그는 결국 유대 땅에서 생성된 기독교를 전 세계를 위한 종교로 만들기 위해 두 세계의 교량 역할을 할 수 있는 최적임자였던 것이다.[21]

---

21) Ibid., p. 33.

장래가 촉망되는 유대랍비

　바울은 어린 시절부터 철저한 신앙 교육을 받았고, 후에 가말리엘 문하에서 수학한 후 유대의 훌륭한 랍비가 되었다. 그는 유대 사회 내에서 있으나마나 한 존재가 아니라 전도가 양양한 젊은 랍비였다. 그뿐 아니라 그는 자신이 믿는 바 유대교의 신앙을 위해서라면 생명을 걸고서라도 그것을 지키고자 하는 열의가 불타오르는 사람이었다. 즉 그는 지성과 열정을 겸비한 탁월한 인물이었고, 이런 점에서 율법 학자로서, 그리고 종교 지도자로서 앞길이 훤히 열린 젊은이였다. 이런 사람이 출세가도의 길을 벗어나서 당시 유대 사회에서 이단으로 여겨지던 그리스도인의 길에 들어섰다는 것은, 분명 그의 삶에 스스로 제어할 수 없는 결정적인 초자연적 사건이 발생했음을 잘 보여 주는 일인 것이다.

1. 가말리엘의 제자가 되다

다소는 헬레니즘의 중심지였고, 지식을 갈망하고 학자를 존경하는 도시였기에 유명한 대학들이 많이 있었다. 그러나 철저한 유대인 신앙을 견지한 바울의 부모로서는 자신의 아들 바울을 그런 곳에 보내 이방인의 도덕 철학을 배우게 하고 싶지 않았다. 그리하여 바울의 부모는 바울을 아주 어린 나이에 바다 건너 예루살렘으로 보냈다. 이것은 바울 자신의 말에서도 그 근거를 찾을 수 있는데, 그가 예루살렘 성전 뜰에서 적대하는 무리들을 향하여 말하기를, "나는 유대인으로 길리기아 다소에서 났고 이 성에서 자라 가말리엘의 문하에서 우리 조상들의 율법의 엄한 교훈을 받았고……"(행 22 : 3)라고 하였다. 이 본문에 의하면 그는 가말리엘 학교에 입학하기 전에 적어도 몇 년 동안을 예루살렘에서 자라났다는 것을 알 수 있다.[1]

당시 가말리엘 학교는 13세 이후에는 들어갈 수 없었으므로 13세 이전에 몇 년을 예루살렘에 있었다면 바울은 10살 전후에 예루살렘으로 갔음이 틀림없다.

바울이 예루살렘에 5~6년간 머물면서 그의 학문을 쌓은 곳은 당시 최고의 랍비였던, 힐렐(Hillel)의 손자 가말리엘(Gamaliel)의 학교였다. 당시 또 하나의 거대한 학파를 형성하고 있었던 샴마이 학파(School of Shammai)는 아주 보수적이어서 이방인들을 받아들이지 않았고, 그들과 타협하는 것을 절대적으로 반대하였다. 이에 비해 힐렐 학파는 인간성이 풍부한 학파로서 이방인들에게도 열려 있었다.[2]

---

1) F. F. Bruce, op. cit., p. 279.
2) 바울은 이같이 이방인에게 열려 있는 힐렐 학파에서 수학하면서 이방인 개종 사역에 익숙해졌고, 그 자신이 그 일에 직극적으로 참여하게 되었을 것으로 보여진다. David J. Bosch, op. cit., p. 127.

힐렐 자신도 본래는 바벨론에서 온 유대인으로서 샴마이 학교에서 율법을 배운 사람이었다. 그러나 후에 샴마이 학파는 보수를 대표하고, 힐렐 학파는 진보를 대표하는 학파가 되었는데, 가말리엘은 바로 이 인간미가 풍부한 힐렐의 손자였고, 아주 온유한 성품의 소유자였다.[3]

바울은 가말리엘의 문하에서 율법의 참 의미를 찾을 때까지 성경을 철저하게 분석하는 것을 배웠다. 즉 이스라엘 백성들로 하여금 율법을 범하지 않도록 하기 위하여 만들어진 다양한 전승들이 오히려 율법의 본래의 의미를 가린 것이 있지는 않았는가를 고찰하는 훈련을 받았다. 그리고 고대 사회에서 소위 '비난 공격(diatribe)'으로 알려진 '질의응답 형식(question-and-answer style)'의 논쟁법을 배웠다. 또한 당시에는 랍비들이 법을 어긴 사람들을 고소하거나 방어하는 역할을 감당하였기에 법적인 역할을 감당하는 것에 관해서도 훈련을 받았다.[4]

바울은 여러 학생들 중에서도 특별히 눈에 띄는 열심 있는 학생이었다. 그는 "내가 내 동족 중 여러 연갑자보다 유대교를 지나치게 믿어 내 조상의 유전에 대하여 더욱 열심이 있었으나"(갈 1 : 14) 라고 말할 정도로 구전되고 있는 모든 율법의 집대성을 통달하였다.[5]

그는 기독교인이 되고 20여 년이 지난 후, 자신의 어린 시절을 회고하면서, "율법의 의로는 흠이 없는 자로다"(빌 3 : 6) 라는 말로 자

---

3) 이같은 전통적인 견해에 반하여 미국의 유대학자 J. Neusner는 랍비 가말리엘이 Hillel의 아들이거나 손자가 아니라 샴마이 학파의 한 랍비였다고 주장하였고, 이 주장을 받아들인다면 바울은 자유로운 힐렐 계열의 랍비가 아니라 보수적인 샴마이 계열의 랍비였다고 볼 수 있다. 김세윤, 『예수와 바울』(서울 : 도서출판 참말, 1993), p. 307.
4) John Pollock, op. cit., pp. 6~7.
5) Arthur F. Glasser, op. cit., p. 254.

신의 품행을 요약할 수 있을 정도로 율법에 충실한 삶을 살았다.

바울과 그의 동료 학생들은 가말리엘 문하에서 율법에 관한 공부 외에도 헬라 문화의 예비 과정들도 공부하였던 것 같다. 탈무드에 보면, 가말리엘의 아들인 시므온(Simeon)은 '헬라의 지혜'를 배운 생도들을 두고 있었다. 그러기에 시므온의 아버지인 가말리엘 역시 그러한 학생들을 두었을 것이 틀림없다. 바울이 그의 편지들에서 헬라의 시들과(행 17 : 28 ; 고전 15 : 33 ; 딛 1 : 12) 당시의 운동경기와 연관된 표현들을(고전 9 : 26~27 ; 엡 6 : 12 ; 빌 3 : 13) 사용하는 것을 보면 그가 헬라적인 지식을 습득한 것이 분명하고, 이런 지식의 상당 부분은 가말리엘 문하에서 습득한 것으로 보인다. 바울이 헬라의 지식을 상당히 갖추고 있었다는 사실은 그가 사용하는 용어에 드러나는 헬라적인 색채를 통해서도 알 수 있는데, 사실 헬라 문학과 문화에 대한 지식은 당대의 헬라 문명 세계에서 배움이 있는 사람들에게는, 그들이 유대인이든 이방인이든, 일반적인 상식의 일부였다.[6]

2. 가말리엘 문하에서 하산한 후

바울이 가말리엘 문하에서 모든 수련을 마치고 그 뒤에 어디에서 어떤 삶을 살았는지는 자세히 알기는 어렵지만, 전승에 의하면 바울은 수학을 마치고 이십세 쯤 되었을 때 예루살렘을 떠나 고향 다소로 향하였다. 그가 다시 고향을 찾은 이유는 기술을 습득하기 위함이었다고 할 수 있다. 본래 유대인들은 일을 귀하게 여겼다. 그래서 그들 사이에는 "일을 사랑하라. 자녀에게 기술을 가르치지 않는 자는 도둑질을 가르치는 것과 같다."는 말이 있을 정도였다. 이것은 랍비에

---

[6] F. F. Bruce, loc. cit.

게도 예외가 아니었다. 랍비도 설교나 가르침을 통해서가 아니라 스스로 일을 해서 생계를 책임지는 것이 유대의 전통이었다. 그들이 일하지 않고 율법만 가르치면 마지막에 가서 실패하며 불법을 저지르게 된다고 생각하였다. 랍비에게도 철저히 일을 가르침으로써 그들이 삶에서 괴리되지 않고 현장에서 일하는 사람들의 고뇌를 아는 랍비가 된다는 것이 유대인들의 생각이었다.[7]

특별히 그가 태어난 길리기아 지역은 특별한 종류의 털가죽을 얻어낼 수 있는 염소 떼가 많기로 유명하였다. 이 염소에서 얻어지는 털가죽은 그 지역의 이름을 따라서 길리기움(cilicium)이라 불렀는데, 이것은 텐트, 커튼, 기타 장식천을 만드는 데 매우 좋은 것이었다. 바울의 직업을 흔히 텐트 만드는 사람, 즉 장막업자로 이해하는데, 사실은 길리기움과 같은 털가죽을 가지고 각종 물건을 만드는 가죽 제조업자라는 것이 더 정확한 표현일 것이다. 어찌되었든 그는 아주 숙련된 가죽 제품 장인이 되었음에 틀림없었고, 선교 사역을 시작한 후에도 이 기술이 그의 사역에 많은 도움을 주었다. 그는 사역 중에 필요에 따라 일을 하였으며 자신이 남에게 생계를 의존하지 않는 것을 기쁘게 생각하였다.[8]

바울은 고향에서 자신의 직업을 가지고 살면서도 자신이 믿는 유대교 신앙을 전하는 데 매우 열심이었다. 당시 유대인들의 모임 장소인 회당에는 이방인들도 함께 참여하였는데, 이 이방인들 가운데는 완전히 유대교로 개종한 사람들이 있었는가 하면 자신들의 민족 정체성은 그대로 유지하면서 회당에 나와서 하나님을 믿는 이방인들도 있었는데, 이들을 '하나님을 경외하는 자들(God-Fearers)'이라

---

7) William Barclay, *The Acts of the Apostles*, Revised edition(Philadelphia, PN : The Westminster Press, 1956), p. 135.

8) 살전 2 : 9 : 살후 3 : 8 : 고후 11 : 9.

고 했다. 바울은 이들에게 단순히 회당에 나와서 하나님을 경외하는 차원에서 한 걸음 더 나아가 할례를 받고 개종자(Proselytes), 즉 온전한 유대인 신자가 되어 율법의 모든 요구를 철저히 지킬 것을 강하게 권고하였다. 개종자가 되려면 말할 수 없이 많은 대가를 지불해야 하지만 그 보상으로 하나님의 특별한 은혜와 복을 입는 삶이 주어진다는 사실을 바울은 힘있게 증거하였다.[9]

바울이 자신의 고향에서 이처럼 열심히 일하고 이방인들을 인도하는 일에 열심을 다하는 사이에 예수께서는 공생애를 시작하시고 십자가 위에서 그 사역을 종결하신 것으로 보인다. 바울이 당시 예수를 직접 목격하였다면, 그 역시 다른 바리새인들처럼 예수를 힐문하였을 것이고, 후에 교회들에게 자신이 만났던 예수를 말하였을 것이다.

3. 유대 사회에서의 바울의 지위

고향 다소에서의 생활을 마치고 바울은 23세 정도에 다시 예루살렘으로 돌아왔고, 적법한 절차를 밟아, 율법 학자로 임명된 것 같다. 전통에 따르면 율법 학자의 관직에 오르려면 다음의 조건들을 갖추어야 했다. 첫째는 기록되고 구전된 율법에 대한 충분하고 광범위한 지식을 갖추어야 했고, 둘째는 '탈미데 하카밈(talmide hakamim, 지혜자의 제자들)'에 정통해야 했으며, 셋째는 40세 이상이어야 했다. 바울의 경우는 세 번째 자격을 구비하지 못하였는데, 이 전통이 주후 70년 이전에는 엄격하게 시행되지 않았을 가능성이 크다. 그가 율법 학자의 지위를 얻었다는 사실은 대제사장의 특사로서 다마스커스로 가서 예루살렘에서의 핍박을 피하여 도망한 사람들을 송치

---

9) John Pollock, loc. cit.

해 올 수 있도록 권한이 주어졌던 것에서도 확인할 수 있다.[10]

또한 "또 죽일 때에 내가 가편(可便) 투표를 하였다"(행 26 : 10)는 말씀에 근거하여, 그가 산헤드린 즉 최고 공의회 의원이었다고 주장하는 사람들도 있다. 그러나 당시에 '청년'(행 7 : 58)은 장로들의 회의에 거의 소속되지 않았다는 것을 생각할 때 가능성이 희박하다고 볼 수 있다.[11]

어찌되었든 바울은 유대 사회에서 젊은 나이에 율법 학자의 관직에 오른 사람이었다. 그의 학문적인 실력과 율법에 대한 철저한 헌신으로 보건대 그는 유대 사회의 지도적인 인물이 될 것이 틀림없었고, 산헤드린의 회원이 되는 것도 거의 확실한 일이었다. 한마디로 그는 전도가 양양한 젊은이였다. 그가 이같이 확실한 입신양명의 길을 두고 이단으로 여겨지던 나사렛 예수를 향하여 회심하는 것은 결코 쉬운 일이 아니었을 것이다. 그러기에 더욱 그의 회심이 결코 인간적인 동기나 의도에 의해서 이루어진 일이 아니라 철저한 신적 개입에 의해 이루어진 것이라는 확신을 갖게 된다. 어찌 되었든 바울이 선교사로 부름받기 전에 이처럼 율법에 통달한 율법 학자가 된 것은 훗날 그가 받은 계시를 기초로 하여 기독교 진리를 체계화하는 데 중요한 기반이 되었고, 특히 유대인들을 위하여 사역할 때 그 효과를 높이는 이점으로 작용했다. 하나님은 그를 기독교 역사상 첫 선교사로 부르시기 위하여 당신의 섭리 가운데서 그의 삶을 천천히, 그러면서도 철저하게 조성해 가고 계셨던 것이다.

---

10) F. F. Bruce, loc. cit.
11) Ibid., p. 280.

III. 선교사로의 부르심

 선교사에게 있어서 가장 중요한 요소 중 하나는 선교사로 부름받았다는 확신일 것이다. 하나님께서 자신을 부르시고 보내셨다는 확신보다 더 선교사에게 강한 영향력을 미치는 것은 없을 것이다. 바울이 선교사로 부름받은 것은 참으로 특이한 것이었다. 그가 선교사로 부름받을 당시 선교사 모집 공고 같은 것이 있었던 것도 아니고, 그의 선교사적 자질과 가능성을 검토하기 위해 인터뷰 같은 것이 있었던 것도 아니었다. 다만 그를 가장 잘 아시는 주님께서 직접 그를 부르셨다. 이 부르심의 사건이야말로 바울로 하여금 모든 역경과 난관을 헤치고 그의 선교 사역을 승리케 한 결정적인 사건이었다. 그러기에 사도행전에서는 세 차례나 이 사건을 상세하게 기술하고 있다.[1] 이것은 기독교의 핵심 진리인 이신칭의(以信稱義)에 대한 바울의 가르침보다 더 많은 지면을 차지하고 있는 것이나.

1. 의심과 확신 사이에서

그레코-로만 사회에서 태어나서 그곳에서 살던 헬라파 유대인들, 즉 헬라어를 쓰던 유대인들은 보다 큰 세상의 사상과 삶에 대해서 잘 알았다. 이 헬라파 유대인들 가운데서 그리스도를 믿게 된 사람들은 예수의 죽음을 하나님께서 손수 마련하신 최후의, 그리고 완전한 속죄의 제사로 보았다. 따라서 성전 제사는 더 이상 필요없는 것이고, 오히려 그것을 하나님의 뜻을 거스려 노하게 하는 것으로 보았다. 이러한 신학적 이해를 가지고 그들은 율법(특히 그 의례적인 부분들)과 성전 의식을 공격하였다. 특히 율법과 성전 의식이 바리새인들의 위선과 사두개인들의 민중 착취의 기반이 되는 것을 보면서 그들은 율법과 성전 의식을 더욱 공격하였다.

초대 교회 일곱 집사 중 하나였던 스데반은 바로 이런 헬라파 유대인 중의 하나였다. 그의 사역은 본래의 임무였던 구제 사역에 제한되지 않았다. 그는 예루살렘에 있는 다른 유대인들과의 종교적인 토론에 참여하였고, 여기에서 율법과 성전 의식에 대한 자신의 견해를 설파하였는데, 성전과 그 의식이 예수의 오심으로 말미암아 대체되었다고 주장하였다. 스데반의 이러한 발언은 유대인들의 분노를 격발하기에 충분한 것이었고, 분노에 찬 유대인들은 스데반을 유대 공회 즉 산헤드린 앞으로 끌고 갔다. 산헤드린 앞에서 스데반은 성전과 그것이 표상하는 바를 폐지해야 한다는 주장을 담은 설교를 하였는데, 이러한 스데반의 설교는 유대인들을 분노의 도가니로 몰아넣고 말았다. 그들이 보기에 스데반은 성전을 모독함으로써 하나님을 모독할 뿐 아니라, 율법에 규정된 규례들을 폐기하러 예수가 왔다고 주장함으로써 모세까지 모독한 것이었다. 결국 그들은 신성 모독의 죄를

---

1) 행 9 : 1~25, 22 : 1~21, 26 : 1~23.

씌워서 스데반을 돌로 쳐죽였다.

스데반이 돌에 맞아 첫 순교자가 되는 그 역사적인 현장에 기독교 최초의 선교사가 될 바울이 있었다. 그는 스데반의 죽음을 마땅한 것으로 여겼다. 그가 알고 믿기로, 하나님께로 나아가는 길은 분명히 하나의 길, 즉 하나님의 택하신 이스라엘에 속하여 그 모든 율례를 지키는 길뿐이었다. 그런데 스데반이 나타나서 새 것이 왔으므로 옛 것이 물러가야 한다는 주장을 펼쳤던 것이다. 그러나 바울이 보기에는 옛 것이 여전히 유효하니 새 것이 나와서는 안 되었다. 바울은 십자가에 죽은 나사렛 예수가 메시아이며 그의 피로 말미암아 죄가 사해진다는 사실을 도저히 받아들일 수가 없었다. 또 유대교의 핵심인 율법과 성전 의식을 공격한 행위는 곧 유대교 자체를 위협하는 행위라고 볼 수밖에 없었다. 이런 행위는 도저히 용납될 수 없는 것이었고, 따라서 즉시로 물리쳐야 하는 것이었다. 그냥 두면 하나님께로 나아가는 바른 길을 방해하는 것이 되기 때문이었다. 이런 점에서 바울은 증인들이 돌을 들어 스데반을 돌로 쳐죽이려 할 때에 그의 죽음을 마땅히 여겼고, 사람들의 옷을 받아 간직해 줄 정도로 적극적으로 이 일에 협력하였는데, 바울이 증인들의 옷을 맡았다는 것은 공적으로 스데반의 죽음에 찬성을 표명하였다는 것을 의미한다.[2]

바울은 여호와 하나님과 이스라엘의 순결을 위하여 과감하게 일어나 싸움으로써 유대 역사상 기림을 받던 영웅들인 비느하스(민 25:1~8; 시 106; 집회서 45:23), 마타디아스(1 Macc 2:26; 4 Macc 18:2) 그리고 그 밖의 '열혈당원들'의 본을 따라 그리스도인들을 무력으로 박해하는 일에 가담하였던 것이다.[3]

---

2) F. F. Bruce, 『사도행전 상, 브루스 주석』, 이용복·장동민 역(서울 : 아가페 출판사, 1986), p. 212.
3) 김세윤, op. cit., p. 308.

그런데 그는 보이지는 않지만 가까이 계시는 분에 대하여 말하는 것 같은 스데반의 엄숙한 목소리를 듣게 되었다. "주여! 나의 영혼을 받아 주소서." 이어서 온 얼굴이 피투성이가 된 모습으로 다시 한 번 외치는 간절한 음성을 듣게 되었다. "주여! 저들의 죄를 용서하소서." 돌에 맞아 죽어 가는 그 순간, 고난의 절정의 순간에 그의 얼굴에는 평화가 흘러 넘쳤다. 바울은 그 언어와 그 평온한 모습을 도저히 잊을 수가 없었다. 그것은 청년 바울의 마음속에 지속적인 동요와 회의를 일으키는 파문을 가져왔다. 그의 자세에서 우러나오는 그 담대함, 그 확신, 그 평온한 표정은 바울의 예수에 대한 전 이해에 새로운 각성을 불러일으켰다. 자신은 유대 최고의 석학에게서 율법을 배워 섭렵하였고, 최선의 경건을 실천하면서도 참 평안을 누리지 못하고 갈등 가운데 살아왔는데, 스데반이 보여 준 마지막 모습은 그가 추종하고 따르는 예수라는 사람에 관하여 다시 생각하게 할 만큼 충분히 충격적이었다.

또 한 가지 그의 내면에 갈등을 일으킨 것은 로마 시민으로서의 자신과 유대인으로서 그것도 아주 철저한 바리새인으로서의 자신 사이에 일어나고 있는 정체감의 혼란이었다. 물론 바리새파는 혁명주의자는 아니었다. 마카비안의 때로부터 그들은 오로지 종교적 자유만을 추구하였다. 정치적 독립 같은 것은 안중에도 없었다. 스데반을 죽일 때에도 직접적인 정치적 의미는 없었다. 그러나 당시의 산헤드린은 사형 판결권을 박탈당한 상태였다. 따라서 그들이 스데반을 죽인 것은 명백한 로마법 위반이었고,[4] 바울 자신이 이 범법 행위에 앞장을 섰다는 사실이 그를 괴롭혔다. 하나님의 백성으로서 모세의 법을 따르는 것과 선량한 로마의 시민으로서 제국의 법을 따르는 일이 상충됨으로 일어나는 갈등이 바울의 마음에 많은 혼란과 의문을 제기하였고, 이 일로 인해 그의 마음은 몹시도 괴로웠다. 스데반은 새로운 기독교 운동의 첫 순교자가 되었고, 이러한 극적인 죽음으로 인해 성도들이 흩어짐으로 말미암아 기독교는 단지 유대교의 한 종파가 아니라 전 인류를 품는 종교로서 그 중요한 첫걸음을 내딛게 되었다.[5]

그러나 바울에게 있어서 스데반의 죽음은 또 다른 의미를 지니는 것이었다. 그것은 그가 지금껏 가지고 있었던 확신에 대한 회의를 일으키는 결정적인 파장이 되었다.

2. 나사렛파 단속 반장

스데반의 순교 이후 유대 교권자들은 기독교인들에 대한 조직적인 핍박을 가하였고, 바울은 이 일의 가장 주된 책임자가 되었다. 이것은 누가 시켜서라기보다는 나사렛파를 멸절시켜야 한다는 바울의 강한 신념이 그 일을 스스로 맡도록 몰아 갔다. 그의 강한 신념이 그를 나사렛파 단속반장 같은 역을 맡게 한 것이었다. 나사렛파를 검색하고 잡아들이는 그의 모습은 맹수가 그 먹이를 향하여 달려들어 찢는 것과 유사했다. 그의 눈은 나사렛파를 그 땅에서 철저히 도말하여 씨를 말려 버려야 한다는 신념으로 불타오르고 있었다. 그는 나사렛파를 색출하기 위해 집집마다 수색을 하였다. 또한 회당에서 회중이

---

4) 이러한 불법이 어떻게 자행될 수 있었을까? 브루스에 의하면, 주후 31년 빌라도의 후원자였던 세자누스(Sejanus)가 몰락한 후에, 고위층의 배경을 잃게 된 빌라도의 지위가 위태롭게 되었으므로, 그는 대제사장과 산헤드린이 로마에 보내는 보고서들이 자신에게 유리한 것, 아니면 적어도 불리하지 않은 것이 되도록 하는 데 크게 신경을 썼다 한다. 따라서 빌라도는 당연히 유대 지도자들 즉 산헤드린과 좋은 관계를 갖는 데 힘썼고, 산헤드린이 시행하는 일에 있어서 공공질서가 위태룹게 되지 않는 한 웬만한 사건은 눈감아 주는 것이 지혜롭다고 생각하였다. F. F. Bruce, op. cit., p. 266.

5) Edgar J. Goodspeed, op. cit., pp. 13~14.

모인 곳에서도 나사렛파 색출 작업을 하여 감옥에 넘기는 일을 하였다(행 8 : 3). 이 과정에서 대제사장으로부터 받은 권한을 가지고 간단한 재판 절차를 행하였다. 즉 나사렛파의 추종자로 여겨지는 사람들을 찾아서 재판을 하고 나사렛 예수를 공식적으로 저주하도록 강요하였고(행 26 : 11),[6] 여기에 응하지 않는 사람들은 가차없이 감옥에 집어넣었다.

　이러한 과정에서 바울은 나사렛 예수를 주로 부르는 자들이 하는 이야기나 믿음에 관하여 많이 접하게 되었다. 또한 실제적으로 예수를 가까이 만나고 예수로부터 구체적인 메시아적인 능력을 통해 갖가지 병 고침을 받았던 사람들의 고백도 듣게 되었다. 이들의 이야기는 공통적인 내용을 담고 있었다. 그것은 바로 나사렛 예수가 바로 자신들이 기다리던 메시아라는 것이었다. 이들은 대부분 학식이 없는 무식한 사람들이거나 죄인으로 분류되는 사람들이었다. 처음에 그들이 재판에 임할 때는 말이 어둔하고 논리적이지 못한 경향이 있었지만, 곧 그들은 아주 담대하여져서 자신들의 믿음을 힘있게 증거하였다. 이들의 이야기를 들으면서 바울은 말도 안 되는 이야기라고 생각하면서 가차없이 그들을 감옥에 집어넣었고, 악질분자라고 여겨지는 자들은 사형을 시키도록 조서를 써 주기도 하였다.[7]

　그가 후일 '예루살렘에서 …… 많은 성도를 옥에 가두며 또 죽일 때에 내가 가편 투표를 하였고'(행 26 : 10)라고 말한 것은 아마도 이 때의 일을 두고 한 말일 것이다. 어떤 경우에는 회당 앞에서 모든 이들이 보는 가운데 심하게 매질을 하기도 하였다. 유대인들에게 공개적인 매질은 살점이 떨어져 나가는 육체적인 고통과 함께 최악의 수치라는 정신적 고통을 함께 가져다 주는 것이었다.

---

6) John Pollock, op. cit., p. 13.
7) Ibid., pp. 13~14.

그러나 나사렛파들은 그러한 고통을 오히려 기쁨으로 받아들였고, 심지어는 자신들을 때리는 자들을 용서해 주시도록 기도까지 하였다. 이런 모습을 보면서도 나사렛파에 대한 바울의 자세는 여전히 강퍅했지만 속으로는 조금씩 흔들리고 있었다. 나사렛파 몰살 작업을 악랄하게 진행하면서도 나사렛파들의 몸짓, 눈길, 언어에서 풍겨나오는 강한 힘으로 인하여 나사렛 예수에 대하여 관심을 갖지 않을 수가 없었다. 도대체 이들을 이토록 강하게 만든 그 나사렛 예수라는 자가 누구인지를 생각지 않을 수가 없었다. 그가 혹시 메시아일지도 모른다는 생각이 일어났다. 왜냐하면 선지자들의 예언 가운데는 정치적인 승리를 가져오는 메시아의 모습뿐 아니라 죽임당한 어린양 같은 메시아의 모습이 나오며, 그러한 고난과 죽음으로 그의 백성을 구원한다는 예언이 있었던 것이다. 이 예언대로라면 십자가에서 처절하게 죽은 그 나사렛 사람이 자신이 기다리고 있던 메시아일 수도 있다는 생각을 어렴풋이나마 하게 되었다. 하나님께서는 그를 부르시기 위하여 북극의 얼음만큼이나 두껍게 얼어 붙었던 그의 마음을 부드럽게 녹이고 계셨던 것이다.

3. 180도 방향 전환

"은밀한 의심을 감추려는 사람에게서 볼 수 있는 것은 광신적인 믿음이다."라고 칼 융(C. G. Jung)은 설파하였다.[8]

이 말을 증명이라도 하듯이 바울은 마음속에 일어나는 의심을 짓

---

8) C. G. Jung, *Contribution to Analytical Psychology*(Routledge and Kegan Paul, 1928), p. 257., John Stott, *The Spirit, the Church, and the World : The Message of Acts*(Downers Grove, Il. : InterVarsity Press, 1990), p. 172. 재인용.

눌러 버리기 위해 대제사장의 공문을 받아 나사렛파 사람들을 잡아 오려고 분연히 일어나 다마스커스로 향하였다. 다마스커스는 예루살렘에서 약 240킬로미터 정도 떨어져 있었으며 당시의 교통 상황으로는 약 1주일 정도 가야 했다. 바울은 예루살렘에서 다마스커스로 가는 여러 가지 길 중에서 가장 빠른 길을 택했다. 즉 척박한 유대 평원을 지나 베델 곁을 지나서 사마리아를 통과하여 꼭대기가 하얗게 눈으로 뒤덮인 헐몬 산을 넘는 길을 택하였는데, 헐몬 산을 넘고 나니 바로 다마스커스가 눈앞에 보였다.[9]

일주일이라는 긴 시간을 걸려서 찾아온 곳이었다. 이제 들어가서 나사렛 이단들을 잡아서 없앨 수 있다는 생각에 바울의 마음은 흥분되고 있었다. 그러나 나사렛 예수가 바로 자신이 기다리던 메시아일 수도 있고 그렇다면 스데반이 옳았을 수도 있다는 의구심이 계속해서 자기 뒤를 따라오는 것을 떨쳐 버릴 수가 없었다.

두 가지 생각으로 인해 복잡한 마음으로 다마스커스로 향하던 바울에게 갑자기 정오의 태양보다도 더 밝은 빛이 비치었다. 그 빛으로 인해 바울과 그 일행은 땅에 엎드러졌다. 곧 이어 아람어로, "네가 어찌하여 나를 핍박하느냐 가시채를 뒷발질하기가 네게 고생이니라"(행 26:14) 라는 음성이 들려 왔다. 여기에서 '가시채를 뒷발질한다'는 것은 신에 도전하는 무의미한 행동에 대한 널리 알려진 은유적인 표현이었다.[10] 순간 그는 자신이 나사렛 예수에 대하여 가지고 있던 생각이 잘못된 것이었다는 것을 깨닫기 시작했다. 그는 물었다.

---

9) Joseph Holzner, *Paul of Tarsus*(St. Louis, MO : B. Herder Book Co., 1944), p. 36.

10) Richard N. Longenecker, *The Acts of the Apostles : Introduction, Text and Exposition, in The Expositor s Bible Commentary*, Frank Gaebelein ed., vol. 9(Grand Rapids, MI : Zondervan, 1981), p. 552.

"주여 뉘시오니이까?" 그때 다시 부드러운 책망의 어조로 대답이 들려 왔다. "나는 네가 핍박하는 예수라."[11] 이 음성을 듣는 순간 막 뚫린 샘에서 물이 튀어나오듯이, 또 어두움에 빛이 비추듯이 깨달음이 들어오면서 바울은 지금까지 자신을 감싸고 있던 껍질 같은 것이 벗겨져 나가는 것을 느꼈다. 자신이 철저히 잘못된 방향으로 달려 왔음을 깨닫게 되었다. 그는 결국 예수의 강권적인 부르심에 꼬꾸라져서 잘못을 그치고 선교를 위한 도구로 부름을 받게 되었다. 그 부름은 예언자들이 부름을 받은 것과 유사한 것이었다. 그 경험 이후 그는 그리스도에 대하여 결코 침묵할 수 없었다. 그 시간 이후로 바울의 전 생애를 지배한 것은 바로 "…… 만일 복음을 전하지 아니하면 내게 화가 있을 것임이로라"(고전 9 : 16하)는 고백이었다.

4. 아나니아를 통한 부르심의 확증

생애 최대의 만남과 그로 인한 극적인 변화를 경험한 바울은 새로

---

11) 바울의 다마스커스 회심 사건이 사도행전에 3회 기록되어 있는데, 사도행전의 기자는 이 사건이 상당히 중요한 의미를 지니고 있다고 보는 것 같다. 이 회심 사건에 대한 기술은 양적으로 보더라도 이신칭의에 대한 바울의 가르침보다 더 많은 양이 할애되어 있다. 세 가지의 기술은 같은 내용을 다루면서도 각각의 강조점이 약간씩 다른데, 먼저 9장에 나온 기술은 바울이 실제로 부활하신 주님을 목격하였고 그러기에 다른 열두 사도와 같은 반열에 있다는 사실을 은근히 강조하고 있다. 22장에 나온 기사는 바울 자신의 입에서 나온 말로 기술되어 있는데, 자신만이 영광 중에 나타난 주님을 목격하였다는 것을 강조한다. 세 번째 아그립바 왕 앞에서 행해진 변호 가운데 기술된 내용은(행 26장) 그의 선교사로서의 부름에 초점이 맞추어져 있다. 즉 처음 두 기사는 다마스커스에서 그가 실제적으로 회심하였다는 데 중점을 둔다면, 세 번째 기사는 그리스도의 구속 역사의 확장을 위한 도구로 부름받은 것을 강조한다고 볼 수 있다. Arthur F. Glasser, op. cit., pp. 277~278.

운 각오를 가지고 쓰러졌던 자리에서 일어났다. 그런데 그가 무릎을 일으켜 세우고 눈을 떴을 때 그는 아무것도 볼 수가 없었다. 기독교의 가장 무서운 핍박자로서 먹이를 발견한 맹수처럼 강했던 그가 이제는 남의 도움이 없이는 거동도 하기 어려운 상태에 처하게 되었다. 하는 수 없이 그는 같이 가던 사람들의 도움을 받아 더듬거리며 자신이 머물기로 예정된 숙소로 갔다. 그 숙소는 직가(Straight)라는 거리에 위치하였고 유다의 집(Judas' Inn)으로 알려져 있었다.[12] 숙소로 들어간 바울은 그날부터 삼일 동안 식음을 전폐하였다. 인간이 갑작스런 일로 인해 삶의 뿌리 자체가 흔들리면서 새로운 삶의 패러다임을 받아들일 때 거기에는 깊은 회한과 고통 그리고 불안이 있게 마련이다. 바울은 이제 자신의 옛 사고와 삶의 방식을 완전히 깨부수고 새로운 삶의 방식을 향하여 나가는 중에 있었다. 그가 과거에 매우 귀하게 생각하였던 모든 것들이 이제 다 무의미해지고 새로운 것이 그의 삶을 차지하여 가고 있었다.

이런 과정에서 수없이 많은 질문들이 그의 머리를 헤집었을 것이다. 대제사장과 유대 지도자들은 자신의 급격한 변환을 두고 어떻게 생각할 것인가. 가말리엘 선생은 어떻게 생각할 것인가. 가족들은 자신을 어떻게 대할 것인가. 아내는 자신의 변화를 어떻게 받아들일 것인가. 분명히 예수를 만났는데 왜 나는 장님이 되었는가. 이대로 계속 살아야 하는 것인가. 그토록 무시하고 핍박했던 나사렛파들과 이제는 한 동료가 되어야 하는데 과연 그것이 쉽게 이루어질 것인가. 이 모든 질문들은 하나도 쉽게 대답되어질 수 있는 성질의 것이 아니었다. 익숙한 것들로부터의 결별은 참으로 고통스러운 것이었다. 결코 뗄 수 없는 관계들로부터 떨어져야 한다는 것은 참으로 견딜 수 없는 고통이었다. 새로운 관계를 향하여 나아가야 한다는 것은 적지

---

12) Joseph Holzner, op. cit., pp. 45~46.

않은 두려움이었다. 자신이 지금껏 쌓아 놓은 기반 위에서 출세가도를 달릴 수 있는 기회를 포기하고 이단으로 지목받으며 평생을 살아가야 한다는 두려움이 그의 자아를 송두리째 흔들어 놓고 있었다. 바울은 삼일 동안 금식하며 이러한 생각들과 뼈 아픈 씨름을 하고 있었다.

이 때 형제 아나니아가 나타났다. 그는 숙소에서 혼자 식음을 전폐하며 결사적으로 생의 문제들과 씨름하고 있는 바울에게 다시 한번 부르심의 확신을 주기 위해 주님으로부터 보내심을 받은 것이었다. 선교사로서의 소명은 하나님으로부터의 직접적인 부르심과 함께 교회와 믿음의 형제들의 확인이 필요한 것이다. 시리아 전승에 의하면 아나니아는 바울이 나사렛파 색출 작업을 벌이면서 예루살렘 전역을 뒤질 때 다마스커스로 피해 온 70인 중의 하나였다.[13] 즉 그는 바울이라는 이름만 들어도 살이 떨려 오는 경험을 한 사람이었다. 그런데 하나님께서는 이런 아나니아를 향해 바울을 찾아가 기도해 주라고 명하셨다. 주께서는 직접 바울을 부르셨지만, 동시에 믿음의 동역자를 통해 그 부름을 재확인해 주시기를 원하셨다. 이러한 하나님의 뜻에 따라 아나니아는 내키지 않는 걸음이었지만 순종하는 마음으로 바울을 찾아갔다. 아나니아는 바울이 오는 길에서 만났던 바로 그 예수께서 자신을 보내었다는 사실을 말하면서(행 9 : 17), 자신에게 말씀해 주셨던 바울의 선교적 사명, 즉 '내 이름을 이방인과 임금들과 이스라엘 자손들 앞에 전하기 위하여 택한 나의 그릇'(행 9 : 15)이라는 사실을 분명히 전하여 주었다.

---

13) Ibid., p. 47. 한편 F. F. 브루스는 아나니아가 유대에서 피신온 사람이 아니라 본래 다마스커스에 살고 있었던 유대인 신자였다고 주장하며 기독교인들을 향한 바울의 포악한 행위에 대하여 이미 많은 소식을 들어 알고 있는 것으로 말한다. F. F. Bruce, 『바울 곁의 사람들』, 윤종석 역(서울 : 기독지혜사, 2000), pp. 11~12.

이런 점에서 바울이 다마스커스에서 체험한 것은 단순한 회심의 경험이 아니었다. 물론 그는 다마스커스 사건을 통해 자신이 과거에 가지고 있던 가치, 자기 정체성, 헌신의 방향이 완전히 바뀌어지는 것을 체험했다. 과거에 그에게 구원의 길이었고 가장 소중했던 율법이 이제는 부활하신 그리스도로 대치되었다. 이런 점에서 바울의 다마스커스 체험은 가히 회심의 경험이라 할 수 있다.[14]

그러나 다마스커스 경험은 일반적인 회심 이상의 경험이었다. 그것은 그를 선교사로 부르는 소명의 경험이었다. 그가 후에 갈라디아인들에게 편지를 쓰면서 자신의 다마스커스 경험을 가리켜 말하기를, "그 아들을 이방에 전하기 위하여 그를 내 속에 나타내시기를 기뻐하실 때에……"(갈 1 : 16) 라고 하였듯이, 예수께서 바울을 만나주신 것은 바로 그를 이방인을 위한 선교사로 부르시기 위함이었다. 이리하여 바울의 선교적 소명은 다마스커스 도상에서 주님으로부터 직접 받은 것과 함께 아나니아의 확인을 통해서 분명하게 구체화되었다. 곧 이어 아나니아가 바울을 위하여 안수할 때에 바울은 성령의 충만함을 받고 그 눈에서 비늘 같은 것이 벗겨지면서 시력을 되찾게 되었다. 시력을 되찾게 되면서 바울은 복음 전파를 위한 선교사로 부름받은 비전도 분명히 보게 되었다. 그는 열두 사도가 주님에 의해서 사도로 부르심을 입은 것처럼, 이방인을 위한 사도 즉 선교사로 부름받게 된 소명을 분명히 깨닫게 되었다.[15]

---

14) David J. Bosch, op. cit., p. 126.
15) 그는 부활하신 주님에 의해 직접 부름을 받은 사도로서 먼저된 열두 사도들과 동일한 위치를 지니는 사도였다. 바울은 이에 대하여 조금의 의심도 없었고, 이것이 그의 선교 사역을 가능케 한 원동력이었다. 따라서 이같은 그의 사도직에 대하여 의문이 제기될 때 그것은 그가 전하는 복음을 와해시키는 것이었고, 이로 인해 바울은 자신의 사도직을 강하게 주장하였다(고전 15 : 3~9). Dean S. Gilliland, *Pauline Theology & Mission Practice*(Grand Rapids, MI : Baker Book House, 1983), p. 55.

이제 그는 먼저 성도된 다마스커스의 다른 지체들과 교제를 나누었다. 그는 이제 더 이상 혼자가 아니었다. 분명한 기독교 공동체의 일원이 되었다. 그래서 그는 세례를 받았고, 이것으로서 이제 자신이 철저하게 그리스도의 사람임을 하나님과 교회 앞에 고백하였다. 바울의 이러한 혁명적인 변화의 소식은 얼마 되지 않아 예루살렘에 알려지고 아내와 가족들에게도 알려졌다. 바울의 아버지는 아들에게 상당한 기대를 가지고 일찍 율법 공부를 위하여 유학까지 보낸 바리새인이었기에 그만큼 바울의 변화에 대하여 강한 반감을 표명하였을 것이다. 그의 아내 또한 남편이 율법 학자로서 명성을 날리는 인물이 되기를 기대했었기에 바울의 변화를 수용하지 않았을지 모른다. 그러나 바울은 아무리 그 길이 어렵다 해도 그 토했던 것을 다시 삼킬 수는 없었다. 쟁기를 잡고 뒤를 돌아보기를 원치 아니했다. 복음 전파를 위한 그의 선교적 열망을 막을 수 있는 것은 아무것도 없었다. 그것은 바로 자신이 이방인을 위한 선교사로 부름받았다는 분명한 소명의식 때문이었다.

IV 선교사 훈련

바울만큼 선교사로 잘 준비된 사람은 없었을 것이다. 부르심에 대한 분명한 확신, 하나님을 사랑하는 열정, 수준 높은 학문, 언어와 문화에 대한 완벽한 이해 등등, 그야말로 그는 선교를 위해 빈틈없이 준비된 인물이었다. 그러나 이것으로 그가 선교지에 갈 준비가 끝난 것은 아니었다. 하나님께서는 아직도 더 그를 훈련시키셔야 했다. 아니 이제부터 본격적으로 선교사 훈련을 시작해야 할 때였다. 물론 바울은 요즘 선교사들처럼 공식적인 커리큘럼을 가지고 훈련을 받은 것은 아니었다. 따라서 훈련의 기간도 정해지지 않았고, 뚜렷한 선교 훈련의 장도 없었다. 그래서 어찌 보면 지루하고 답답하기 그지없는 훈련이었을 것이다. 그러나 그는 참으로 값진 훈련을 받았다. 하나님은 그를 모범적인 선교사로 키우시기 위해 참으로 다양하고도 철저한 훈련 과정을 통과하도록 이끄셨다.

1. 아라비아 광야에서

주님을 만나고 세례를 받아 거룩한 공동체의 일원이 된 바울은 이제 가만히 있을 수가 없었다. 그는 즉시로 다마스커스 여러 회당을 다니며 예수께서 하나님의 아들이시며 메시아이심을 전파하였다. 그러나 이것은 유대인들의 심기를 건드려 놓기에 충분한 것이었다. 더더구나 바울이 배교자라는 사실 때문에 바울을 보는 그들의 눈은 결코 고울 수가 없었다. 바울에게 어떤 위험이 닥칠지 아무도 예측할 수 없는 상황이 되었다. 이런 상황에서 바울을 아끼던 제자들은 바울에게 다마스커스를 떠나 안전한 곳으로 피난 갈 것을 종용하였다. 그는 형제들의 조언을 받아들여 아라비아로 피난길을 떠났다. 당시 아라비아는 아주 넓은 지역을 차지하고 있어서 북쪽으로 다마스커스와 유프라테스 강까지 그 지경이 확장되어 있었다. 그리고 당시 유대의 분봉왕인 헤롯 안디바가 헤로디아에게 눈이 멀어 아라비아 한 지역의 왕 아레다의 딸을 반 강제로 이혼시켜 집으로 돌려보냈었기에 두 왕 사이가 매우 악화되어 있었다. 이로 인해 그 지역에는 산헤드린의 수색작업이 이루어지지 않았고, 덕분에 바울은 비교적 안전하게 피신할 수가 있었다. 아라비아 지역에는 사막 지역을 여행하는 수천의 유목민들이 통행하였는데, 이들을 위해 장막 만드는 업이 성행하였다. 바울은 이런 일들을 하면서 어렵지 않게 양식을 구하여 기본적인 생활을 영위할 수 있었다.[1]

바울의 신학은 다마스커스 도상에서 그리스도의 나타나심에 의하여 결정적으로 형성되었다. 즉 그가 늘 힘 주어 주장하는 것처럼, 그의 복음은 '사람에게서 받은 것도 아니요 배운 것도 아니요 오직 예수 그리스도의 계시로 말미암은 것' (갈 1 : 12) 이었다. 즉 바울의 신

---

1) Joseph Holzner, op. cit., p. 52.

학 체계는 다마스커스에서의 계시에 그 결정적인 근거를 두는 것이었다. 그러나 그의 모든 신학 체계가 다마스커스 도상의 그 짧은 순간에 완성되었다기보다는 구약에 근거한 신학적인 작업, 선교지에서의 경험, 적대자들과의 논쟁 등을 통해서 다마스커스 도상에서 계시된 복음에 대한 자기의 이해를 점점 더 깊고 예리하게 만들어 나간 것으로 보는 것이 타당하다.[2]

이러한 과정에서 바울의 신학을 체계화[3]하는 결정적인 계기가 되었던 시기가 바로 아라비아 광야에서의 3년이었다.[4] 그곳은 매우 조용하며 정신을 한 곳으로 집중하기에 알맞은 곳이었다. 그곳에서 바울은 자신의 신학 체계를 그리스도의 관점으로 정리하기 시작하였다. 그는 먼저 예수에 대한 이해를 새롭게 하였다. 당시 유대인들이 이해한 메시아는 다분히 정치적이었다. 즉 유대인에게 있어 메시아는 큰 힘과 권능을 가지고 자신들을 정치적 압제에서 구원하고 온전한 안녕과 번영을 가져다 주는 구세주였다. 바울 역시 메시아에 대하

---

2) 김세윤, op. cit., p. 318.
3) 이 말은 바울의 비평가들이 흔히 말하는 것처럼 바울이 기독교의 진리를 만들어냈다는 말이 아니다. 물론 바울의 신학 체계가 바울 당시의 다른 이들이 이해하기에 어려운 면이 있었고 다른 이들의 이해에 비해 유독 돋보이는 것이기는 하였다. 그러나 바울의 신학이 결코 다른 성서 기자들의 견해와 상반되는 것은 아니다. 기독교의 기초는 그리스도 자신이시다. 그 분의 마음속에 온전한 기독교의 그림이 있었다. 그리고 성경 저자들은 자신의 은사와 사역의 배경에 따라 같은 복음을 다양하게 묘사한 것뿐이다. Joseph Holzner, op. cit., pp. 56~57.
4) 바울이 아라비아 광야에 간 것은 이방 선교 준비를 위한 묵상을 위해 간 것이 아니라, 이방인들에게 복음을 전파하라는 명령에 순종하기 위해 간 것이라는 주장이 있다. 김세윤, op. cit., p. 309. 물론 바울이 묵상만을 위해 아라비아 광야로 갔다고 볼 수는 없을 것이다. 우선은 위험을 피하여 갔고, 또 가서 복음을 증거하였을 것이다. 그러나 그 기간 동안 자신의 다마스커스 경험을 깊이 묵상하면서 구약의 말씀 연구와 함께 자신의 신학 체계를 형성하였다고 보는 것은 자연스러운 것으로 보인다.

여 이런 시각을 지니고 있었고, 그렇게 본다면 나사렛 예수가 십자가에 달려 죽었다는 사실 자체가 예수는 거짓 메시아라는 사실을 증명하는 것이었다. 왜냐하면 율법에 분명히 '나무에 달린 자는 하나님께 저주를 받은 자' (신 21 : 23)라고 했기 때문이었다. 그런데 이 저주받은 자를 하나님이 부활시키시고 높이셨다는 주장 자체가 하나님께서 모순을 저질렀다는 결론이 되고, 결국 하나님에 대한 모독이 되는 것이었다. 따라서 예수가 참으로 부활하여 메시아가 되었다고 주장하는 자들은 속임을 당한 자들이든지, 아니면 속임수를 쓰는 사기꾼들이 틀림없었다.[5] 적어도 바울이 이해하는 율법 이해로는 그렇게 해석할 수밖에 없었다.

그런데 그 나무에 달린 자가 자신에게 전혀 의심할 수 없는 모양으로 나타나서 자신을 '네가 핍박하는 예수' (행 22 : 8, 26 : 15)라고 밝힌 것이다. 예수는 분명히 나무에 달려 저주받은 자로 죽었지만 부활하여 주와 메시아로 인정된 것이었다. 여기에서 바울은 예수의 죽음과 저주가 스스로 자초한 것임을 깨닫게 되었다. 즉 예수는 자발적으로 하나님의 저주를 받으셨다. 그리고 율법이 말하는 모든 저주로부터 자기 백성을 속량하셨던 것이다.[6] 따라서 이제 십자가는 더 이상 저주의 상징이 아니었다. 그것은 구원의 상징이 되었다. 수치의 상징이었던 것이 이제는 하나님의 능력이 되었다. 가련하게만 보이던 십자가의 실패가 이제는 영광스런 승리를 가져다 주는 순종의 행위로 보였다. 이제 그는 유대인들이 부인하는 것을 귀하게 여기게 되었고, 유대인들이 귀하게 여기는 것들을 하찮은 것으로 여기게 되었다. 이제까지 그는 모든 것을 율법 중심으로 생각하였다. 율법이 그의 사상과 신학의 중심이요 기반이었다. 그러나 이제는 그리스도를

---

5) Joseph Holzner, op. cit., p. 38.
6) F. F Bruce, 『신약사』, p. 283.

중심으로 모든 율법을 해석하게 되었다. 이제부터 바울의 삶의 핵심은 바로 그리스도였다. 그에게 사는 것은 바로 그리스도였다(빌 1 : 21).

2. 모든 것이 은혜

바울을 그토록 복음 전파에 미치도록 만든 또 하나의 동력은 그에게 부어진 은혜에 대한 깨달음이었다. 즉 '나를 사랑하사 나를 위하여 자기 몸을 버리신 하나님의 아들'(갈 2 : 20)이 주신 감당할 수 없는 사랑과 은혜에 대한 깨달음이었다. 그 사랑은 '성령으로 말미암아······ 우리 마음에 부은 바 됨'(롬 5 : 5) 이라고 표현될 정도로 충만하게 부어지는 것이었다. 그것은 부족함이 없는 사랑이었고, 거절할 수 없는 사랑이었다. 그것은 받을 사람의 가치에 관계 없이 부어지는 무조건적인 사랑이었다(롬 5 : 6). 주님을 알지 못하고 과격하게 핍박하던 자신을 끝까지 참아 주시고 강권적으로 구원해 주시는 무한한 은혜였다.

바울이 깨달은 이 은혜 의식은 곧 빚진 자의 마음으로 발전되었다. 즉 그는 "헬라인이나 야만이나 지혜 있는 자나 어리석은 자에게 다 내가 빚진 자라"(롬 1 : 14) 고 말하면서 자신을 '빚진 자'로 표현했다. 어찌하여 바울이 '빚진 자'가 되었는가? 빚을 졌다는 개념은 쌍방이 서로를 알아야 하고, 한 쪽이 다른 쪽에게 무언가를 준 것을 전제한다. 그러나 바울은 헬라인이나 야만인 등으로부터 무언가를 받은 일이 없다. 물론 그들을 알지도 못한다. 그런데 바울이 어떻게 그들에게 빚을 졌다고 말할 수 있는가? 바울이 선교사로 부름받은 것은 전적으로 하나님의 은혜였다(롬 1 : 5, 12 : 3, 15 : 15 ; 고전 3 : 10, 15 : 9f ; 갈 2 : 9 등). 그런데 그가 선교사로 부름받은 것은 이방인들의 구원을 위해 부름받은 것이고, 이 말은 그가 이방인들 덕택에 선교사로 부름받았다는 말도 될 수 있다. 즉 이방인들이 아니었다면 그는 사도로 부름을 받지 않았을 수도 있다는 것이다. 동시에 그에게는 하나님의 구원이 사도직과 함께 왔다. 하나님께서 이방인들을 구원하시기 위해 그를 구원하시고 사도로 부르신 것이었다. 이런 점에서 그는 이방인들 덕에 구원받고 사도로 부름을 받았다는 것이다.[7]

또한 그는 예수 그리스도께 빚을 졌다. 그리고 그 빚은 그리스도께서 구원하시고자 하는 자에게 전이된 것이었다. 자신을 대신해 죽어주신 분에게 진 빚이 이제는 그 분이 구원코자 했던 사람들에게로 옮겨진 것이었다.[8] 결국 은혜, 감사, 빚진 자의 개념은 바울이 주님을 극적으로 만나고 난 후에 깨달은 것으로 그의 선교 사역에 가장 큰 원동력이 된 것들이었다.

바울은 자신을 '하나님의 복음의 제사장'(롬 15 : 16)으로 표현하고 자신의 선교 사역을 '이방인을 제물로 드리는 일'(행 15 : 16)로 표현하였다. 빌립보서 2장 17절에서는 제사 때에 마지막으로 부어드려 제사를 마감하는 포도주인 '관제'로 자신을 드리는 것을 기뻐한다고 표현한다. 바울은 이 제사의 용어를 가지고 자신이 당할 죽음의 고난을 회화적으로 그리고 있다. 이러한 표현들은 바울 자신이 그리스도를 통하여 받은 하나님의 사랑이 너무 커서 선교 사역을 위하여 그 자신을 드려도 결코 아깝지 않다는 것을 내포하고 있다. 바울이 핍박과 환난과 수치와 모멸을 이기고 땅 끝까지라도 가서 복음을 전할 수 있었던 것은 바로 이 은혜에 대한 깨달음이었고 거기서 나오는 감사와 빚진 자의 마음이었다. 바울이 깨달은 이 은혜보다 더 강력한 선교의 동기는 없었다. 하나님께서는 바울을 선교 현장으로 보내시기 전에 이 깨달음을 주시기 위하여 오랜 세월 동안 훈련을 시키

---

7) 김세윤, op. cit., pp. 393~394.
8) David J. Bosch, op. cit., p. 135.

셨던 것이다.

3. 다마스커스와 예루살렘에서

아라비아에서 그리스도를 중심으로 신학 체계를 형성하는 신학 훈련을 마친 바울은 다마스커스로 발걸음을 옮겼다. 더 이상 앉아서 신학적인 묵상만 하고 있을 수는 없었다. 그는 이제 자신이 발견한 그리스도를 증거해야겠다는 강한 열의를 가지고 다마스커스로 돌아왔다. 다마스커스에 돌아온 바울은 과연 참으로 능력 있는 전도자가 되었다. 그는 다마스커스 도상에서의 계시에 비추어서, 그리고 해석된 구약 예언서들에 대한 지식을 기초로 하여 지체함 없이 '예수 그리스도 부활하신 주님'을 선포하였다. 그의 선포는 참으로 설득력이 있어서 그 곳에 사는 유대인들을 굴복시키기에 충분한 것이었다(행 9 : 20~22). 그러나 이러한 이야기를 듣고 가만히 있을 유대인들이 아니었다. 그들은 변절자 바울을 죽여 없애 버리기로 마음을 모았다. 특별히 아레다 왕의 방백을 돈으로 매수하여 바울이 도망하지 못하도록 성문을 철통같이 지켰다. 당시 다마스커스에는 아라비아의 아레다 왕의 세력이 미치고 있었다. 이러한 사실은 주후 34년에서 62년 사이에 로마 황제의 형상을 담고 있는 다마스커스 동전이 부재한다는 점으로도 분명해진다. "다마스커스에서 아레다 왕의 방백이 나를 잡으려고 다마스커스 성을 지킬새 내가 광주리를 타고 들창문으로 성벽을 내려가 그 손에서 벗어났노라"(고후 11 : 32~33)라는 바울의 말로도 다마스커스에서 아레다의 방백이 권세를 잡고 있었다는 것을 알 수 있다.[9] 어찌 되었든 바울은 자신을 향한 살인 음모를 눈치채게 되었고, 형제들과 함께 변장을 하고 성벽과 인접한 한 형제

---

9) F. F. Bruce, op. cit., p. 284.

의 집으로 들어가서 창문을 통하여 밤중에 광주리를 타고 다마스커스를 빠져나가는 데 성공하였다.

죽음의 덫이 도사리고 있는 다마스커스를 밤중에 벗어난 바울은 어둡고 위험한 길을 따라 예루살렘을 향하여 떠났다. 바울이 예루살렘을 향하여 발걸음을 옮긴 데는 이유가 있었다. 그가 계시를 통하여 그리스도를 알게 되었다 해도 복음의 뿌리가 있는 예루살렘 교회와 연관성을 지니지 않으면 자신의 사역이 뿌리를 잃게 되고, 복음을 맡은 원사도들인 예루살렘 교회의 지도자들보다 자신을 높이는 교만한 사람으로 비판받을 소지가 있었다. 이같은 이유 외에도 바울은 그리스도에 대하여 보다 자세한 것을 알고 싶었다. 즉 그 자신이 계시를 통하여 이미 그리스도를 밝히 알게 되었지만, 그리스도께서 생전에 사용하신 언어들, 그의 삶의 구체적인 정황들에 대하여 자세히 알고 싶었던 것이다. 또한 예루살렘 공동체에서 드려지는 예배의 형식들, 세례 의식, 카테키즘의 내용들, 그리고 주의 만찬의 방법 등에 관하여 주님이 직접 알려 주신 것들에 대하여 구체적으로 배울 필요가 있었다. 물론 베드로와 야고보를 만나는 일은 그리 쉬운 일이 아니었다. 그러나 바나바의 도움으로 바울은 베드로와 야고보를 만나 교제하면서 그가 원하는 기독교 전승에 관한 많은 것을 배우게 되었다.[10]

자신이 계시를 통해 만난 그리스도에 관한 생생한 증언을 베드로와 야고보로부터 들으면서 바울의 마음은 더욱 전도의 열기로 불타올랐다. 그가 가지고 있었던 주님에 대한 사랑과 그의 메시아직에 대한 확신이 더욱 강렬하여져서 그는 그 주님을 전하지 않을 수 없었다. 그리스도가 아니고는 구원이 있을 수 없음을 깨닫고 그의 마음은 더욱 전도의 열기로 뜨거워졌다. 자신처럼 그리스도를 모르면서도 의인인 줄 착각하고 죽어 가는 수많은 영혼들을 생각할 때 그는 더욱

---

10) Joseph Holzner, op. cit., pp. 62~63.

복음 전파의 긴박성을 느끼게 되었다. 그래서 그는 회당으로 가서 주 예수의 이름으로 담대히 복음을 전파하고, 반대하는 헬라파 유대인들과 힘있게 변론하였다(행 9 : 28~29). 이제 준비된 바울이 드디어 뭔가 웅비의 날개를 펴고 교회를 위하여 일할 수 있는 기회가 찾아온 듯했다. 그러나 아직 하나님의 때가 아니었다. 일단의 헬라파 유대인들 즉 스데반을 죽이는 일에 적극적이었던 회당의 회원들로 보이는 이들이 그를 죽이려고 음모를 꾸미고 있었다(행 9 : 29). 이같은 음모를 알아차린 바울 주위의 형제들이 바울을 도와 그로 하여금 가이사랴를 통하여 고향 다소로 피난을 떠나도록 하였다. 다마스커스에서 핍박을 받아 예루살렘으로 왔는데, 예루살렘에서도 그는 결국 핍박을 받아 고향으로 쫓겨가는 신세가 되었다.

이후로 그의 선교 사역은 핍박을 피해 쫓겨다니는 일의 연속이었다. 그가 가는 길에 결코 환영과 대접이 기다린 것이 아니었다. 계속적인 핍박과 비방과 모욕과 매맞음과 돌에 맞음, 그리고 살인 음모가 그를 기다리고 있었다. 바울의 생애와 사역은 고난이라는 요소를 빼고서는 생각하기도 어려울 정도로 고난으로 점철된 것이었다. 이것은 그가 다마스커스 도상에서 선교 사역을 위하여 부르심을 받는 그 때 이미 다음과 같은 말씀 속에 나타난 것이었다. "그가 내 이름을 위하여 해를 얼마나 받아야 할 것을 내가 그에게 보이리라"(행 9 : 16) 바울은 이 말씀의 의미를 점차로 깨달아 가게 되었다. 즉 선교의 열매를 거두기 위해서는 고난은 피할 수 없는 것, 아니 필수적인 것임을 깨닫기 시작했다. 하나님은 바울이 본격적인 선교 사역에 진입하기 전에 핍박받는 훈련을 허락하시어 그를 준비시키고 계셨던 것이다.

4. 낙향

예루살렘에서의 핍박을 피하여 고향 다소로 내려간 바울은 장장

10여 년의 긴 세월 동안 자취를 감추고 만다. 바울은 이 기간 동안 무엇을 하였을까? 선교사로 부름받고 속히 선교의 사명을 감당해야 할 사람을 하나님은 왜 이같이 긴 세월 동안 초야에 묻혀 지내도록 하셨을까? 자세히 알 수는 없지만 아마도 고린도후서 12장 2절 이하에 바울에 의하여 묘사된 황홀한 체험이 이 기간 중에 이루어진 것으로 보인다. 이러한 체험을 통하여 그는 말로 표현하기 어려운 놀라운 계시를 받았고, 또한 후에 그의 선교 사역 중에 드러난 많은 이적과 기사의 능력도 이 기간 중에 부여받은 것으로 보인다. 또한 유대인과 이방인 당국의 손에 매를 맞은 것을 포함하여 고린도후서 11장 23~27절에 그가 열거하고 있는 고통들 가운데 몇 가지를 당한 것으로 보인다.

아울러 다소 성읍의 안팎에서 이방인들을 향하여 복음을 전파하고, 헬라 문화를 많이 접하면서 그의 지성이 보다 풍성하게 되고 성숙해지는 것을 경험하게 되었다. 즉 그가 어린 시절 다소에 있을 때에는 헬라 문화에 접할 수 있는 기회가 매우 제한되어 있었지만, 이제는 스스로의 의지를 가지고 그런 사상들을 접했던 것이다. 그는 스토아 철학자들 혹은 금욕주의적 견유 학파들의 공개 강연 등을 들으면서 그들의 사상을 습득하고, 그들이 펼치는 논쟁법 등에 관하여도 배우게 되었다. 그는 체육관에 가서 당시 행해지던 갖가지 운동 경기 등도 감명 깊게 관람하였고, 8킬로미터밖에 떨어지지 않은 항구에도 가서 여러 종류의 배들을 보면서 선원들과 항해에 관한 이야기들을 나누고 넓은 세계에 대한 정보도 얻으면서 다양한 헬라의 문화를 접하였다.[11]

그러나 그가 이처럼 다양하게 헬라 문화를 접했다고 해도 그것들이 그의 신학 세계에 근본적으로 영향을 준 것은 아니었다. 그는 이

---

11) 신성종, op. cit., p. 241.

미 율법 학자로 철저히 훈련을 받았었고, 부활하신 그리스도를 만나 생의 근본적인 변화를 체험하였기에 그에게 있어서 헬라의 지혜란 '어리석은 것'이었고 기껏해야 한계 투성이인 세상 학문이었던 것이다. 그러나 헬라인들에게 복음을 전하는 일을 위하여 헬라의 문화와 철학을 잘 아는 것은 필수적이었다. 그는 당시에 만연된 스토아 철학을 잘 연구하여 그것을 기독교 문맥에서 사용할 수 있는 준비를 잘 갖추었다. 즉 그는 헬라화된 복음이 아니라 헬라인들을 위해 잘 설명된 복음을 만들어 나가고 있었다. 이런 점에서 우리는 바울의 글에 스토아 철학의 배경에서 따온 개념들이 나오는 이유를 알 수 있는 것이다.[12]

5. 바나바와의 만남

10년 가까운 세월 동안 고향에 묻혀서 기약 없이 선교 훈련을 받고 있던 바울에게 드디어 기회가 찾아왔다. 스데반의 일로 흩어진 성도들이 안디옥에 세운 안디옥 교회의 담임 목회자로 사역하던 바나바가 다소까지 바울을 찾아온 것이었다. 바나바의 부름이 아니었다면 바울은 훨씬 더 오랜 세월을 고향에서 묻혀 지내야 했을 것이고, 그 자신의 고독한 사고 체계 안에 갇혀서 소모되었을지도 모른다. 세상으로부터의 은둔과 칩거는 참으로 필요한 것이다. 그러나 이것으로 인생의 모든 시간을 보내서는 안 된다. 은둔의 세월은 새로운 활동을 위한 준비 기간이 되어야 하는 것이다. 세상의 어떤 위대한 인물도 함께 일할 공동체가 없이는 결코 가치 있는 일을 해낼 수 없다. 이런 점에서 바나바는 바울의 인생에 있어서 하나님이 보내신 최대

---

12) F. F. Bruce, 나용화 역, 『신약사』(서울 : 기독교문서선교회, 1978), pp. 287~288.

의 인도자요 동역자이며 멘토였던 것이다.

그런데 바나바의 도움은 사실 이번이 처음이 아니었다. 바울의 회심 초기 바울 자신은 주님을 위한 헌신으로 불타오르고 있었지만, 기실 어디에도 붙을 곳이 없는 신세가 되었다. 그의 옛 동료들은 그를 변절자로 간주하였고, 그 역시 과거의 동료들과 어울리는 것은 원치 않았다. 이제 선택은 그가 과거에 핍박했던 나사렛파 사람들과 하나가 되는 것이었다. 그러나 이 일 역시 쉽지 않았다. 기독교인들에게 바울은 핍박자들의 스파이로 비칠 가능성이 높았다.[13] 또한 백보 양보해서 그의 회심을 진실한 것으로 인정한다 해도 과거에 자신들을 그토록 악랄하게 핍박했던 바울을 순수하게 그냥 받아들인다는 것은 결코 쉬운 일이 아니었을 것이다. 즉 자신들을 핍박했던 바울의 회심을 받아들인다 해도 그의 과거지사를 다 묻어 버리는 데는 많은 어려움이 있었다. 결국 바울은 하나님의 섭리 가운데 선교사로 잘 준비가 되었고 직접적인 계시를 통해 선교사로 부름을 받았지만 그를 받아주고 그를 지원해 줄 사람들이 없었다.[14]

이 때 바나바가 나타났다. 바나바는 본래 바울과 같은 회당의 회원으로서 회심 전부터 서로 잘 알고 지냈던 사이인 것으로 보인다. 이 바나바의 안내 덕택으로 바울은 예루살렘에 올라가서 베드로를 만나게 되었고, 베드로는 바울을 2주 동안 잘 대접하였다(갈 1 : 18). 2주 동안의 방문 기간 중 그가 만난 또 한 사람은 본래의 열두 사도 중에는 끼지 않았지만 그들과 어깨를 나란히 견줄 만큼 탁월한 사도인 야고보였다(갈 1 : 19). 즉 바나바의 도움으로 예루살렘 교회의 핵심 사도들인 베드로와 야고보를 만날 수 있게 되었고, 그들로부터 복음의 상세한 내용들을 들을 수 있었다.[15]

---

13) F. F. Bruce, 『바울 곁의 사람들』, p. 15.
14) F. F. Bruce, 『신약사』, p. 287.

바나바는 바울을 능력 있는 선교사로 세우시기 위해 하나님께서 보내 주신 참으로 귀한 멘토 중의 하나였다. 바나바와의 만남을 통해 바울의 인생에 있어서 결정적인 길들이 열리게 되었다. 즉 예루살렘으로 가서 베드로와 야고보를 만날 수 있었고, 후에 안디옥 교회에서 목회할 수 있는 길이 열리게 되었다. 또한 바울은 바나바 곁에서 사역을 하면서 선교사로서 갖추어야 할 여러 가지 면들을 갖추게 되었다. 바나바와 동역을 시작하기 전 바울은 복음으로 불타는 가슴은 있었지만 남을 배려하는 원만한 인격이 부족하였던 것으로 보인다. 어떤 면에서 그는 신중함 없이 불을 토하여 문제를 야기시키는 성향이 있었다. 때로 그의 철저한 배타성이 다른 이들에게 상처를 주기 십상이었다. 바울이 회심한 후에 예루살렘으로 갔지만 거기에서 계속 사역하지 못하고 사도들에 의해 고향 다소로 보내진 것은 아마도 이같은 성격 때문이었을 가능성이 높다(행 9 : 29~30).[16]

이같이 바울의 모난 부분들이 그리스도의 사역을 위해 다듬어져 선교 사역을 잘 감당하게 된 것은 다분히 바나바의 멘토링 덕분이라 아니할 수 없다. 바나바는 바울을 안디옥 교회로 부름으로 해서 지도자로서의 자신의 위치가 도전받을 수 있는 가능성이 있었음에도 불구하고 효과적인 교회의 성장과 선교의 수행을 위하여 과감하게 바울을 기용하였다. 그는 또한 1차 선교를 수행하면서 후배인 바울이 어느 부분에서 자신보다 더 능력이 있을 때에도 질투하지 않고 그를 잘 따라 주고 밀어 주었다. 바나바는 확실히 불 같은 성격의 소유자는 아니었던 것 같다. 그는 목표 성취만을 위해 다른 모든 것을 개의치 않는 사람이 아니었다. 그는 따뜻한 성품의 소유자였고, 아버지 같은 넓은 마음을 소유하였으며, 권면의 은사를 소유하였고, 이로 인

---

15) Ibid., pp. 286~287.
16) Joseph Holzner, op. cit., pp. 68~69.

해 사람들에게 위로와 용기를 주는 사람이었다.[17] 바나바의 이같은 고매한 인격은 바울이 성숙한 선교사가 되는 데 많은 영향을 주었을 것이다.[18] 바나바가 아니었다면 우리가 아는 훗날의 고매한 인격의 바울이 나오지 않았을지도 모른다.

---

17) Ibid., p. 164.
18) Dean S. Gilliland, op. cit., p. 214.

바울의 파송교회와 바울 선교단

　역사상 최초의 위대한 선교사를 파송하였던 교회는 기독교의 발상지였던 예루살렘 교회가 아니라 이방인들 가운데 세워졌던 안디옥 교회였다. 그렇다면 안디옥이라는 도시는 어떤 도시였고, 그 도시에 세워진 안디옥 교회는 어떤 교회였을까? 안디옥 교회가 이 위대한 일을 위해 쓰임받게 된 이유는 어디에 있었을까? 그 교회는 선교사들을 어떻게 지원하였을까? 그리고 바울과 바나바가 만든 선교단은 당시의 유사한 성격의 선교 단체들과 어떤 점에서 구별되는 것이었을까? 안디옥 교회와 바울의 선교단은 선교의 사명을 잘 감당하고자 하는 모든 교회들과 단체들에 좋은 영감을 주고 있다.

1. 로마 제 3의 도시 : 안디옥

안디옥이란 도시는 로마 제국에서 로마와 알렉산드리아 다음 가는 큰 도시였다. 이 도시는 동방에서 가장 아름다운 도시였으며 동방의 중심 도시였다. 이 도시는 아마누스(Amanus) 산맥의 남쪽 기슭에 자리잡고 있었고, 실루기아(Seleucia) 항구로부터 약 48킬로미터 정도 떨어진 거리에 있었다. 이 도시는 로마 제국의 모든 중요한 지역들과 연결되어 있었고, 알렉산더 대왕의 도시로 유명하였다.[1] 새로운 복음을 이방 지역으로 퍼뜨리는 역할을 감당할 교회가 서기에는 이보다 더 적절한 곳은 없었다.

안디옥 도시의 사회적 상황을 보면, 당시의 다른 모든 고대 도시들이 그러하였듯이 대부분의 시민들은 적어도 둘 이상의 노예들을 두고 살았다. 특별히 대공장의 주인들, 대상인들, 지주 계급들, 군대나 정부의 지도급에 있는 사람들은 자신들이 원하는 모든 것을 다 가질 수 있었다. 오론테스 강을 따라 16킬로미터 정도에 걸쳐서 늘어서 있는 엄청나게 호화로운 집들의 유적들은 그들이 얼마나 부요한 생활을 하였는지를 잘 보여 준다. 특별히 안디옥은 당시 고대 도시들 중에서 가장 발달된 수자원 관리 체계를 갖추고 있었다. 오론테스 강이 공급하는 풍성하고도 깨끗한 물을 잘 짜여진 수로 시스템을 통하여 각 가정으로 보내서 부자들뿐 아니라 가난한 자들도 물을 풍성하게 쓸 수 있었다.[2]

안디옥 시민의 구성은 참으로 다양하였다. 그것은 한마디로 동방에서 온 모든 사람들의 집합이라고 해도 과언이 아닐 정도였다. 이 다양한 사람들은 크게 네 부류로 나뉘어졌다. 첫째는 세계를 정복했

---

1) Joseph Holzner, op. cit., pp. 80~81.
2) Ibid., pp. 81~82.

다는 자만심을 가진 조용하면서도 거만한 로마인들이었다. 둘째는 신들에 대한 믿음보다는 관능주의를 선호하는 그리스인들이었다. 셋째는 시리아 본토인들인데, 이들은 도시 주변부로 몰려나가 사회의 하층 계급을 형성하고 있다. 마지막 부류의 사람들은 이 모든 사람들로부터 거리를 유지하면서 자신들을 전능하신 하나님의 특별한 사랑의 대상으로 생각하는 유대인들이었다. 이들은 자체적인 행정 장관의 통제 아래 자신들의 자치구를 형성하여 살면서 아주 왕성한 포교 활동을 하는 사람들이었다.[3]

이처럼 다양한 종족들이 모여 살던 안디옥은 종교 상황 또한 복잡하였다. 당시 동방의 종교들은 주로 자연을 숭배하였다. 그 신들은 주로 농사와 풍작에 관계되는 신들로서 남신과 여신, 쌍둥이 신들이었다. 예를 들어 이집트의 이시스와 오시리스, 아시아의 디오니시우스와 사바시우스, 다소의 산단과 헤라클레스 등이 있었다. 가장 저급의 제의는 이스라엘의 이웃이었던 페니키아와 시리아의 제의였다. 이들의 제의는 사람을 죽여서 신 몰렉에게 바치는 것으로서 살인과 방탕을 제사로 탈바꿈시킨 것에 지나지 않았다.[4] 이같이 다양한 우상들의 소굴에 참으로 필요한 것이 있다면 그것은 바로 기독교의 복음이었다.

2. 선교 운동의 새 중심지 : 안디옥 교회

기독교가 그 본래의 생성지인 예루살렘을 떠나 각종 우상의 소굴이었던 안디옥으로 들어간 것은 결코 성도들의 자의에 의한 것이 아니었다. 그것은 예루살렘에서의 핍박을 피해 성도들이 흩어지면서

---

3) Ibid., p. 83.
4) Ibid.

시작된 것이었다. 그러나 그들은 사방 각지에 흩어져서도 유대인들에게만 복음을 전하였다. 굳이 이방인들을 복음에서 제외시키려 했다기보다 단지 그것이 하나님의 뜻이라고 생각했던 것이다. 물론 전에 이방인이었지만 교회에 받아들여진 로마의 군인 장교 고넬료와 그의 가족이 있었고, 이에 대하여는 베드로가 성령의 역사를 말하면서 강하게 변증하였기에 모두가 다 이의를 제기하지 못하였다. 그러나 고넬료의 경우는 여전히 하나의 예외로 남아 있었다. 베드로 역시 이방인이 복음을 받아 교회의 일원이 된다는 것에 대하여 분명한 결론을 내리지 못하였는데, 그것은 예루살렘 교회가 여전히 율법에 충실한 교회였기 때문이었다.[5]

이처럼 유대인이라는 장벽을 넘지 못하던 복음이 드디어 인종의 장벽을 뛰어넘어 이방인에게로 향하는 역사가 일어나기 시작하였다. 바로 안디옥 지역에서였다. 바나바의 고향인 키프러스(성경에는 '구브로') 섬 출신의 성도들과 구레네 출신의 성도들이 바로 이 일에 선구자가 되었다. 이들은 유대인을 넘어서 이방인들에게도 복음을 담대히 증거하였고, 그 결과 모세 율법의 멍에로부터 자유로운 교회, 유대인과 이방인이 하나가 된 교회가 탄생하게 되었다. 복음을 받은 이방인 그리스도인들은 또 나아가서 복음 증거의 일꾼들이 되었다. 그들은 예수 그리스도를 만남으로 어떻게 참 행복을 얻게 되었는지를 말하면서 감격해 했고, 시장, 가게, 공중 목욕탕, 그 어느 곳에서든 복음을 전하였다.

특별히 이들은 입만 열면 '그리스도(Christos)'라는 말을 하였기에, 사람들은 이들을 '그리스도의 사람들(Christianoi)'라는 별명으로 부르게 되었고, 이것이 그들의 이름이 되었다. 이 별명은 유대인들 혹은 헬라어를 사용하는 유대인들에 의해서 고안된 것이 결코 아

---

5) Ibid., p. 84.

니었음을 알 수 있는데, 그 이유는 만약 유대인들이 그들을 그리스도인이라 부른다면 그것은 그들이 추종하는 예수를 참 그리스도, 즉 기름 부음받은 메시아로 인정하는 것처럼 보일 수 있기 때문이다.[6] 어찌 되었든 안디옥의 성도들이 이처럼 능력 있게 그리스도를 증거하면서 수많은 이방인들이 돌아오게 되었고, 이로 인해 안디옥 교회는 크게 성장하였다. 이같은 부흥의 소식을 들은 예루살렘의 사도들은 안디옥 교회가 바른 복음을 견지하고 잘못된 혼합주의에로 빠지지 않도록 통제하고 지도해야 할 필요를 인식하고, 키프러스 출신으로서 예루살렘 교회의 창립 멤버인 바나바를 파송하였다.

바나바의 지도력으로 더욱 건실하게 성장하던 안디옥 교회는 이제 기독교 선교의 전초기지가 되어 갔다. 예루살렘 교회가 배타적인 유대주의 성격의 교회로 굳어져 가는 반면 안디옥 교회는 점차로 세계를 바라보는 교회가 되어 갔다. 안디옥 교회가 이처럼 세계를 향해 열린 교회가 된 것은 그 교회를 구성하는 성도들과 지도자들의 다양성과도 연관되어져 있다. 성경은 안디옥 교회의 대표적인 지도자 5인을 나열해 주고 있는데, 그들이 바로 세계 선교의 축소판이었다. 첫째 인물은 온유하고 권면을 잘 하기로 유명한 지도자 바나바이다. 두 번째는 니게르라 하는 시므온인데, '니게르'라는 말이 정확하게 오늘날 사용되는 '흑인'이란 뜻은 아니지만 북아프리카 출신의 흑인이었을 것으로 보인다. 세 번째는, 구레네 사람 루기오이다. 이 사람이 아프리카의 구레네 출신이었다면 예수의 십자가를 대신 짊어지고 간 '알렉산더와 루포의 아비인 구레네 사람 시몬'(막 15 : 21)이었을 가능성이 높다. 로마서 16장에 바울이 문안하고 있는 사람 가운데 '주 안에서 택하심을 입은 루포'라는 사람의 이름이 나오고, 그 어머니가 곧 자신의 어머니라고 바울은 말하고 있다(롬 16 : 13). 아

---

6) F. F. Bruce, op. cit., p. 273.

마도 바울이 안디옥에서 루포의 집에 유숙하였고, 그 기간에 루포의 어머니가 바울에게 어머니처럼 많은 사랑의 섬김을 베풀었던 것 같다. 어찌 되었든 이 루기오라는 사람이 예수의 십자가를 진 사람이었다면 그는 참으로 뜻하지 않게 예수의 십자가를 지게 되었지만, 결국 후에 복음을 위하여 십자가를 지는 안디옥 교회의 지도자가 되었고, 이 사실 속에서 루기오라는 사람을 향한 하나님의 특별한 섭리를 발견하게 된다.[7] 네 번째 인물은 마나엔이라는 사람인데, 그는 분봉왕 헤롯 즉 세례 요한을 참수한 헤롯 안티파스의 젖동생이었다. 어떤 관계인지 정확히 알기는 어렵지만 하여간 그들은 같은 어머니 밑에서 함께 자랐다.[8] 하지만 하나는 흉악한 폭군이 되었고 다른 하나는 세계적인 선교를 담당하는 귀한 교회의 지도자가 된 것이다. 그리고 마지막으로 사울이라는 인물이 나오는데, 이는 우리가 잘 아는 바울이다.[9]

이같이 다양한 혈통, 출신 배경, 학벌, 성격을 가진 이들이 하나로 뭉칠 수 있었던 것은 바로 그리스도의 복음 안에서의 사랑의 힘 때문이었다는 것은 너무나 자명한 일이다. 즉 복음이 확실하였기 때문에 그것으로 어떤 장벽도 뛰어넘을 수 있는 능력있는 교회가 되었던 것이다. 다양한 배경이 하나가 되지 못할 때는 복음 진보에 큰 장애가 되지만, 안디옥 교회는 복음의 목적 안에서 하나가 되어 다양한 사람들을 향하여 선교의 사명을 가지고 뻗어나가는 위대한 교회를 이루어냈던 것이다.

---

7) F. F. Bruce, 『사도행전 하, 브루스 주석』, 김재영 · 장동민 역(서울 : 아가페 출판사, 1986), p. 14.
8) 마나엔은 후에 팔레스틴에서 요단 동쪽의 로네(Rhone) 강가로 추방당했던 두 명의 왕자들과 함께 추방되어 그들과 함께 보낸 것으로 보인다. Frank Goodwin, 『바울의 생애』, 이남종 역(서울 : 크리스챤 서적, 1996), p. 45.
9) Joseph Holzner, op. cit., p. 98.

안디옥 교회가 선교를 위하여 귀하게 쓰임받을 수 있었던 이유는 복음으로 다양한 사람들이 연합한 것에만 그 이유가 있었던 것은 아니다. 안디옥 교회는 선교를 위해 기도한 교회였다. 안디옥 교회가 선교의 명령을 받은 것은 그들이 주를 섬겨 금식하며 기도할 때였다(행 13 : 2~3). 선교의 명령은 주님의 뜻을 찾으며 주님의 뜻을 따라 살려고 몸부림치고 애쓰는 교회에 주어지는 것이다. 하나님을 기쁘시게 하는 것, 즉 영혼 구원의 열정이 불타오른 교회 위에 하나님은 선교의 명령을 주셨던 것이다. 안디옥 교회는 성령의 음성을 들은 후에도 계속 금식하며 기도하였다(행 13 : 3).

아마도 그들의 기도는 "하나님, 바나바와 바울을 보내는 것이 정말 하나님의 뜻입니까? 우리 교회에도 할 일이 많은데 꼭 이 핵심적인 두 지도자를 선교사로 보내야 하겠습니까? 만약 그렇다면 우리에게 이들을 보낼 수 있는 확실한 믿음을 주옵소서."라는 기도였을 것이다. 안디옥 교회는 바나바와 바울을 보낼 때도 안수기도를 해서 보냈다(행 13 : 3). 또한 바나바와 바울을 선교사로 보내고 나서 안디옥 교회가 한 일 역시 기도의 후원이었다. 사실 당시에는 오늘과 같은 통신이 없어서 한번 보내고 나면 어디에서 무엇을 하는지 상황을 알기가 어려웠고, 은행이 없어서 송금을 할 수 있는 상황도 아니었으며, 우편 제도가 제대로 되어 있지 않아서 사람을 통하지 않고는 무언가 도움될 만한 물질을 보낼 만한 형편도 못 되었다. 그래서 안디옥 교회가 바울과 바나바를 파송하고 나서 물질적으로는 거의 도움을 주지 못한 것으로 보인다.

그들이 지원할 수 있었던 것은 오직 기도였다. 그러나 그것은 가장 큰 선교 후원이었다. 바울과 바나바가 수많은 장애를 극복하고 나아가 견고한 마귀의 진을 파하고 엄청난 선교의 열매들을 거두어들인 힘은 바로 안디옥 교회의 기도 후원에 있었다. 결국 안디옥 교회의 선교는 기도하면서 비전을 받고, 기도하면서 추진한 것이었다. 기도가 안디옥 교회 선교의 처음이자 마지막이었다. 기도 없이 안디옥 교회의 선교는 이루어질 수가 없었던 것이다.

최초의 선교사 바울과 바나바를 파송하여 선교사의 새로운 페이지를 장식한 안디옥 교회는 또한 선교를 위해 귀한 것을 헌신할 줄 아는 교회였다. 성령께서 선교를 위하여 안디옥 교회에게 요구한 사람은 다름 아닌 바나바와 바울이었다. 이 두 사람은 안디옥 교회에 있어서는 절대적으로 필요한 사람들이었다. 바나바는 안디옥 교회의 담임 목회자와 같았고, 사울은 복음의 열정과 지성을 겸비한 탁월한 지도자였다. 성령께서는 안디옥 교회의 지도자들 가운데서도 가장 뛰어난 기둥 같은 지도자 둘을 선교사로 보내라고 하셨다. 이같은 성령의 음성을 듣고 안디옥 교회는 큰 고민에 빠졌을 것이다. 목회를 못하는 것도 아니고, 아주 성공적으로 잘해서 교회가 한참 부흥 일로에 있는데, 핵심적인 지도자 둘을 빼서 보내면 교회가 크게 어려움을 겪을 것이 뻔했기 때문이었다. 그러나 안디옥 교회는 순종하였다. 선교를 위하여 가장 귀한 것을 드렸다.

안디옥 교회의 헌신이 주는 교훈이 무엇인가? 선교는 쓰고 남은 것을 가지고 하는 것이 아니라, 가장 귀한 것을 드려서 하는 것이라는 것이다. 선교사를 보내도 할 일 없어서 빈둥거리는 인력을 보내는 것이 아니라, 가장 귀한 인물을 보내야 된다는 것이다. 선교를 위한 자금도 여유가 있을 때 쓰는 것이 아니라, 가장 귀한 돈을 가장 먼저 선교를 위해 써야 한다는 것이다. 이것 저것 다하고 돈이 남으면 그때 선교를 위해 쓰는 것이 아니라, 선교를 가장 우선적인 주님의 명령으로 알고 선교를 위해 기꺼이 예산을 지출해야 한다는 교훈을 안디옥 교회가 잘 보여 주고 있다.

3. 바울 선교단의 특징 및 선교적 의의

　바울이 바나바와 함께 안디옥 교회의 파송을 받아 선교단을 이루어 나갔을 때 그것이 역사상 첫 선교였거나 유일한 선교사는 아니었다. 이미 기독교 복음이 로마 제국 내 먼 곳까지 퍼져나갔으며, 로마에까지 복음이 전파되어 유대인 중심이기는 하지만 로마 교회가 이미 세워졌던 것으로 보인다.[10]

　당시에 어떤 선교 운동들이 있었을까? 바울 당시 기독교 내에서의 선교 운동은 대략 다음 세 가지 부류로 나눌 수 있다. 첫째는 방랑 설교자들로서 유대 땅 이곳 저곳을 다니면서 임박한 하나님의 통치를 선언한 사람들이었다. 둘째는 헬라어를 말하는 유대 기독교인들인데, 핍박에 의한 것이긴 하지만 예루살렘에서 안디옥으로 복음을 전한 사람들이었다. 셋째는 유대주의 기독교인들로서 갈라디아서와 고린도후서에서 발견할 수 있는 것 같이, 기존 교회에 가서 복음을 잘못 이해하고 있다고 하면서 복음을 믿어도 할례를 받아야 구원을 얻는다는 유대주의적 가르침을 덧씌운 사람들이었다.[11] 이 외에도 나름대로 자신들의 신앙을 전파하는 운동들이 많이 있었다. 예를 들어 스토아 학파의 방랑 철학자들이나 신비주의 종교가들 역시 자신들의 추종자들을 얻기 위해 두루 돌아다녔다. 또한 유대주의자들 역시 자신들의 신앙을 포교하는 데 관심이 있었다. 그들도 '교인 하나를 얻기 위하여 바다와 육지를 두루 다니'(마 23 : 15)는 사람들이었다. 히브리 성경을 헬라어로 번역한 70인역의 출현 역시 유대인들의 포교의 관심을 잘 보여 주는 일 중의 하나라 하겠다.[12]

---

10) David J. Bosch, op. cit., p. 127.
11) Ibid., p. 129.
12) Edgar J. Goodspeed, op. cit., pp. 52~53.

그러나 이상의 어떤 포교 운동도 바울의 선교단처럼 선교만을 위하여 조직된 단체를 지닌 것은 없었다. 얼른 보기에는 바울과 바나바의 선교단이 방랑 스토아 철학자들과 비슷한 면모를 보여 주기도 한다. 그러나 스토아 철학자들 역시 조직적이고 의도적으로 단을 조직하지는 않았다. 이런 점에서 바울과 바나바가 처음 선교를 시작한 것은 참으로 대담하고도 숭고한 선교 사역이 아닐 수 없었다. 오늘날은 이런 선교단이 매우 많아서 바울의 선교단이 당연한 것으로 여겨지기도 하지만 그것은 참으로 가히 선구자적인 시도가 아닐 수 없다. 사실 바울과 바나바가 선교단을 형성하여 나가기 전만 해도 복음은 계획되지 않은 상황에서 퍼져나갔다. 빌립이 이디오피아 내시에게 전도를 한 것이라든지, 베드로가 고넬료에게 복음을 전한 것이라든지, 예루살렘에서 핍박이 일어나 성도들이 대거 타지로 피난을 가서 거기에서 복음을 전한 것 등에서 볼 수 있듯이 선교는 의도적인 계획과 활동을 통해서 이루어진 것이 아니었다. 그러나 바울과 바나바는 복음 전달의 분명한 목적을 가지고 머나먼 곳까지 가서 그리스인들에게 복음을 전한 사람들이었다. 이들은 훗날에 소위 '해외 선교'라고 불리우는 사역을 위하여 만들어진 조직의 원형이 되었던 것이다.

바울 전도단은 또한 방랑 철학자들처럼 여러 지역을 계속 돌아다닌 것이 아니었다. 그들은 일정 지역에 상당 기간 머물면서 복음 선포, 제자 삼기, 회심자들을 교회의 일원으로 만들기 등의 사역을 통하여 그곳에 스스로 자립할 수 있는 교회가 서도록 하였다. 때로 박해와 문제가 일어나서 그 지역에서 더 이상 머물 수 없는 상황이 되면, 동역자들로 하여금 그곳에 계속 남아서 교회가 설 때까지 도와주도록 하였고, 이것이 여의치 않을 때는 바울 자신이 재차 방문하여 현지 지도자를 세워 주고, 계속해서 편지를 주고받으며 교회를 돕기도 하였다. 바울 전도난은 방랑 칠학자들과 달리 단순히 지식을 전해 주는 것으로 끝나지 않고 그 가르침에 따라 살아가는 사람들의 모임,

즉 교회를 세웠다.

바울 선교단은 모든 민족이 믿어 순종케 되는 일이 일어나도록 하기 위하여 일어났다(롬 1 : 5, 16 : 26). 바울은 복음 전하는 일을 위하여 그리스도로부터 부름을 받았고, 이 일을 위하여 선교단을 이루었다. 이 복음은 절대적으로 전해져야 하는 것이었다. 하나님께서 주신 그리스도의 길 외에 다른 구원의 길이 없었기 때문이었다. 또한 이 복음은 긴급히 전해져야 하는 것이었다. 특별히 복음을 전하는 자가 가지 아니하면 결코 복음을 들을 수 있는 기회를 가질 수 없는 먼 지역에 있는 사람들을 위하여 가야 했다. 이렇게 선교단에 속한 사람은 지역 교회 교인이 되는 것을 넘어서서 타 지역 타 문화권에 가서 복음 전도의 사명을 감당키 위하여 다시 한번 헌신한 사람들로 구성되었다. 즉 지역 교회는 지속적인 헌신에 대한 점검 없이 계속 교인의 자격을 유지하도록 허용하는 반면, 선교회는 목표하는 바를 위한 지속적인 헌신이 없는 회원을 용납하지 않았는데, 이런 점에서 바울의 두 번째 선교 여정에서 마가가 허입되지 못했다고 할 수 있다.

바울 선교단은 나름대로의 조직, 리더십, 단원 모집, 재정, 훈련 방법 등을 지니고 있었고 이런 것들은 지역 교회의 그것들과는 다른 형태를 지닌 것이었다. 물론 이 일을 위해 바울 선교단이 만들어졌을

---

13) 랄프 윈터는 하나님의 선교 역사를 이루어 온 두 가지 주요한 구조로, 선교회 구조(Sodality Structure)와 지역 교회 구조(Modality structure)를 말한다. 이 두 구조는 초대 교회 시기부터 계속해서 선교 역사에 뚜렷이 나타나고 하나님 나라 확장에 귀하게 기여해 왔다. 그러므로 이 두 구조는 서로를 잘 이해하고 조화로운 관계와 협력 속에서 지상 명령을 효과적으로 수행해 나가야 하는 것이다. Ralph D. Winter, "The Two Structure of God's Redemptive Mission," in *Perspectives on the World Christian Movement*, Ralph D. Winter & Steven C. Hawthorne eds.(Pasadena, CA : William Carey Library, 1992), p. B : 56.

때 그 시작은 참으로 초라하기 그지없는 것이었다. 그러나 그것은 결국 오고 오는 시대에 선교 사역의 주역이 된 선교회 모델(Sodality Model, Para church Model)의 첫 성경적 예증이 되었던 것이다.[13] 바울 선교단의 이같은 역할을 감안할 때에 바울의 첫 선교 여정은 가히 선교회 모델의 신기원을 이룬 것이었다.[14]

---

14) Edgar J. Goodspeed, op. cit., p. 53.

VI 선교의 첫걸음

'시작이 반'이라는 말이 있다. 그만큼 시작이 어렵고 또 중요하다는 의미이리라. 선교의 첫 발걸음을 떼기까지의 바울의 생애는 한마디로 하나님의 섭리 속에서 선교를 준비한 과정이었다고 해도 과언이 아닐 것이다. 이 모든 준비를 마치고 드디어 본격적인 사역의 시작을 알리는 종이 울렸고 바울은 동역자들과 함께 길을 떠났다. 그러나 그야말로 전례가 없는 새로운 선교 여행을 시작하다 보니 어려움이 한두 가지가 아니었다. 출발 후 얼마 되지 않아 동역자가 떠나 버리고, 몸은 병이 들고, 가는 길은 험하고, 가는 곳마다 박해를 받는 등 첩첩산중이었다. 그러나 그들은 투철한 믿음 가운데서 잘 견디어냈고, 결국 능력 있게 복음을 증거하여 스스로 서 가는 자립 교회들을 세워 나갔다.

1. 키프러스(구브로) 섬 : 선교단장 바나바의 고향

바울 선교단의 처음 기착지는 키프러스(Cyprus) 섬이었다. 선교단장이었던 바나바가 자신의 고향인 키프러스에 먼저 가자고 제안했을 것이다. 아마 바울에게 결정권이 있었다면 바울은 키프러스를 처음 선교지로 택하지 않았을 것이다. 바울은 기본적으로 복음이 중심 도시에 뿌려져야 한다는 생각을 가지고 있었고, 키프러스가 교통의 요충지는 아니었기 때문이다. 그들은 키프러스의 동편에서 북쪽으로 약 48킬로미터 정도 거리에 위치한, 당시 키프러스 섬에서 가장 큰 항구인 살라미에 먼저 당도하였다. 이 곳이 바로 바나바의 고향 도시였으므로 바나바와 바울은 극진한 환영을 받았다. 그들은 회당을 돌아다니면서 전도하였는데, 이곳에 있는 유대인들은 비교적 인내심 있게 이들의 말을 들은 것으로 보인다. 그리하여 큰 충돌 없이 이들은 복음을 잘 전하였다.

얼마 후 이들은 섬의 서남쪽에 있는 '바보(Paphos)'라는 지역을 향하여 출발하였다. 이곳은 당시 로마의 이 지역 총독이었던 서기오 바울(Sergius Paulus)이 머무는 곳이었다. 서기오 바울은 상당한 문화적 소양과 학식을 갖춘 이였고, 열린 마음과 진리를 추구하는 자세, 그리고 자연과학 지식에 대한 권위를 갖춘 이였다. 그는 주위에 많은 자문역들 즉 학자, 시인, 점술가, 무당 등을 두고 있었다. 이같은 다양한 자문가들 가운데 가장 영향력을 끼치고 총독의 총애를 받은 사람이 바로 '바예수(Bar-Jesus)'라는 무당이었다. 그는 헬라의 방랑 철학자들과 비슷한 범주에 속하는 유대 점술가들 중의 한 사람이었다. 그의 이름이 '엘루마(Elymas)'라고 불리기도 하였는데, 엘루마라는 말은 '현자'라는 말의 헬라어이다. 즉 바예수라는 사람은 어느 정도의 식견과 교육적 배경을 지닌 사람이었던 것으로 보인다. 이 사람이 단순히 무시한 점쟁이의 한 부류였다면 총독의 총애를 받는

자리까지 가기는 불가능하였을 것이다.[1]

　어찌 되었든 바나바와 바울의 선교 활동은 그 지역의 주요한 토픽 거리로 대두되었고, 이 소문을 들은 총독 서기오 바울은 본시 학구적이고 새로운 것에 관한 배움의 열정이 높은 사람이었기에 호기심을 가지고 바나바와 바울을 자신의 집으로 초대한 것으로 보인다. 이 때 복음이 처음으로 로마 사회의 귀족에게 전해진 것이었다. 그런데 이 자리에서 총독 서기오 바울에게 가장 영향력을 미치고 있던 박수 엘루마는 자신의 영향력이 상실될 것을 염려한 나머지 계속적으로 바울의 사역에 방해 공작을 폈다. 복음 사역에 대하여 정면으로 도전을 걸어 오는 엘루마에 대하여 바울은 소경이 될 것을 선언하였고, 이 선언대로 과연 엘루마는 졸지에 소경이 되어서 인도할 사람을 찾는 신세가 되었다. 총독은 이 사건을 통하여 바울이 전하는 복음의 참됨을 깊이 인식하게 되었다. 당시는 어떤 가르침이든 그에 상응하는 능력을 동반하지 않는 한 참되고 신적인 것으로 인정되지 않는 사회였다.[2] 결국 바울이 엘루마에게 행한 이적은 총독의 마음을 그리스도에게로 향하게 하는 데 결정적인 역할을 감당하였다.

　그러나 총독 서기오 바울이 세례를 받고 헌신된 기독교인이 되었는지, 그리고 후에 지속적으로 그리스도인으로 살았는지에 대하여는 회의적이다. 바울 일행이 키프러스에 기본적인 교회의 기틀을 형성하지 못하고 급히 떠났기 때문이다. 그들이 왜 그처럼 서둘러서 다음 지역으로 이동하게 되었을까? 아마도 그것은 겨울이 본격적으로 시작되기 전에 다소 지역으로 건너가서 소아시아 지역으로 이르는 배를 잡기 위해서였던 것으로 보인다. 어찌 되었든 이 후로 바울은 다시 키프러스를 방문하지 않았다. 바울의 생각에 키프러스는 바나

---

1) Joseph Holzner, op. cit., pp. 102~104.
2) Ibid., pp. 104~105.

바의 지역이었고 남의 터 위에 교회를 세우지 않는다는 바울의 선교 철학에 의한 것으로 보인다.[3]

2. 떠나간 동역자

키프러스 선교에서 박수 엘루마의 방해 공작을 꺾고 복음의 능력을 보여 주는 등 선교 사역에 주도적 역할을 한 사람은 바나바가 아니라 바울이었다. 키프러스에서의 선교 사역을 정리하고 속히 소아시아 지역으로 가자고 제안한 사람도 바울이었던 것으로 보인다. 아마도 바울은 소아시아 상업의 중심지였던 에베소로 가자고 제안했을 것이다. 그러나 에베소로 가는 배편을 잡지 못하고 대신에 앗달리아 항구로 가는 배를 잡게 되었고, 이로 인해 그들의 갈라디아 지방 선교가 열리게 된 것이다. 바울의 선교 일정은 꼭 고정된 것이 아니었다. 그는 종종 장애물이나 핍박 등을 하나님의 뜻으로 생각하고 다른 길을 찾아나섰던 것이다.

바울 일행은 앗달리아 항구에 도착하였다. 그리고 곧바로 동쪽으로 수마일 떨어진 버가라는 지역을 향해 발걸음을 재촉하였다. 버가에서 그들은 별다른 선교의 성과를 거두지 못한 것 같다. 자세한 이유를 알 수 없지만 바울 일행은 당시 소아시아의 해변 일대를 강타한 말라리아에 걸린 것으로 보인다. 마가 역시 말라리아에 걸려서 안디옥으로 되돌아가자고 말했던 것 같다. 그러나 바울은 중도에 그만둘 수 없었다. 오히려 바울은 타우르스 산맥 너머에 있는 비시디아 안디옥 지역을 생각하며 행진을 계속하였다. 그곳은 말라리아가 만연한 지역을 벗어나 좋은 휴식을 제공해 줄 수 있는 지역으로 생각되었다.[4]

---

3) Ibid., p. 106.

그가 후에 갈라디아 성도들에게 편지를 쓰면서 "내가 처음에 육체의 약함을 인하여 너희에게 복음을 전한 것을 너희가 아는 바라"(갈 4:13)라고 쓴 것을 볼 때에 그가 아마도 말라리아의 회복을 위하여 비시디아 안디옥 즉 갈라디아에 간 것으로 보인다. 한편 바울은 어린 시절부터 다소에 살면서 타우르스 산맥 너머에 있는 지역들에 많은 호기심을 가지고 있었다. 가죽 제조업자였던 바울의 아버지는 이 지역으로부터 염소 가죽을 가져왔으며, 그 지역 사람들은 죽음의 사자들에게 에너지를 다 빼앗겨 결국 죽는다는 말을 많이 들어 왔던 터였다. 그렇다면 그들은 참으로 복음이 필요한 사람들이었다. 이런 여러 가지 이유가 복합되어 바울은 비시디아 안디옥 행을 결정하여 밀고 나간 것으로 보인다.

갈라디아 행을 결정한 바울은 주위의 의견을 크게 개의치 않고 막무가내 그 험산준령을 향하여 돌진하였다. 선교단장 바나바도 바울에게 그냥 모든 것을 맡기고 따라갔다. 마가가 보기에 바나바가 적극적으로 바울에 동조하는 것 같지는 않았다. 다만 바울의 그 무모한 듯한 열정에 떠밀려서 따라가는 것 같았다. 그러나 마가의 생각은 달랐다. 그 험산준령을 넘어야 하는 이유가 도대체 무엇인지 알 수 없었다. 그곳을 넘는 데는 족히 수일이 걸릴 것이고, 그 길은 수천 길 낭떠러지가 곳곳에 산재해 있고, 더더구나 거기에는 산적떼가 수시로 출몰하여 사람과 재산을 약탈하는 곳이었다. 거기다가 거기에는 회당 같은 것도 없을 것이고 자신들을 보호해 줄 사람들도 없을 것이 뻔하였다. 이것은 정말 마가가 생각했던 선교가 아니었다. 그는 도회지 출신의 청년이었다. 이런 무지막지한 환경을 헤치고 나가면서 선교를 하는 것을 무작정 따라갈 수는 없었다.

뿐만 아니라 마가는 어린 시절부터 열두 사도들을 보면서 자랐고

---

4) Edgar J, Goodspeed, op. cit., p. 43.

그들과 깊은 연관을 맺으면서 자랐다. 베드로는 그를 '나의 아들 마가'(벧전 5 : 13)라고 부를 정도였다. 이 사도들의 이해로는 교회란 회당과 연관을 맺으면서 존재하는 것이었다. 그런데 바울은 교회를 회당으로부터 떼어 내려는 듯한 모습을 보여 주고 있었던 것이다. 즉 바울은 유대교와 상관없는 이방인 교회를 만들려는 것 같았다. 바울은 이제 이름도 유대식 이름인 사울보다 로마식 이름인 바울을 사용하면서 본격적으로 이방인들을 위한 사역을 전개하려는 듯한 모습을 보이고 있었다. 마가의 눈에는 바울이 잘못된 선교의 방향으로 나가고 있는 것처럼 보였다. 마가가 보기에 바울은 이방인들에게 율법으로부터의 자유를 너무 많이 주면서 그들을 기독교회로 수용하려는 듯이 보였다. 바울은 지역적으로도 너무 멀고 험한 곳으로 나아갔고, 선교의 방향도 잘못된 곳으로 나아가고 있었다.[5]

마가는 삼촌에게 자신의 고민을 털어놓았다. 자신은 더 이상 이 선교 여정을 따라갈 수 없다고 말했다. 이것은 바나바로 하여금 상당한 고민에 빠지게 한 일이었음에 틀림없다. 그러나 가기 싫은 생질[6]을 억지로 데리고 가서는 선교 사역에 효과를 거둘 수 없다는 것을 잘 아는 바나바는 무거운 마음으로 이를 허락했다. 그러나 바울에게는 선교의 첫 여정에서 자신을 버리고 다시 고향으로 돌아간 마가가 어지간히 상처가 되었던 모양이다. 바울은 마가를 용기 없는 겁쟁이로

---

5) Roland Allen, *Missionary Methods : St. Paul' s or Ours?*(Grand Rapids, MI : Eerdmans, 1962), pp. 10~11.

6) 마가가 바나바의 조카가 아니라 사촌동생이라는 견해가 있다. 바울이 마가를 '아넵시오스'라고 표현한 것은 정확히 '사촌', 혹은 '친사촌'이라는 뜻이다(골 4 : 10). 마가를 '바나바의 생질 혹은 누이의 아들'이라고 표현한 것은 마가가 바나바보다 많이 어린 것 같다는 사도행전의 인상(바나바가 마가를 휘하에 데리고 다녔으므로)에서 비롯된 것 같다고 브루스는 말하고 있다. F. F. Bruce, 『바울 곁의 사람들』, p. 80.

생각했고, 쟁기를 들고 뒤를 돌아본 자이며, 그런고로 하나님 나라에 합당치 아니한 자로 생각하였다.

3. 비시디아 안디옥 : 갈라디아 지역 선교의 첫 열매

마가를 떠나 보내고 바나바와 바울은 험산준령을 향해 계속 발걸음을 내딛었다. 마가의 일로 바울은 마음이 상했고, 바나바 역시 마음이 편치 못했기에 둘 사이에는 약간의 긴장과 침묵이 맴돌았다. 그러나 그들은 계속 발걸음을 옮겼다. 그들이 해야 할 선교 사역은 기분에 따라 좌지우지될 성질의 것이 아니지 않던가. 그들이 올라간 길은 참으로 어려운 여정이었다. 우선 길 사정이 매우 열악하였다. 길 자체가 매우 좁고 위험할 뿐 아니라 곳곳마다 천길 만길 낭떠러지가 있어서 조금만 발을 잘못 디디는 날에는 졸지에 흔적도 없이 산 속에서 사라져 버릴 가능성이 높은 곳이었다. 게다가 날씨의 변덕은 말로 형언하기 어려웠다. 그 지역의 날씨 변동은 아주 악명 높은데, 오늘은 복숭아 꽃이 활짝 피다가도 내일은 눈보라가 몰아치는 것이 바로 그 지역의 변덕스런 날씨였다. 거기다가 그들이 소지하고 있는 음식이란 참으로 빈약하기 그지없는 것이었다. 딱딱한 빵 몇 조각과 약간의 올리브 기름이 전부였다. 밤이 되어도 몸을 누일 만한 장소가 여의치 않았다. 그들은 불을 펴 놓고 그 불 쪽으로 발을 뻗고 옹색한 잠을 청해야만 했다. 그나마도 불이 번지는 것을 막기 위하여 교대로 잠을 자야만 했다.[7] 또한 물살이 센 계곡을 건너야 했는데, 이 때는 소지한 옷가지들과 음식들이 젖지 않도록 양손으로 높이 들고 물을 건너야 했다. 거기다가 곳곳에 도적들의 위험이 들끓고 있었다.

이 지역이 로마 통치 지역임에는 틀림없었으나 워낙 산세가 깊어

---

[7] John Pollock, op. cit., p. 55.

서 로마 군인들이 도적떼들을 완전히 소탕하지 못하고 있었다.[8] 검은 얼굴에 복면을 하고, 텁수룩한 턱수염과 살벌한 눈초리를 가진 도적떼를 만나는 날에는 가진 물건뿐 아니라 목숨마저 위태로웠다. 더 큰 문제는 그들이 목표로 하는 비시디아 안디옥은 하루 이틀에 도착할 수 있는 거리에 있는 곳이 아니다는 것이었다. 버가에서 비시디아 안디옥까지는 144킬로미터 정도의 거리였는데 산악지대였기에 일주일 이상 힘든 산행을 한 후에야 겨우 비시디아 안디옥의 모습을 멀리서 볼 수 있게 되었다. 그들이 비시디아 안디옥에 도착하기까지 지불한 대가는 참으로 큰 것이었다.

고린도 교회 성도들에게 보내는 두 번째 편지에 나타난 고생 목록(고후 11 : 23~28) 내용 중 상당 부분이 바로 이 기간의 경험이었을 것이다. 즉 강도의 위험, 시내의 위험, 광야의 위험, 수고하며 애쓰고 여러 번 자지 못하고 주리며 목마르고 여러 번 굶고 춥고 헐벗었다는 목록이 바로 이 여정 중에서 겪은 것으로 여겨진다. 그 여정은 또한 하루 이틀에 끝난 것이 아니었다. 해발 1,080미터의 높은 고지를 향해 올라가서 반대편 골짜기로 가는 길로서 적어도 일주일 정도 소요되는 것이었다. 바울과 바나바가 비시디아 안디옥에 도착했을 때 그들의 몸은 지칠 대로 지쳐 있었다. 거기다가 바울은 말라리아 열병까지 앓고 있었다.[9]

그러나 말라리아 열병도 바울의 복음 전도를 막을 수는 없었다. 안디옥에 도착한 바울과 바나바는 회당에 들어가서 복음을 전하기 시작하였다. 바울이 선교지에서 행한 설교를 살펴보면 크게 두 가지 유형으로 나눌 수 있는데, 하나는 회당에서의 설교요 다른 하나는 이방

---

8) Weldon Viertel, *Early Church Growth : A study of the Book of Acts*(Manila : Publishers Association of the Philippines, 1973), p. 82.

9) Edgar J. Goodspeed, op. cit., pp. 43~44.

인들을 향한 설교이다. 안디옥에서 행한 설교(행 13 : 14~41)는 바로 회당에서 행한 대표적인 설교 중의 하나이다. 이 설교의 주요 요소들을 살펴보면 다음과 같다.

첫째, 그는 그와 회중들이 공통으로 지니고 있는 믿음, 즉 유대인들이 가지고 있는 역사를 말함으로 듣는 이들의 마음문을 연다. 회중들이 이미 동의하고 있는 것을 가지고 시작하면서 새로운 씨를 뿌릴 것을 준비하는 것이다. 이로써 새로운 말씀이 낯설거나 놀라운 것으로 들리지 않고 쉽게 수용되도록 한다. 그는 과거에 그의 조상들에게 주어진 계시를 부인하지 않고, 오히려 이스라엘 역사 전체가 바로 메시아 안에서의 새로운 계시를 위한 하나님의 준비임을 말한다.

둘째, 그는 예수의 오심과 거부당하심, 그리고 그 결과로 일어난 십자가 사건을 말한다. 이 말을 함으로 말미암아 그는 엄청난 반대에 직면하게 되지만 그는 이 사실을 아주 분명하면서도 담대하게 선언한다. 특별히 그는 유대인들로부터 특별한 신임과 존경을 받은 세례 요한이 이 예수를 그리스도로 소개했다는 사실을 언급하고, 예수의 부활을 말하면서 그것이 선지자들에 의해 예언된 것임을 밝힘으로써, 예수가 바로 이스라엘이 오랫동안 기다려온 소망의 성취이심을 밝힌다.

마지막으로, 그는 예수 그리스도를 믿음으로 얻게 되는 하나님과의 화목, 평안, 그리고 죄 용서에 대하여 말한다. 특별히 이러한 것들은 모세의 율법으로는 얻을 수 없고 오직 그리스도를 믿음으로만 얻는 것임을 말하면서 복음과 율법을 선명하게 비교하여 선택하도록 제시하였다. 즉 복음을 전할 뿐 아니라 그것을 거절하는 자들이 받을 경고도 엄중히 선언하였던 것이다.[10]

바울의 이같은 설교를 들으면서 회당 지도자들과 유대인들의 얼

---

10) Roland Allen, op. cit., pp. 62~63.

굴은 일그러지기 시작했다. 설교 후에 그들은 "성경 어디에서 그런 해석을 찾을 수 있는가?"라는 비난을 퍼붓기 시작했다. 그러나 이방인 중에서 하나님을 찾는 '하나님을 경외하는 자들'에게는 바울의 설교가 참으로 큰 복음이 아닐 수 없었다. 안디옥 지역에는 이 낯선 두 명의 설교자들에 대한 소식이 널리 퍼져 나갔다. 이 소문으로 인해 다음 안식일에는 회당이 수용할 수 없을 정도의 많은 사람들이 회당 예배에 참여하였다. 회당 지도자들은 마음에는 내키지 않았지만 사람들의 기대에 못 이겨 바울과 바나바에게 설교의 기회를 허락하였다. 바울은 그리스도에 대하여 더 담대히 선언하였다. 이에 화가 난 유대인들은 바울을 내쫓으라고 소리치면서 들고 일어났다. 결국 바울과 바나바는 회당에서 쫓겨났다. 그리고 그들은 그 날 이후 더 이상 회당에 들어갈 수 없게 되었다.

4. 눈이라도 빼어 줄 사람들

그러나 회당 문이 닫혔다고 복음을 전하지 못할 바울과 바나바가 아니었다. 바울은 이제 마음 문이 꼭꼭 닫혀진 유대인이 아니라 마음이 열린 모든 사람을 포함하는 교회를 세울 것을 생각하였다. 바울은 드디어 온 세계를 품을 수 있는 교회를 세울 생각을 한 것이었다. 오늘 우리에게는 이것이 지극히 당연한 것이지만, 당시로서는 아주 혁명적인 생각이 아닐 수 없었다. 바울과 바나바는 셋집, 성도의 집, 길거리, 어느 공간이든지 사람을 모으고 그들에게 복음을 전하였다. 온갖 복잡한 율법의 요구들, 즉 먹는 것, 손을 씻는 것, 그리고 각종 월삭과 절기(갈 4 : 10) 등을 강조할 필요가 없었다. 회당을 다니면서도 늘 율법을 온전히 지키지 못하는 것으로 인한 죄의식에 시달리던 '하나님을 경외하는 자들'에게 이러한 가르침은 참으로 기쁜 소식이 아닐 수가 없었다. 또한 각종 미신과 악령 그리고 이방 종교에 시달리던 이들은 바울이 전한 복음을 통하여 참된 자유와 기쁨을 얻게 되었다. 이제 바울과 바나바가 전한 복음은 안디옥 전역에 요원의 불길처럼 번져 나갔다. 몇 개월 지나면서 다른 이들에게 복음을 가르칠 수 있는 교사들도 생겨났다.

이같은 복음의 역사로 말미암아 교회는 강력하게 성장하여 갔고, 복음을 받은 이들은 바울과 바나바를 참으로 존경하고 신뢰하고 사랑하였다. 바울이 후에 그들에게 보낸 편지에서 말했듯이 그들은 할 수만 있다면 자신들의 눈이라도 빼어 줄 정도로 바울을 사랑하였다(갈 4 : 15).[11]

바울은 오랜 여행과 안디옥에서의 밤낮 없는 전도 사역으로 인해 말라리아 열병이 악화되어서 더 이상 몸을 가눌 수 없는 지경에 이르게 되었다. 그런데 당시 사람들은 말라리아 열병은 환자가 불결할 때에 악신이 몸에 들어가 발병하는 것으로 생각하였다.[12] 따라서 말라리아 열병은 아주 역겨운 병으로 간주되었고, 말라리아 환자를 가까이하는 것은 금기시되었다. 말라리아 환자를 가까이에서 본 사람은 말라리아의 악귀를 쫓아내기 위하여 가래침을 뱉곤 하였다. 그런고로 말라리아 환자는 사람들이 잘 볼 수 없는 구석진 곳에 있어야 했고, 바울 역시 고열로 시달리면서 구석진 방 한구석에 누워 있어야 했다.

그러나 바울에게 있어서는 말라리아 열병이 오히려 성도들과 더 친밀한 사랑의 교제를 나눌 수 있는 계기가 되었다. 열병에 걸리면

---

11) 신약 성경에서 '갈라디아' 라는 명칭은 단지 소아시아의 중앙 지역만을 가리키지 않고 보다 광범위한 의미로 브루기아, 루스드라, 비두니아 등까지 포함하는 광대한 로마의 갈라디아 지방을 가리키는 데 사용되고 있다. 바울이 1차 선교 여행 기간 동안 사역했던 곳이 바로 갈라디아 지역이며, 바울은 이 지역 사람들에게 갈라디아서를 보낸 것이다. Frank J. Goodwin, op. cit., pp. 53, 77.

12) Edgar J. Goodspeed, op. cit., p. 43.

사람들이 일반적으로 신경질적인 반응을 나타내는데 반해 바울은 말라리아 열병에 걸려 있으면서도 그리스도에 관하여 증거하고, 계속하여 하나님을 찬미하고 기도하였다. 이런 모습 속에서 그들은 기독교인이 된다는 것은 참으로 능력 있는 삶을 사는 것임을 알게 되었다.[13] 후에 바울이 그들에게 편지를 보내면서[14] "너희를 시험하는 것이 내 육체에 있으되 이것을 너희가 업신여기지도 아니하며 버리지도 아니하고 오직 나를 하나님의 천사와 같이 또는 그리스도 예수와 같이 영접하였도다"(갈 4 : 14)라고 말한 것은 바로 이 때의 상황을 두고 한 말이었다. 선교사와 현지인 성도들 간의 이같은 끈끈한 사랑으로 말미암아 안디옥에 있는 교회는 능력 있게 성장하였다.

5. 바울과 회당

바울에게 있어서 회당은 참으로 중요한 곳이었다. 바울의 선교 사역은 거의 대부분 회당에서 그 출발점을 찾았기 때문이다. 회당은 유대인들에게 있어서 종교의 중심일 뿐 아니라 삶 전체의 중심이었다. 회당은 예배의 처소일 뿐 아니라 학교이기도 하고, 시민회관 노릇을 하기도 하고, 여행하는 유대인들에게는 여관의 역할을 하기도 했으

---

13) Joseph Holzner, op. cit., pp. 122~124.
14) 갈라디아서를 받은 사람들에 대하여 두 가지 견해가 있다. 하나는 북 갈라디아에 사는 사람들에게 보내졌다고 생각하는 견해이고, 다른 하나는 비시디아 안디옥 지역을 포함하는 남 갈라디아 지역에 있는 사람들에게 보내졌다고 생각하는 견해이다. 본래 북 갈라디아 지역이 로마에 정복되면서 남 갈라디아 지역 즉 브루기아(Phrygia), 비시디아(Pisidia), 그리고 루가오니아(Lycaonia) 지역 등이 갈라디아에 편입되게 되었다. 즉 본래의 갈라디아는 북 갈라디아이고, 남쪽의 갈라디아는 후에 편입된 것이었다. 바울의 서신 갈라디아서는 그의 1차 선교 여행지였던 남갈라디아 지역에 보내진 것으로 보인다. Weldon Viertel, loc. cit.

며, 간단한 직업 알선소 역할을 하기도 하였다. 바울은 어느 지역을 가든 일단 그 지역의 회당을 찾아 그곳에 머물면서 그곳으로부터 일할 곳을 소개받아 일을 한 것으로 보인다. 고린도에서 아굴라의 천막 가게를 소개받은 것도 회당을 통해서였을 것이다.

회당 예배 순서 중 중요한 요소 중 하나는 성경을 읽는 순서인데, 1년 52주 동안 매 안식일에 모세 오경에서 한 부분, 그리고 선지서에서 한 부분을 읽도록 본문을 정해 놓은 성구집(Lectionary)에 따라 각 안식일에 해당되는 성경 본문을 읽게 된다. 성경을 읽고 난 후에 회당장은 "우리 중에 혹 이 말씀에 근거하여 하나님의 위로나 권면을 할 수 있는 사람이 있으면 나와서 말씀해 주십시오."라고 부탁하게 된다. 바울은 바로 이 기회를 이용하여 앞으로 나아가서 방금 읽은 구약 본문 말씀에 근거해서 그 말씀이 바로 예수 그리스도에게서 성취되었음을 설명하였다. 그러나 이 말을 듣고 대부분의 유대인들은 바울을 이단자로 취급하여 내쫓았다.

그런데 회당에는 유대인만 있는 것이 아니라 유대인들의 유일신 사상, 그리고 높은 도덕적 수준 등에 마음이 끌려서 참여한 이방인들도 있었다. 이 이방인들은 크게 두 부류로 나눌 수 있는데, 하나는 '하나님을 경외하는 자들(God-Fearers)'이며, 다른 하나는 '개종자(Proselytes)'였다.

개종자는 아예 할례를 받고 유대인처럼 사는 사람들을 일컫는다. 그런데 할례를 받고 유대인의 방식으로 사는 이방인들은 예전의 공동체에서 완전히 고립되어서 자신이 살던 사회에서 정상적인 생활을 하기가 어려웠다. 그러면 이들이 유대인 공동체에서 환영을 받는 가? 약간의 예외는 있겠지만 대부분은 유대인들 가운데서 사는 것도 가능치가 않았다. 이런 이유로 대부분의 이방인들은 개종자가 될 용기는 갖지 못하고 '하나님을 경외하는 자들'로서 회당 예배에 참여하였다. 이들은 유대인이 아니기에 회당 예배에 참여해도 제일 뒷자리에 앉았고, 유대인이 아니기 때문에 구원에 대한 보장을 받지 못해 늘 불편한 마음으로 예배에 참여하였다.

그런데 바울이 나타나서 예수 그리스도를 통해서 유대인 이방인 할 것 없이 모두 믿음으로 구원을 얻는다는 말씀을 증거하니 그들에게는 이 말씀이 참으로 복음이 아닐 수 없었던 것이다. 그래서 이들은 바울의 말씀을 더 청종코자 그를 집으로 초청하였고, 이런 모임이 지속되면서 자연히 하나님을 경외하는 이방인들을 중심으로 교회가 서 가게 되었다. 이 교회는 외형상으로는 회당과 유사한 모습을 지니고 있었다. 그러나 이들은 회당과 달리 그리스도를 중심으로 모였고, 세례와 요리 문답 교육 등을 통해 새로운 신자들을 받아들였기에, 기존의 유대인 회당과는 구별되게 '교회(Ecclesia)'라고 불렸는데, 이것은 사도 바울이 만든 용어가 아니라 '모임(assembly)'이라는 의미로 헬라어에서 널리 쓰이는 있는 용어를 빌려온 것이었다.[15]

6. 핍박 속에 이어진 선교 여행

비시디아 안디옥 지역에서 사역한 지 어언 1년여의 세월이 지났다. 주로 이방인들로 구성된 안디옥 교회는 갈라디아 지역에 세워진 첫 교회답게 능력 있게 성장해 가고 있었다. 이런 모습을 보고 유대인들이 가만있을 리가 없었다. 유대인들이 보기에는 변절자 바울이 자신들에게 올 이방인들을 뺏어다가 율법을 안 지키고도 하나님의 백성이 될 수 있다고 사람들을 현혹하는 것은 하나님께 대한 모독이었고, 그냥 두어서는 안 될 죄악이었다. 당시 유대인 중에는 지도급에 있는 사람들과 돈독한 친분을 유지하는 사람들이 많이 있었다. 이들은 이러한 관계에 힘입어 자신들이 원하는 바를 성취하기 위하여

---

15) Arthur F. Glasser, op. cit., p. 261.

무력을 동원할 수 있는 능력을 지니고 있었다. 유대인들은 지도자들에게 가서 사도들이 외국인으로서 금지된 종교 의식을 들여온 자들이며, 그들이 주장하는 '그리스도'라는 자는 빌라도 시절에 정치범, 즉 로마 권력에 반역하는 자로 십자가형을 당했다는 사실을 강조하였다. 아울러 그들을 따르는 사람들 역시 위험한 사람들이므로 이런 사람들을 가만두는 것은 정치적 안정을 헤치는 결과를 가져온다고 주장하였다. 결국 유대인들은 정치 권력자들을 선동하여 그들을 붙잡아다가 심한 모욕을 주고 채찍질을 하였고, 결국 바울과 바나바는 이 심한 고난을 당한 후에 안디옥에서 쫓겨나게 되었다.

안디옥에서 쫓겨난 바울과 바나바의 등에는 아직도 채찍에 맞은 피멍 자국이 여기저기 남아 있었다. 육체의 상처와 마음의 실망을 가지고서도 그들은 선교를 포기하지 않고 다음 선교지인 이고니온으로 발걸음을 옮겼다. 이고니온이라는 도시는 비시디아 안디옥에서 남동쪽으로 161킬로미터 정도 떨어진 지역에 위치하였고, 타우르스 산맥과 술탄 산악 지역 사이의 드넓은 평원을 바라보며, 강으로 인해 물이 잘 공급되는 지역이었다. 또한 약 30여 킬로미터마다 마을이 형성되어 있고, 강이 흘러 황량한 평원을 신선하게 해 주는 아름다운 도시였고, 농업과 상업의 중심지였다. 지금은 터키의 네 번째 큰 도시인 코냐(Konya)이다.[16]

여기에서도 성공적으로 사역이 진행되어서 비시디아 안디옥과 함께 이곳에 갈라디아 지역의 중심적인 교회가 서게 되었다. 그러나 유대인들이 이 또한 좌시하지 않았다. 그들은 이방인들을 선동하여 급기야 돌로 쳐죽이려 하였다. 바울과 바나바는 어쩔 수 없이 그곳을 벗어나 동남쪽으로 여섯 시간 정도 거리에 있는 루가오니아 지역의 루스드라로 피난하였다. 그들은 '열린 문'[17]의 선교 원리를 따라 선

---

16) John Stott, op. cit., p. 228

교를 수행하였다. 즉 하나님께서 문을 열어주신 곳에 가서 열심히 선교를 하다가 핍박이 일어나고 문이 닫히면 또 문이 열린 다른 곳으로 가서 선교하였다.

7. 선교지 사람들의 팥죽 변덕

이고니온에서 루스드라까지의 실제 거리는 32킬로미터 정도밖에 안 된다. 그러나 그 길을 가는 것은 결코 쉬운 일이 아니었다. 길도 험했고, 또한 강도떼 소굴이 많아서 언제 어디에서 봉변을 당할지 알 수 없었다. 두 선교사는 이 험악한 길을 걸어갔고, 은혜 중에 루스드라에 잘 당도할 수 있었다. 루스드라에 도착한 그들은 먼저 이고니온의 성도들로부터 소개받은 한 유대인 가정을 찾아 그곳에 머물면서 선교 사역을 시작하였다. 그 집은 할머니 로이스와 그리고 이방인 남편을 두었다가 사별한 여인인 유니게, 그리고 젊은 아들 디모데가 살고 있는 집이었다. 디모데의 아버지는 로마의 군인이었던 것으로 보이며 이러한 결혼은 당시 흩어진 유대인 디아스포라들 가운데서 종종 볼 수 있는 일이었다. 이들은 이방 가운데서 어렵게 살았지만 메시아에 대한 소망을 늘 간직하였고, 하나밖에 없는 자녀를 철저하게 성경 중심으로 양육하였다. 이 가정은 루스드라 선교 운동의 핵심적인 센터가 되었다. 특히 바울과 바나바가 루스드라 일대와 그 주변 지역 전도를 다닐 때 디모데는 두 선교사를 따라다니며 길 안내 등 많은 도움을 주었다.[18]

---

17) 사도 바울은 1차 선교 여행을 마치고 와서 안디옥 교회 앞에서 선교 보고를 할 때에 '하나님이 함께 행하신 모든 일과 이방인들에게 믿음의 문을 여신 것을' (행 14 : 27) 고하였다.
18) Joseph Holzner, op. cit., pp. 132~133.

루스드라 지역에는 유대인들이 드문 지역이었기에 회당이 없었다. 그 당시 사람들이 모여서 재판도 하고, 물건도 사고 팔고, 다양한 모임도 갖는 곳은 바로 성문이었다. 바울과 바나바는 이 성문으로 가서 관심 갖는 사람들을 중심으로 복음을 전하였다. 바울과 바나바의 이야기는 그 지역의 사람들에게 널리 이야기 거리가 되었다. 그리하여 그들의 이야기를 들으려고 일부러 성문에 나오는 사람들이 많이 생기게 되었다. 그러던 어느 날이었다. 바울의 설교를 듣는 사람들 중에 나면서부터 앉은뱅이 되어서 한 번도 걸어 본 적이 없는 거지가 있었다. 이 사람은 바울이 전하는 복음을 열심히 경청하였고, 예수 그리스도가 이 땅에 계실 때 소경을 보게 하시고, 귀머거리를 듣게 하시고, 앉은뱅이를 일으키시는 등 각색 병자를 다 고치셨다는 말씀을 들을 때는 그 얼굴이 환히 밝아지면서 그 치유의 은혜를 간절히 사모하는 모습이 역력했다. 바울은 그 모습을 보면서 기도를 해 주고 싶은 강한 성령의 감동하심을 느꼈고, 과연 바울이 그를 위해 손을 얹고 기도를 해 주었을 때 그 앉은뱅이가 치유되어 일어나는 놀라운 역사가 일어났다.

　이러한 역사를 보고 사람들은 갑자기 특이한 반응을 보이기 시작했다. 제우스 신당의 제사장들이 소와 화관 등 제사 관련품들을 가지고 제사드릴 채비를 하는 것이었다. 그들은 인물이 좋은 바나바를 '제우스(성경에는 '쓰스')'라 하고, 말을 잘하는 바울은 '헤르메스(성경에는 '허메')'라고 칭하면서 그들을 향하여 제우스와 헤르메스를 위한 제사를 드리려 하였다.[19] 이들이 바울과 바나바에 대하여

---

19) 바나바의 외모에는 기품과 고결한 분위기가 품겼던 것 같다. 그래서 최고의 신인 제우스 신의 이름을 그에게 붙였다. 반면에 바울의 외모를 보고서 뭔가 기품이 있다고 느끼는 사람은 아무도 없었던 것 같다. 그러나 그의 달변과 능력을 보고서 제우스의 대변자 역할을 감당하는 신 헤르메스의 이름을 그에게 붙였던 것 같다. F. F. Bruce, op. cit., pp. 19~20.

이처럼 신속한 반응을 보이는 데는 이유가 있었다. 그 지역에 대대로 내려오는 전설에 의하면 어느 날 제우스와 헤르메스가 루가오니아 지역에 내려왔는데, 아무도 그들을 알아보고 영접하는 자들이 없었다는 것이다. 그런데 영접하는 자들이 없이 외로이 길을 지나가던 제우스와 헤르메스를 늙은 농부 부부였던 빌레몬(Philemon)과 바우시스(Baucis)가 영접하였다. 이 일로 인해 그 지역에 있던 사람들은 신들의 노여움을 받아 모두 죽게 되었고, 신들을 잘 영접한 빌레몬과 바우시스만 신의 축복으로 살아 남아 성전을 지키는 사람들이 되었고 죽은 후엔 크고 아름다운 나무로 변했다는 것이다.[20] 때문에 루스드라 사람들은 신을 알아보지 못하여 저주받은 선조들처럼 되지 않기 위해 서둘러서 바울과 바나바에게 제사드릴 차비를 갖추었던 것이다.

이들이 루가오니아의 방언으로 서로 의사소통을 하였기에 바울과 바나바는 처음에는 그들이 무슨 일을 하는지 잘 몰랐을 것이다. 그러나 그들의 의도를 알아차리고 나서는 가만히 있을 수 없었다. 바울과 바나바는 열심히 제사를 준비하는 제사장들과 조력자들 사이로 뛰어들어 자신들도 똑같은 사람이며, 자신들이 온 것은 바로 이같이 헛된 제사를 금지시키고 참된 하나님을 알려 주기 위한 것임을 말하고 겨우 제사를 말렸다. 그것은 복음 전파의 좋은 기회였고, 실제로 많은 사람들이 바울과 바나바가 전하는 복음에 깊은 관심을 갖고 그리스도에게로 돌아오게 되었다는 것은 의심의 여지가 없다.

그러나 능력 있는 복음의 진보 앞에는 사탄의 공격 역시 강했다. 유대인들이 안디옥과 이고니온에서부터 쫓아와서 막 믿기 시작한 성도들을 유혹하기 시작했다. 그들은 연약한 성도들의 마음에 바울과 바나바에 대한 의심을 불어넣기 시작했다. "이 사람들을 조심하

---

20) William Barclay, op. cit., p. 109.

라. 이들이 스스로 말했듯이 제우스나 헤르메스 같은 신들이 아니라 너희들을 현혹하기 위해 온 마술가들이다. 이들은 이미 우리가 살고 있는 동네에서도 문제를 일으켜 이곳으로 도망온 범죄자들이다. 이들이 만일 이곳에 계속 머문다면 제우스의 진노가 너희들 위에 머물 것이다."라는 식으로 루스드라 사람들의 마음을 선동하였다. 그리고 유대인들의 이같은 흑색작전은 성공하였다.

그날도 바울은 사람들을 모아서 복음을 증거하였다. 그날 마침 바나바는 다른 지역에 가서 복음을 전하고 있었던 것 같다. 그런데 그날은 청중들의 태도가 심상치 않았다. 냉담한 반응을 보일 뿐 아니라 바울을 무시하는 듯하거나 분노를 담고 있는 모습이 보였다. 그래도 바울은 계속 말씀을 증거하였다. 그런데 설교가 끝날 때쯤 갑자기 한 편 구석에 앉아 있던 유대인이 일어나면서 소리쳤다. "저 사람을 죽여라. 저 사람은 거짓 마술사이고 범죄자로서 이곳에 도망온 자이다. 저 사람을 가만두면 제우스의 진노가 우리에게 임할 것이다." 이 말에 사람들이 우루루 들고 일어났다. 순간 어느 한 사람이 돌을 던졌고, 그 돌에 맞은 바울은 피를 흘리면서 주저앉았다. 그 돌에 뒤이어 수많은 돌이 바울을 향하여 날아왔다. 앞이 캄캄해지면서 쓰러지는 바울의 마음속에 떠오른 사람이 하나 있었는데, 언젠가 자신이 보는 앞에서 빛나는 얼굴을 하고 죽어 간 스데반이었다. 그 후 바울은 곧 정신을 잃었다.[21]

그리고 피투성이가 된 그의 시체는 곧바로 성 밖에 버려졌다. 그날 오후 늦게 전도를 나갔던 바나바와 디모데 기타 여러 제자들은 바울의 소식을 듣게 되었고, 무너져 내리는 가슴을 안고 바울의 시체를 처리하기 위하여 성 밖으로 나갔다. 그런데 그들이 그곳에 당도했을 때 감사하게도 바울은 아직 살아 있었다. 선교사로서의 그의 사명이

---

21) Edgar J. Goodspeed, op. cit., pp. 48~49.

아직 끝나지 않았던 것이다.[22] 바나바와 제자들은 급히 바울을 성 안으로 들여와서 응급처치를 하고, 다음 날 일찍 사람들의 눈길을 피하여 만신창이가 되어 거동조차 어려운 바울을 수레에 싣고 이웃 도시인 더베로 피난을 갔다.

돌무덤에서 일어난 이후로 바울의 마음속에 어떠한 생각들이 오고 갔을까? 바울의 마음속에는 그러한 극한 상황 속에서도 자신의 생명을 건져 주신 하나님께 대한 감사가 넘쳤다. 또한 복음을 위해 주어진 자신의 사명을 재다짐하였을 것이다. 그러나 동시에 루스드라 지역 사람들의 돌연한 변화에 대하여 의문이 가지 않을 수가 없었을 것이다. 얼마 전까지만 해도 그토록 관심을 가지고 최고의 대우를 하려 했던 그들이 아니었던가? 이제 복음을 받아들여 교회가 능력 있게 서려던 참인데, 이토록 순간에 마음을 바꾸어서 자신을 향해 돌을 집어던진 그 사람들의 변덕을 참으로 용납하기 어려웠다. 이같이 변덕스럽고 의리도 없는 사람들을 위해 자신이 온 힘을 다해서 복음을 전해야 할 가치가 있는 것일까 하는 회의가 들었을지도 모른다.

선교사들이 자신의 선교 대상인 현지인들로부터 부당한 대우를 받거나 배신을 받았을 때 솟구쳐 오르는 미움과 분노가 바울의 마음 한 구석에도 있었을 것이다. 그러나 그는 그 모든 회의와 미움과 원망의 마음을 차츰 차츰 삭여 가기 시작했다. 주님도 군중들의 변덕스런 환호(눅 19 : 37~38)와 저주(눅 23 : 23) 에 아랑곳하지 않고 흔들림 없이 묵묵히 십자가를 지시지 않았던가? 스데반도 돌에 맞아 죽는 순간까지 "저들의 죄를 용서해 달라."는 기도를 드리면서 가지 않았던가? 바울은 다시 마음을 다짐하였다. 선교지 사람들의 반응에 관계없이 나는 내 사명을 감당하리라. 그들이 나를 어떻게 대하든 나는 나의 길을 가리라. 이 결심을 가지고 더베로 간 바울은 도착한 후 상

---

22) Joseph Holzner, op. cit., pp. 137~138.

당 기간 동안 환부의 치유를 위해 누워 있어야 했다. 하지만 그는 빠른 회복세를 보였다. 그것은 마음속에서 솟아나오는 복음을 향한 사명감 때문이었다.

VII. 첫 선교 여행 결산

　1차 선교 여행의 마지막 지점인 더베에서 쫓겨난 바울과 바나바는 계속해서 동쪽으로 진행하여 나가지 않고 다시 걸음을 되돌려서 오던 길로 되돌아갔다. 지리적인 측면에서 보면 가던 길을 계속 가서 시리아를 거쳐 안디옥으로 돌아가는 것이 자연스러운 여정으로 보인다. 특별히 그토록 그리운 바울의 고향 다소가 타우르스 산맥을 넘어 바로 200킬로미터 앞에 있지 않은가. 또한 그들이 다시 돌아가고자 하는 곳들은 아직도 유대인들이 서슬 시퍼렇게 살아 있고, 그들의 영향으로 바울 일행을 핍박하던 이방인들이 득실거리는 곳이었다. 그들은 겨우 빠져나온 그 죽음의 소굴을 향하여 다시 들어가려고 하는 것이었다. 무슨 이유가 있었을까?

1. 왔던 길로 다시 돌아

1차 선교의 마지막 지점인 더베에서 약 1년 정도의 사역을 한 바울과 바나바는 많은 열매들을 거두게 되었다. 유대인들은 바울이 돌에 맞아 죽은 줄로 알고 더 이상 쫓아와서 괴롭히지 않았기에 바울과 바나바는 유대인 폭도들의 성가신 간섭과 핍박이 좀 잠잠해진 상황 속에서 선교 사역을 수행할 수 있었고, 이것이 더베 선교의 열매를 더해준 하나의 요인이 되기도 하였다. 후에 바울이 예루살렘으로 갈 때 동행한 가이오가 더베 출신(행 20 : 4)이라는 사실은 더베 선교의 성과를 보여 주는 귀한 예라 할 수 있겠다.

1년 정도의 더베 선교를 마무리할 때가 되면서 바울과 바나바는 어디로 가야 할지를 많이 생각하였을 것이다. 즉 가던 길을 계속 가서 자신들을 파송한 시리아 안디옥 교회로 가야 할지 아니면 다시 오던 길을 돌아서 갈지를 생각하였다. 지리적으로 보면 가던 길을 계속 가서 시리아 안디옥으로 돌아가는 것이 자연스러운 여정이었다. 더군다나 바울의 고향 다소가 타우르스 산맥 너머에 있었다. 오는 길에 바나바의 고향인 키프러스를 들러서 왔으니 계속해서 바울의 고향도 들러 가면서 선교 사역을 마무리짓는 것도 괜찮았다. 또한 그들은 이미 수많은 핍박과 반대 속에서도 선교 사역을 수행하여 왔고, 그곳을 다시 돌아보는 것은 후에 얼마든지 다시 할 수 있는 일이었다. 솔직히 그곳에 다시 가고 싶지 않은 것은 인지상정이었다. 오던 길에 바울은 말라리아에 걸려서 거의 죽다시피 하였고, 동행자였던 마가가 중도 탈락하는 아픔을 겪었고, 돌에 맞아 거반 죽는 무시무시한 경험도 하였다. 뿐만 아니라 그 포악한 유대인들이 여전히 버티고 있는 상황이었다. 그러나 그들은 겨우 빠져 나온 그 죽음의 소굴을 향하여 다시 들어가고자 하였다.

왜 그들은 왔던 길로 다시 돌아갔을까? 그들은 새로 태어난 교회들이 아직 여러 면에서 스스로 서기에는 어렵다는 사실을 잘 알았다. 바울과 바나바는 이 교회들이 어려운 여건 속에서도 스스로 서 갈 수 있도록 교회를 다져야 할 필요를 강하게 느꼈던 것이었다. 이를 위해 바울과 바나바는 복음에 관하여 좀더 많은 가르침을 주어야 했다. 또한 초기 단계에서 발생할 수 있는 갖가지 문제들을 해결할 수 있도록 지침도 주어야 했다. 그들의 믿음이 아직 연약한 단계이며, 핍박이 닥쳐 올 때에 쉽게 무너질 수 있었기에 환난에 대하여 굳건한 마음을 갖출 수 있도록 단련시킬 필요가 있었다. 그래서 그들은, "…… 이 믿음에 거하라 권하고 또 우리가 하나님 나라에 들어가려면 많은 환난을 겪어야 할 것이라"(행 14 : 22)고 당부하였다.

그들이 그 교회들을 방문한 또 하나의 중요한 이유는 각 교회의 지도자 즉 장로들을 세우기 위함이었다. 이 장로 제도는 유대인들의 회당 제도에서 그 아이디어를 가져온 듯하다. 바울과 바나바는 새로이 형성된 믿음의 무리들이 잘 성장해 갈 수 있도록 회당 조직과는 구별되는 독립적인 조직을 구성할 필요를 느꼈다. 그래서 그들은 장로들을 세워 그들로 예배를 인도하고 성도들을 가르치고 권면하여 교회가 든든히 서 가도록 하였다. 여기에서 장로들이란 목회자와 같은 역할을 감당하였지만, 자신들의 직업을 가지고 살았기에 교회로부터 특별한 재정적 지원을 받을 필요가 없었다. 바울과 바나바는 평신도 지도자인 장로들을 세운 후 금식기도 하고 그 후에는 모든 것을 주께 맡기고 떠났다(행 14 : 23).

갈라디아 지역에서의 바울의 선교 활동이 지속적으로 열매를 맺게 되고, 그곳에 참으로 지역 교회가 있다고 말할 수 있었던 것은 그들이 재차 방문하여 교회를 섬길 충성된 지도자를 세운 덕이었다고 할 수 있다.

2. 유대인들은 왜 그토록 바울을 핍박했을까?

바울의 첫 선교 여행에서 바울을 가장 미워한 사람들은 다른 사람이 아니라 바로 자신의 동족인 유대인들이었다. 바울에 대한 유대인들의 증오심은 바울이 죽는 날까지 결코 끊이지 않았다. 그들은 왜 바울을 그토록 미워했을까?

바울이 전한 복음은 한마디로 이방인 지향적인 복음이었다. 바울은 회당에 들어가서 설교를 할 때에 이방인들의 구원을 위한 할례의 필요성을 말하지 아니하고, 그리스도를 통한 구원을 말하였다. 즉 십자가에 죽었다가 다시 살아났다는 그리스도가 자신의 피로 온 인류를 속죄했고, 그를 믿는 자는 누구든지 구원함을 얻게 된다는 바울의 복음이 할례를 통한 구원에 익숙했던 유대인들에게는 아주 낯선 것일 수밖에 없었다. 유대인으로서는 도저히 그러한 가르침을 이해할 수 없었고, 용납할 수도 없었다. 바울의 말대로라면 자신들이 지켜 오던 율법을 더 이상 지키지 않아도 하나님의 백성이 될 수 있는 것이었다. 그러나 그들은 율법을 자신의 생명보다도 더 사랑하였기에, 그 율법을 지키지 않아도 구원을 얻을 수 있다는 율법 무용론 같은 인상을 주는 바울의 가르침을 결코 받아들일 수 없었던 것이다. 뿐만 아니라 유대인들이 보기에 바울은 유대인 회당에 와서 유대인으로 개종하려는 사람들을 꼬여서 나사렛파를 따르게 만드는 양도둑과 같은 사람이었다. 유대인들의 사고로 보면 바울은 할례가 아닌 간편한 길을 제시하면서 이방인들을 데려가는 것이었다.[1]

또한 유대인들은 유대주의 밖에 있는 사람들을 하나님과 결코 직접적인 관련을 맺을 수 없는 사람들로 여겼다. 이방인은 어떤 일이 있어도 결코 하나님의 약속의 백성의 대열에 설 수 없는 자들이었다.

---

1) Arthur F. Glasser, op. cit., p. 254.

한 가지 길이 있다면 그것은 이방인들이 할례를 받고 완전히 유대인으로 귀화하는 것이었다. 물론 이들이 할례를 받고 완전히 유대인으로 귀화했다고 해서 유대인 사회에서 환영을 받고 구원을 보장받는 것은 아니었다. 서기 70년 이후의 랍비들의 가르침에 의하면 할례를 받아도 구원을 획득하지 못하며, 기껏해야 유대인들의 종 노릇이나 해야 한다는 의견이 강하였다. 심지어 이방인들은 '지옥의 땔감'이라고 생각하고 가르친 랍비들도 많았다. 한마디로 유대인들이 보기에 이방인은 구원의 대상이 아니었다. 그런데 그런 이방인들에게 그리스도를 믿는 믿음 하나만으로 구원을 받아 새 이스라엘의 일원이 된다고 가르치는 것은 유대인으로서 도저히 받아들일 수 없는 것일 뿐 아니라, 더 이상 이같은 가르침을 베풀지 못하도록 철저히 막아야 할 것이었고, 그 방법은 바울을 죽여 없애 버리는 것뿐이었다.

그러나 바울은 자신의 가르침이 결코 유대교를 벗어난 것이라고 생각지 않았다. 오히려 그의 가르침은 유대교 내에서 유대교를 완성하는 것이었다. 유대교에서 고대하며 기다리던 메시아가 나타났음을 선포하는 것뿐이었다. 그러나 유대인들은 그것을 도저히 받아들일 수 없었다. 결국 바울은 자신의 사역이 유대주의와는 결국 결별될 수밖에 없는 것임을 알았다. 그는 유대주의의 제도적 요구를 거부하고 그리스도를 구원의 유일한 길로 제시하였다. 이러한 복음은 유대주의자들로부터 엄청난 핍박을 일으켰지만, 그렇다고 자신의 복음을 양보하거나 타협할 수는 없었다.[2]

이처럼 자신들이 받아들일 수 없는 가르침을 가는 곳마다 퍼뜨리는 바울을 유대인들은 죽이고 싶도록 증오하였다. 율법에 대한 그들의 사랑이 컸기에 바울에 대한 증오 역시 컸다. 바울은 이같은 유대인들의 닫힌 마음을 하나님의 구원 경륜으로 이해하였다. 바울은

---

2) Dean S. Gilliland, op. cit., p. 57.

"······ 이방인의 충만한 수가 들어오기까지 이스라엘의 더러는 완악하게 된 것이라"(롬 11 : 25)라고 설명하였고, "······ 구원이 이방인에게 이르러 이스라엘로 시기나게 함이니라"(롬 11 : 11)라고 하여 결국 이스라엘이 시기심이 나서 하나님의 정하신 때에 돌아올 것을 바라보았다.

3. 첫 선교 여행을 성공적으로 만든 요인들

바울과 바나바의 첫 선교 여행은 많은 핍박과 환난 속에서도 알찬 결실을 거둔 여정이었다. 즉 갈라디아 지역에 스스로 서 갈 수 있는 교회들이 세워졌고, 그 교회들을 통하여 주위의 많은 영혼들이 주께로 돌아오는 역사가 이루어졌다. 이같은 성공적인 선교가 이루어지게 된 요인들을 살펴보자.

1) 교회를 세움

바울은 교회를 세웠다. 교회란 그리스도가 주로 여김을 받는 곳이었다. 교회는 세상 안에 있지만 그 속에 그리스도가 살아 계시고 말씀하시는 곳이며, 그리스도는 교회를 통하여 세상의 구원 사역을 이루어가신다. 교회는 이 땅 위에서 주님이 거하시는 곳이다. 이 그리스도로 인해 교회는 회당과 구분되고 다른 모든 기관과 구별된다.[3]

그래서 바울은 그의 선교 사역에서 그 어떤 것보다도 세상 안에 있는 그리스도의 몸인 교회를 세우는 일에 전심전력을 기울였던 것이다. 그는 사람들의 생활 수준을 올리거나, 사회적 여건을 향상시키거나, 세상의 지식을 나누어주거나, 의료 지원을 한 것이 아니라 교회를 세웠다. 물론 세워진 교회를 통하여 그같은 도움이 후에 결과적으

---

3) Arthur F. Glasser, op. cit., p. 296.

로 주어지기도 하였겠지만, 바울의 핵심 사역은 역시 교회의 설립이었다.

그가 사회 관계나 육신의 일을 무시했다는 것은 아니다. 그도 이런 부분에 깊은 관심을 지니고 있었다. 그 자신이 가난한 자를 돕는 일을 위해 깊은 관심을 가지고 일을 수행하였다(갈 2 : 10). 또한 고린도 교인들을 향하여 가난한 자들을 돕는 일에 적극적으로 참여할 것을 간곡히 권면하였다(고후 8~9장). 그러나 항상 가장 우선적이고 최종적인 선교의 목적은 언제나 교회를 세우는 데 있었다. 고린도 지역에 가난한 이들이 없었을 리 없다. 에베소에 인종으로 인한 갈등이 없었을 리 없다. 갈라디아 지역의 어린이들이 입을 것과 먹을 것이 다 충족하지는 않았을 것이다. 그러나 바울은 복음을 전하여 교회를 세우는 일에 주된 관심을 가지고 이 일에 전심전력하였다. 이것이 바울 선교의 핵심이었다. 이것이야말로 사람들의 영적 · 육적 필요를 채워 주는 가장 지름길이요 핵심적인 길이었다.[4] 바울의 처음 선교가 능력 있게 전개되었던 가장 주된 원인 중의 하나는 그가 이 핵심적인 일에 전념하였기 때문이라 할 수 있다.

2) 현지 지도력을 세움

바울이 각 지역에 교회를 세우고 떠날 때 그 교회들은 약하기 그지없는 모습이었다. 세상적인 눈으로 보면 금방이라도 쓰러질 것 같은 약한 무리들이었다. 그러나 그들이 금방 사라지지 않고 잘 성장해 간 중요한 이유 중의 하나는 바로 현지 지도력을 세운 것이었다. 그는 현지 지도력을 세우기 위하여 위험을 무릅쓰고 다시 선교지 교회들을 방문하였다(행 14 : 23).

---

4) Paul Benjamin, *The Growing Congregation*(Cincinnati : Standard Publishing Co., 1972), pp. 5~6.

바울이 현지의 지도력을 세운 것을 좀더 자세히 살펴보면, 바울은 먼저 최대한 빨리 지도자를 세웠는데 이 지도자들은 회중에서 뽑힌, 회중을 잘 아는 사람들이었다. 바울이 이들을 세울 때 중요하게 본 것은 확실한 회심의 체험, 교회에의 헌신도, 그리고 개인의 도덕적 자질 등이었다. 바울은 일단 현지 지도력을 세우면 철저히 그들에게 자율권을 허락하였다. 물론 그는 교회들을 방치하지 않고 지속적으로 그의 동역자나 편지나 혹은 자신이 직접 가서 그들을 도왔지만, 기본적으로는 철저한 자율권을 주었다. 사역자를 훈련할 때 바울은 사역을 할 수 있도록 하게 하기 위하여(for) 교육하기보다는 그의 사역 속에서(in) 그들을 훈련하였다.[5] 즉 그의 가르침과 목회의 본, 그리고 그의 전 삶을 통하여 그들을 지도자로 훈련하여 세웠다.

3) 이적과 기사가 동반됨

바울과 바나바의 처음 선교 여행에서 여러 번의 이적과 기사가 행해졌다. 사도행전에 기술된 것만 해도 키프러스 섬에서 박수 엘루마를 소경으로 만든 이적과, 루스드라에서 나면서부터 앉은뱅이된 거지를 일으켜 세운 기적이 있었다. 사도행전에는 기록되지 않았지만 이러한 기적들 외에 더 많은 기적들이 행해졌을 것이다. 이러한 기적들은 예수께서 일으키신 기적과 마찬가지로 왕국의 실재를 직접적으로 보여 주는 것들이었다. 새 시대 왕의 출현 앞에서 물러가는 사탄과 어두움의 세력을 보여 주는 것이었다. 이같은 이적과 기사는 많은 사람들로 하여금 바울과 바나바가 전하는 복음에 깊은 관심을 갖게 만들고 마음문을 열어 주는 결정적인 도구가 되었다. 실제로 당시에는 어떤 가르침이든 그것이 그에 상응하는 능력을 동반하지 않는 한 참되고 신적인 것으로 인정되지 않았다.[6]

---

5) Dean S. Gilliland, op. cit., pp. 216~218.

바울과 바나바는 이 기적을 통하여 사람들의 마음 문이 복음에 열렸을 때 복음을 전하는 결정적 계기를 잡았고, 이로 인해 실제로 많은 이들이 그리스도에게로 돌아오게 되었던 것이다. 즉 이적을 통하여 복음을 증거함으로 말미암아 복음이 훨씬 더 효과적으로 증거되었던 것이다.

4) 핍박과 환난을 무릅쓰고 나아감

바울과 바나바의 처음 선교가 많은 열매를 거두게 된 데는 선교를 향한 그들의 불굴의 투혼이 있었다. 이들의 선교는 '고난'이라는 단어를 붙이지 않고는 아예 생각조차 할 수 없을 정도로 많은 고난의 연속이었다. 처음 선교인지라 여러 면에서 경험도 부족하였고, 그들을 도와줄 동역자도 제대로 없었는데, 그나마 마가까지 중도에 탈락하여 어려운 상태였다. 또한 초기부터 바울은 말라리아 열병에 걸려서 선교 활동은 고사하고 자신의 몸 하나 추스리기도 어려운 상태였다. 거기다가 그들이 목표로 하고 간 선교지는 산세도 매우 험악하고 강도가 자주 출몰하는 곳으로 위험하기 그지없는 곳이었다. 오죽하면 마가가 기겁을 해서 중간에 도망을 갔겠는가?

거기에다가 가는 곳마다 유대인들의 반대와 핍박이 보통이 아니었다. 처음 한두 번은 회당에서 말씀을 전할 기회가 주어졌지만, 곧 그들은 이단자로 몰려서 회당에서 쫓겨나는 신세가 되었다. 뿐만 아니라 유대인들은 다른 곳에서도 복음을 전하지 못하도록 그들을 끈질기게 쫓아 다니면서 그들의 선교 사역을 막았다. 루스드라에서 바울은 돌에 맞아 죽을 지경이 되어 성문 밖에 버려지기까지 하였다. 한마디로 첫 선교 여행은 그 자신이 고린도후서 11장에서 서술하고 있는 고생 목록의 대부분을 경험한 여정이었다. 이같이 엄청난 고난

---

6) Joseph Holzner, op. cit., pp. 104~105.

을 경험한 여정이었지만, 바울과 바나바는 결코 낙심치 않았다. 결코 포기하지 않았다. 끝까지 그 역경을 헤치고 나갔다. 바로 이 불굴의 투혼이 그들의 선교를 능력 있게 만든 하나의 주된 요인이었던 것이다.

4. 자립 교회 설립의 지혜

이미 살펴본 대로 바울은 첫 선교 일정 중에 갈라디아 지역에 몇 개의 교회를 세웠다. 그는 한 지역에 길어야 1년 이내로 머물면서 스스로 설 수 있는 능력 있는 교회를 세웠다. 물론 그의 첫 방문 후 추가 방문이 있었고, 사람을 보내거나 편지를 보내는 등의 방법을 통하여 선교지의 교회들을 도운 모습을 볼 수는 있지만, 결정적으로 그의 처음 사역 중에 어느 정도 스스로 설 수 있는 능력을 지닌 교회를 설립하였다.[7] 그의 교회 설립 정책을 살펴보자.

1) 가르침

바울은 짧은 시간에 가장 중요한 복음의 핵심들을 단순한 형태로 가르쳤다. 즉 기독교의 가장 중요한 것들을 철저히 습득할 수 있도록 가르쳤다. 아울러 구약 성경이 단지 유대인들만의 것이 아니라 이방인들에게도 적용되어지는 것임을 가르쳐 줌으로써 구약 성경을 읽도록 만들었다. 물론 이 구약은 이미 헬라어로 번역된 70인 역이었다. 이런 것을 통하여 기본적인 배움을 기초로 하여 성도들 스스로가 성경적인 지식을 습득게 하였다. 특별히 바울은 서로를 가르쳐 줄 수 있는 모임을 갖도록 함으로써 각자가 성경을 읽으면서 발견한 그리스도에 관한 깨달음이나 삶의 적용점을 나누고 서로를 세워 줄 수 있

---

7) Roland Allen, op. cit., p. 84.

도록 하였다.[8]

2) 전도인을 만듦

바울은 전도를 특별한 자격을 갖춘 사람, 혹은 목회자에게 맡기는 것이 아니라 모두의 의무가 되도록 만들었다. 그가 쓴 편지들에는 전도에 대한 요구가 그리 많이 나와 있지 않아서 우리를 놀라게 한다. 데살로니가 교인들에게 쓴 편지 가운데, "주의 말씀이 너희에게로부터 마게도냐와 아가야에만 들릴 뿐 아니라 하나님을 향하는 너희 믿음의 소문이 각처에 퍼진 고로 우리는 아무 말도 할 것이 없노라"(살전 1 : 8)라는 말씀은 전도에 관한 권고가 아니라 데살로니가 교인들의 열심 있는 전도를 칭찬하는 것이다. 즉 바울이 선교한 네 개 지역의 교인들은 전도를 따로 강조할 필요가 없을 정도로 전도에 열정을 지니고 있었다. 유대인들이 전도를 칭찬받을 일 정도로 생각한 반면에 바울이 세운 교회의 성도들은 전도를 가장 숭고하고 거룩한 사명으로 여겼다.[9] 바울이 세운 교회들은 자치하고 자립하는 교회일 뿐 아니라 자전하는 교회 즉 '스스로 복음을 증거하는 교회'가 되었던 것이다.

3) 평신도 지도자를 만듦

바울은 수개월 혹은 길어야 1년 내의 훈련 후에 곧 장로를 세우고, 그들에게 교회를 맡겼다. 오랜 기간의 신학 교육을 받고 특정 자격을 갖춘 사람이 아니라 복음의 확신이 뚜렷하고 헌신이 확실한 사람들을 짧은 기간 훈련하여 지도자로 세웠다. 바울은 이들로 하여금 세례, 성찬, 교육, 훈련, 치리, 재정 등의 모든 일을 관장토록 하였다.

---

8) Ibid., pp. 89~90.
9) Ibid., p. 93.

4) 지도력 이양

바울은 어느 정도 교회가 섰을 때에 그곳을 떠남으로써 현지 교회 지도자들로 하여금 자신들의 위치를 찾도록 하였다. 또한 이러한 이양을 통해 현지 교회 혹은 현지 교회 지도자가 바울을 의존하지 않고 자신들이 가진 것을 활용할 수 있도록 하였다.[10] 물론 어린 교회를 두고 떠나 버린다는 것이 결코 쉬운 일은 아니었다. 불안한 마음이 밀물처럼 밀려드는 것도 사실이었다. 그러나 그는 성령께 맡겼다. 그는 든든하게 서서 조직된 교회를 세우려 하지 않고 바른 복음이 심겨지고 그것을 굳게 붙든 믿음의 지도자들이 있는 한 성령께 그들을 맡기고 떠났다.

---

10) Ibid.

VIII. 세계적 종교가 되는 길목에서

　유대교 안에는 바리새파, 사두개파, 젤롯당, 엣세네파 등 다양한 분파가 있었다. 예수에 의해 시작된 기독교 운동 역시 그 시작은 유대교의 한 분파로 인정되었다. 기본적으로 그것은 유대인들을 위한 종파였다. 이방인들이 기독교인이 되려면 먼저 유대인이 되어야만 했다. 이같은 이유로 기독교는 그저 유대교의 한 종파로 남아서 유대교 안에 묻혀 버릴 가능성이 있었다. 이런 문제들로 인해 예루살렘에서는 사도들과 장로들, 그리고 바울과 바나바 사이에 심각한 회의가 진행되었다. 과연 기독교가 유대교의 한 종파로 남아 있을 것인가? 아니면 전 세계를 품을 수 있는 종교가 될 것인가? 이같이 중대한 상황 속에서 기독교의 진리를 제대로 간파하고 유대 율법주의의 한계를 뛰어넘어 기독교를 세계적인 종교로 발전시키는 데 지대한 공헌을 한 예루살렘 회의를 살펴보자.

1. 심각한 문제

바울과 바나바가 처음 선교 여행을 은혜 가운데 잘 마치고 안디옥에 돌아왔을 때, 그들을 기다리고 있는 심각한 문제가 있었다. 그들이 전도하고 다니던 선교지에 어떤 유대인들이 와서 말하기를, 헬라 세계의 사람들이 그리스도인이 되어 구원을 얻으려면 할례를 받아야 한다고 주장했는데, 그것은 사실상으로 유대인이 되어야 함을 함축하고 있었다. 이들은 율법을 요구하지 않는 이방 선교를 강력히 반대하고 나선 예루살렘 교회의 과격파를 대표하는 자들이었고 바울은 이들을 '가만히 들어온 거짓 형제'(갈 2 : 4)라고 명명하였다.

이들은 주장하기를, 모든 사람은 언약의 표징인 할례를 받고 하나님의 백성으로 편입되어야 언약의 성취로 하나님이 보내신 메시아 예수의 구원의 덕을 볼 수 있다고 했다. 즉 언약 백성의 반열에 들지 아니하면 언약의 성취인 예수를 받아들여도 의미가 없다는 것이다. 그래서 이들은 바울이 다닌 선교지마다 돌아다니면서, 바울이 가르친 것이 잘못되었으니 지금이라도 속히 먼저 할례를 받아 언약 백성의 반열에 먼저 들고 그 후에 그리스도의 구원을 받아야 한다고 설득하였다. 이러한 할례를 요구하는 거짓 형제들의 말은 상당한 설득력을 지녔고, 이들의 말을 들은 갈라디아의 교인들은 마음이 흔들렸다.

바울은 이러한 상황을 좌시할 수 없었다. 거짓 형제들의 말을 듣는 것은 본질적으로 자신이 전한 복음의 뿌리 자체를 흔드는 것이기 때문이었다. 그것은 지금까지 자신과 바나바가 혼신을 다해 세운 교회들을 무너뜨리는 결과를 가져올 것이 뻔했다. 결국 이 문제는 원 사도들이 있는 예루살렘에 올라가서 분명하게 확정지어야 할 중대한 문제였다.

그런데 당시 예루살렘 교회는 스데반의 순교 이후 박해를 피해 헬라파 유대인들이 예루살렘을 많이 떠나고 히브리파 유대인들이 대다수 남게 되면서 강한 유대주의적 성격을 띠고 있었다. 더구나 예루살렘 교회의 대표이던 베드로가 가이사랴의 이방인 고넬료와 교제의 악수를 나눈 일로 인해서 유대인들은 베드로를 존경하던 태도를 바꾸기 시작했다. 그리고 이때부터 엄격한 율법 준수로 예루살렘에서 널리 존경받는 예수의 형제 야고보가 예루살렘 교회의 주요 지도자로 등장하면서(행 12 : 17 ; 갈 2 : 2) 예루살렘 교회의 유대주의적 성격이 더욱 강해졌다. 또한 시대적으로 보면, 당시 팔레스틴에는 열혈당 운동(아주 국수주의적인 유대 운동)이 강력하게 전개되었고, 이들의 영향으로 예루살렘 교회도 이방인들에 대하여 상당히 배타적인 자세를 갖게 되었다. 이런 배타적인 자세를 지닌 교회에서 할례도 받지 않은 이방인들을 자신들과 동일한 교회의 일원으로 받아들인다는 것은 상당히 위험한 일로 여겨졌다.[1]

그러나 이 문제를 해결하지 않고 그냥 둘 수는 없었다. 그래서 이 문제를 논의하기 위한 대표로 바울과 바나바 그리고 기타 몇 형제들이 임명되어 예루살렘 교회로 보내졌다. 바울은 예루살렘에 올라가기 전에 먼저 갈라디아 교회의 문제를 해결하기 위하여 자신의 복음을 다시 한번 분명히 정리하여 보내 줌으로써 더 이상 문제가 번져나가지 않도록 하는 것이 필요함을 느꼈다. 또한 예루살렘에 올라가서 사도들에게 자신의 복음을 논리적으로 정리하여 제출해야 할 필요도 있었다. 그리하여 바울은 갈라디아서를 쓰게 되었다. 그러니까 바울은 서기 49년경에 열린 예루살렘 사도 회의 전에 갈라디아 교회에 일고 있는 율법 준수 문제 해결을 위하여 갈라디아서를 쓰게 되었고,[2] 이것은 그리스도를 믿음으로만 구원을 얻는다는 기독교 복음을 선언한 첫 헌장이 되었다.

---

1) F. F. Bruce, 『신약사』, p. 306.

2. 바울은 강경파(?)

예루살렘 총회는 비공식적인 법정과 같은 분위기를 자아내고 있었다. 이방인 개종자들에게 할례를 비롯한 각종 율법의 요구를 적용시켜야 한다고 강력하게 주장하는 유대주의자들과, 이를 반대하고 율법으로부터의 자유를 주장하는 바울 일행 사이에 팽팽한 긴장과 공박이 있었다. 율법을 준행함 없이 오직 그리스도를 믿음으로만 구원을 얻을 수 있다고 하는 바울의 주장은 당시 유대주의자들에겐 경악을 금치 못할 일이었을 것이다. 그들의 생각에 바울의 주장은 완전히 이단적인 것이었기에 그들은 바울의 의견을 철저히 공박하였고, 이로 인해 회의는 하루 종일 이어졌다. 예루살렘 지도자들은(야고보, 베드로, 요한) 중재적인 안을 내어놓으려 하였다.[3] 그러나 바울은 결코 양보할 수 없었다. 그것은 예루살렘 교회의 지도자들의 얼굴을 보아서 혹은 그들과의 평화로운 관계를 위해서 양보하고 타협할 수 있는 성격의 문제가 아니었다. 그것은 죽음의 대가를 치르고라도 지켜야 할 중대한 문제였다. 이런 점에서 바울의 태도는 매우 강경하였다. 바울이 이같이 강경하게 목소리를 높인 이유를 좀더 자세히 살펴보자.

---

2) 이 견해에 대하여는 분분한 의견들이 있지만, 본 서에서는 갈라디아서 전체에 사도 회의의 결의 사항이 전혀 언급되지 않는 점을 보아 갈라디아서가 사도회의 이전에 쓰여졌다는 견해를 지지한다. 그리고 갈라디아서 2장에 나타난 바울의 두 번째 예루살렘 방문은 사도행전 11장 27~30절에 나타나는 바울의 구제 방문과 동일한 것으로 본다.

3) 예루살렘 회의에 대한 사도행전의 기록을 보면 회의가 매우 순탄하게 진행된 것처럼 보이고, 예루살렘 지도자들이 바울의 안을 지지하는 것처럼 보인다. 그러나 사실 이것은 회의의 결과를 묘사한 것뿐이고, 그 결과가 있기까지에는 팽팽한 긴장과 대립이 있었다. 예루살렘의 지도자들이 바울의 견해에 동조하는 견해를 제시한 것은 결론 부분의 일이었다.

첫째, 율법 준수를 구원의 처음 단계로 강조하게 되면, 기독교 복음이 유대의 율법과 연루되어 복음의 참뜻이 왜곡되기 때문이었다. 복음은 그 자체로 복음이어야 했다. 복음, 즉 그리스도를 믿는 믿음의 절대성 외에 다른 구원의 조건이 있을 수 없었다. 어떤 형태의 타협이라도 한다면, 그것은 곧 구원을 위한 믿음의 불충분성, 즉 믿음만으로 안 되고 율법의 도움을 받아야 한다는 생각이 자리잡을 여지를 주는 것이었다. 바울은 분명하였다. 우리의 구원을 위해서는 오직 믿음으로 충분하며, 율법 준수를 요구하는 것은 믿음의 불충분성을 스스로 자인하는 것이 되는 것으로, 이것은 곧 그리스도의 대속의 보혈을 완전히 수포로 돌리는 것이었다. 바울이 이러한 진리를 위협하는 세력을 그냥 두고 볼 수 있었겠는가?

둘째, 할례를 요구한다는 것은 기독교 운동을 단지 유대교의 한 종파로 전락시키는 것이기 때문이었다. 유대교는 사실 한 국가의 종교였다. 바울은 그리스도에게서 유대인들이 기대하는 민족적인 메시아가 아니라, 온 인류 즉 유대인뿐 아니라 헬라인을 포함한 온 이방인을 구원하는 인류의 구원자를 보았던 것이다. 이 구원에 있어서는 유대인들이, 또는 어떤 다른 민족도 어떤 특혜를 지닐 수 없고, 따라서 간섭할 수 없는 것이었다. 그 복음은 남자나 여자나 노예나 자유자나 헬라인이나 유대인 모두를 위한 것이기 때문이었다.

마지막으로 거짓 형제들이 저지르는 잘못된 가르침이 그대로 방치된다면 바울이 행한 모든 선교 사역은 다 수포로 돌아갈 것이고, 이방인 개종자들은 혼란에 빠질 것이 틀림없었다. 또한 선교 사역의 풍성한 열매를 기대할 수 없게 될 것이었다. 할례란 단순히 성기의 표피를 자르는 데서 끝나는 것이 아니었다. 할례는 당시 이방인들 가운데서는 조롱감이 되는 일이었기에 이방인이 할례를 받은 후에는 더 이상 자신이 살던 상황에서 삶을 지속하기가 어려웠던 것이다. 즉 할례를 받는다는 것은 완전히 유대인이 되어야 함을 의미하는 것이었다. 유대인들이야 본래 할례를 포함한 각종 율례를 그들의 삶의 한 부분으로 지켜왔으니 별 문제가 없지만, 이방인들은 자신들의 삶 자체를 유대인 식으로 바꿔서 살아야만 구원받을 수 있다고 하면 구원의 반열에 들어갈 수 있는 사람의 범위가 크게 축소될 것이다. 따라서 할례를 요구하는 한 기독교는 결코 온 인류를 품을 수 있는 종교가 될 수 없었다. 이런 점에서 할례는 기독교 복음 사역을 방해하고 가로막는 역할을 하는 것에 불과한 것이었다.

그는 확실히 강경파의 입장을 고수하였다. 적어도 복음의 내용에 관한 한 그러하였다. 그는 복음에 관한 한 결코 한 치도 양보하지 않는 사람이었다. 심지어 그것이 동역자들 혹은 먼저 사도된 자들과의 관계를 악화시키는 일이고, 자신의 앞길에 어떤 해를 미칠 가능성이 있다 할지라도 그런 것들로 인해 복음의 대의를 그르칠 수는 없었던 것이다. 그래서 그는 '하늘로부터 내려온 천사라도' 다른 복음을 전하면 저주를 받아야 한다고 주장하였다(갈 1 : 8).

그러나 그 분명한 복음을 전하는 방법의 문제에 있어서는 얼마든지 다양한 방법들이 취해질 수 있었다. 그런 일들에 관하여는 매우 융통성이 있었다. 그는 복음을 효과적으로 전할 수 있는 일이라면 어떤 일도 할 수 있고, 어떤 자리에도 갈 마음이 있었다. 그는 단 하나의 목표, 즉 사람들을 그리스도에게로 인도하는 일을 효과적으로 수행키 위하여 어떤 방법도 수용할 수 있었던 것이다. 이런 점에서 바울은 복음의 내용에 관한 한 철저한 강경파였고, 복음 전달의 방법에 있어서는 유연성을 지닌 사람이었다.

3. 선교의 새 장을 열어 준 회의

예루살렘 회의는 바울의 주장을 받아들였다. 이것은 사실 결코 쉽게 되어진 일이 아니었다. 구원은 율법을 지키고 할례를 받음으로써

만 얻을 수 있다는 것에 철저히 익숙해져 있던 그들이, 개처럼 취급하던 이방인을 예수의 복음을 믿는다는 그 하나의 사실만으로 할례 없이 같은 교회의 일원으로 받아들이겠다고 결정하는 것은 결코 쉬운 일이 아니었다. 이 결정은 사실 오순절 성령 강림 사건만큼이나 혁명적이고 위대한 일이었다. 이제 이방인들은 유대인이 되지 않고도 기독교인이 될 수 있었다. 즉 다른 민족의 정체성을 그대로 유지하면서도 기독교인이 될 수 있었던 것이다. 만일 이 결정이 내려지지 않았다면 기독교를 받아들일 사람은 아주 소수였을 것이고, 기독교 역사는 아주 다른 모습을 지니게 되었을 것이다. 결국 예루살렘 회의의 결정으로 말미암아 기독교의 복음은 단순한 유대교 내의 개혁 운동에 그치지 않고, 온 세계를 위한 복음으로 변환되었다. 교회가 유대교 내의 한 종파에 불과한 것이 아니라 전 세계적인 하나님의 가족을 모으는 것이 된 것이었다. 복음에서 유대주의의 옷을 벗겨내기로 한 이 결정이야말로 복음을 전 인류를 위한 것으로 만드는 결정적인 시발이었다.[4]

  그들은 어떻게 이런 엄청난 결정을 할 수 있었을까? 몇 가지 이유를 생각해 볼 수 있다. 첫째, 야고보와 베드로 그리고 요한은 자신들의 사역과 바울의 사역이 다른 것을 확인하였다. 자신들이 유대인들에게 복음 전할 사명을 받은 것처럼 바울은 이방인들에게 복음 전할 사명을 받았음을 인식하였다. 물론 이 사실은 이미 바울과 바나바가 처음 선교 여행을 떠나기 전부터 합의된 사항이지만(갈 2 : 9), 바울과 바나바가 처음 선교 시에 행했던 모든 일과 그로 인해 맺혀진 놀라운 선교의 열매에 관해 들으면서 사도들은 바울이 확실히 이방인 선교를 위해 택함받은 일꾼임을 실감하였을 것이다(행 15 : 12).

---

4) R. A. Stewart, "Proselyte", *The New Bible Dictionary*, ed., J. D. Douglas (Grand Rapids, MI : Eerdmans, 1962), p. 1048.

둘째로 이 결정을 하는 데는 베드로 자신의 경험이 결정적인 영향을 끼쳤다. 베드로 자신이 이방인 백부장 고넬료에게 가서 복음을 전할 때에 아직 할례도 안 받은 고넬료와 그 가족들에게 성령이 내리신 것을 그 자신이 직접 목격하였던 것이다. 그 사건을 통해서 베드로는 믿음으로 죄가 깨끗이 씻어지면 더 이상 유대인과 이방인이 구별되어질 수 없음을 깨닫게 되었던 것이다(행 15 : 8～9).

셋째로 이방 선교를 통해 예루살렘 교회의 가난한 이들이 물질적 도움을 받을 수 있음을 인식하였다. 예루살렘 교회에 있는 가난한 자들의 문제는 자체적으로 해결되기 어려운 문제였기에 외부의 도움을 받을 수밖에 없었다. 그래서 사도들은 바울에게 가난한 자들을 계속 도와줄 것을 특별히 부탁하였다(갈 2 : 10).[5]

이같이 여러 가지 상황이 유리하게 작용하여 바울의 주장이 수용되었고, 예루살렘 총회의 결정 사항을 적은 편지는 안디옥과 시리아와 길리기아에 있는 이방인 형제들에게 전해졌다(행 15 : 23).[6] 즉 예루살렘 총회의 결정으로 인해 세계 선교의 문이 더욱 활짝 열리게 된 것이었다.

그러나 예루살렘 회의의 결정으로 유대인들이 바울이 전하는 복음을 완전히 인정한 것은 아니었다. 유대주의자들은 결코 바울에 대한 전쟁을 종식하지 않았다. 더더구나 기독교를 받아들이지 않는 유대인들이 바울과 그의 가르침을 받아들인다는 것은 아예 생각조차 할 수 없는 일이었다. 이런 점에서 예루살렘 회의의 결정 사항이 바울의 선교에 있어서 율법과 연관된 모든 문제를 다 해결하였다고 생

---

5) Edgar J. Goodspeed, op. cit., p. 59.
6) 이 사실은 당시에 이방인에게 전해진 선교 사역은 수리아와 길리기아 지역을 넘어가지 못했던 것이다. 물론 당시에 이미 로마 교회가 있었지만 그 교회는 당시만 해도 주로 유대인으로 구성된 교회였다.

각해서는 안 된다. 또한 예루살렘 회의는 유대 그리스도인과 이방 그리스도 인간의 교제에 대하여 구체적인 지침을 내리지 못하였다.[7] 기본적으로 이방 기독교인은 갖가지 율법으로부터 자유로울 수 있었다. 그러나 유대인 기독교인들은 여전히 모세의 율례를 지켜야 했다. 모세의 율례 중 할례 받지 않은 이방인과의 교제를 금하는 규정 역시 여전히 지켜져야 하는 율례였다. 그런고로 유대인 성도가 이방인의 집에 들어가는 것은 여전히 모세의 율법을 어기는 것이었다. 따라서 유대인과 이방인이 섞여 있는 교회에서 유대인과 이방인 사이의 교제는 여전히 난제였다.

물론 예루살렘 총회에서 결정된 금기 사항 즉 우상의 더러운 것과 음행과 목매어 죽인 것과 피를 멀리할 것 등은(행 15 : 20), 주로 이방인들과 유대인들의 원활한 교제를 위한 지침들이었다. 즉 음식이 우상에 관계되거나, 목매어 죽은 고기나 피가 섞인 고기를 먹는다든지 하는 것은 유대인들이 도저히 가까이할 수 없는 것이므로 이런 것들을 멀리할 경우 유대인들이 이방인 성도를 가까이하는 것이 수월하므로 이런 것을 부탁하고 있는 것이었다. 또한 당시 많은 이교도들이 성적으로 아주 타락하여 유대인들에게 혐오의 대상이 되었기에 이러한 것을 멀리할 것을 언급하고 있었다.[8] 그러나 이방 성도들이 이런 금기 사항을 철저하게 잘 준수한다 해도 유대인 신자들이 이방 성도들을 자신들과 똑같은 사람들로 여기면서 함께 교제하는 것은

---

7) 이러한 문제에 대하여는 예수께서도 가르침을 베푸신 일이 없다. 그는 모세 율법의 미래적 유용성에 대하여 분명히 언급하지 않으셨다. 물론 그 자신은 기본적으로는 모세 율법을 준수하셨지만, 이에 대하여는 다양한 해석이 필요하고, 이 문제를 그리스도의 본 정신에 맞게 해석해야 하는 주요한 과제가 남아 있었나. 이것은 후세의 교회가 해결해야 하는 아주 중요한 과제 중의 하나였다. Joseph Holzner, op. cit., p. 86.
8) F. F. Bruce, op. cit., p. 336.

결코 쉬운 일이 아니었다.[9] 유대인에게 모세의 율법이 주어졌고, 이방인에게 이것이 면제되었다는 사실은 본질적으로 이방 성도들의 열등감을 뜻하는 것으로 이해되었다.[10] 즉 유대인들은 본질적으로 이방인과 다르며 우월하다는 식으로 오랫동안 길들여져 왔기에 그것이 쉽게 바뀔 수 없었다. 마치 백인이 유색 인종을 향하여 편견을 가지면 안 된다는 것을 잘 알면서도 무의식적으로 그런 편견을 품는 것처럼 말이다. 이처럼 예루살렘 회의의 결정이 이방인과 유대인 간의 관계에 있어서 여전히 해결할 수 없는 문제들을 안고 있기는 했지만, 그래도 예루살렘 회의는 기독교 선교에 완전한 새 장을 열어 전 세계를 품을 수 있는 기독교가 되도록 만들어 준 역사적인 회의였음이 분명하다.

4. 바울의 상황화 원리

기독교 복음의 핵심은 어떤 지역 어떤 사람들에게서도 변할 수 없다. 그러나 그 진리가 현장에 적용될 때는 각 지역과 사람에게 맞게 발전되어야 하는 것이다. 즉 각각의 신앙 공동체의 삶과 문화에 적절한 것이어야 하는 것이다.[11]

예루살렘 회의의 결정 사항은 이같은 상황화가 실천된 좋은 예 중의 하나이다. 율법의 껍질에 싸여 있던 복음이 율법과 관계없는 이방 사회에 들어갈 때 어떤 모양을 지녀야 하는가를 잘 보여 준 것이다. 유대 사회에 있던 그 복음이 이방 사회에 들어가서 상황화되지 않고 여전히 율법의 탈을 쓰고 있었다면, 즉 이방 사회에 맞도록 상황화되

---

9) Weldon Viertel, op. cit., p. 97.
10) F. F. Bruce, op. cit., p. 387.
11) Dean S. Gilliland, op. cit, p. 209.

지 않았다면 복음은 결코 이방 사회에서 그토록 강하게 뻗어 나갈 수 없었을 것이다.

예루살렘 회의의 결정 사항 즉 상황화에 결정적인 공을 끼친 인물이 바로 바울이었다. 그가 선교 사역을 수행함에 있어서 지닌 목적은 너무나 분명하였다. 그러나 그 목적을 이루는 방법은 상황에 따라 달라질 수 있었다. 아니 달라져야 했다. 이런 이유 때문에 그는 일관성이 없는 사람으로 비난을 받기도 하였다.

바울의 대적자들은 그에게 일관된 원리가 없고 사람만을(이방인만을) 기쁘게 하려고 노력한다고 비난하기도 했다.[12] 또한 그를 악평하는 사람들로부터 '여러 사람에게 여러 모양이'(고전 9 : 22) 되었다는 비난을 받기도 하였다. 바울은 이 말 속에서 자신이 복음을 효과적으로 증거하기 위해서는 중요치 않은 것은 얼마든지 변형시켜 가며 양보할 수 있다는 의미로 사용하고 있는데 반해, 바울의 대적자들은 그가 원칙이나 소신 없이 상황에 따라 흔들리는 카멜레온 같은 사람이라는 의미로 사용하고 있다. 그는 모순적인 사람으로 묘사될 정도로까지 지역 상황과 필요에 따라 행동했다. 이런 점에서 그는 상황화의 대가였다. 그의 상황화 원리를 좀더 자세히 살펴보자.[13]

첫째, 바울은 예루살렘 교회의 율법과 관습들을 그대로 선교지에 옮기지 않았다. 그 자신은 율법을 지켰지만 이것을 선교지의 사람들에게 요구하지는 않았다. 할례와 기타 율법 준수를 선교지의 교인들에게 요구하는 것은 오히려 구원 사역에 방해가 되는 것임을 잘 알았기 때문이었다. 물론 이 일 때문에 바울은 가는 곳마다 사역에 방해를 받았으며, 회심자들이 유혹을 받았고, 그의 힘이 소진되었고, 심지어는 유대인들의 핍박과 살인 위협까지 받았지만 그는 결코 굽히

---

12) 갈 1 : 10.
13) Roland Allen, op. cit., pp. 131~133.

지 않았다.

둘째, 그는 그의 모든 선교지의 교회를 일방적으로 지배하는 본부 행정 체제로 만들지 않았다. 특별히 하나의 지침으로 모든 문제를 다 해결하려 하지 않았다. 바울에게 있어서 모든 교회는 어느 곳에 세워졌고, 어디에서 유래되었고, 얼마나 오래 되었는지에 관계없이 똑같이 온전한 교회였다. 역사가 짧다고 불완전한 교회가 아니었다. 모든 지역 교회는 아직 완성되지 않은 보이지 않는 교회의 부분으로서 외적인 조건에 관계없이 그 자체로 온전한 것이었다. 따라서 모든 교회는 자체적으로 설 수 있는 자유를 지녀야 하고, 스스로의 특성을 추구할 자유를 지녀야 한다. 이런 이유로 바울은 자신이 세운 교회들 안에 있는 다양성을 인정하였다. 또한 모든 교회가 서로를 존경하며 서로에게 속함을 보았다.[14]

셋째, 그는 정통성 선별을 위한 체계 같은 것을 미리 만들지 않았다. 그는 모든 것을 미리 정확하게 정해 놓고 그것에 맞춰 가는 것을 지양하였다. 그의 계획들은 유동적이었으며, 그의 프로그램은 개방적이었다. 그는 성령이 이끄시는 대로, 그리고 사람들의 반응과 필요에 따라 유동성 있게 사역을 하였다. 물론 한 교회나 교인이 절대로 넘어가서는 안 되는 선에 대한 명시가 없는 것은 아니었다. 그러나 고린도의 경우에서 볼 수 있듯이 어떤 것이 교회에 위협을 주는 잘못이고, 어떤 것이 출교를 당해야 하는 것인지 등에 대해서는 미리 정해 주지 않았다. 왜냐하면 상황과 사건들이 다 다르기 때문이었다. 물론 교회 생활을 위한 아주 기본적인 지침은 주었다. 그러나 선교지 교회에서 문제가 발생할 경우 바울은 조언을 해 주고, 그 조언을 따라 개 교회 혹은 각 지역의 교회들이 그 상황에 맞는 답을 스스로 얻어 문제를 해결할 것을 기대하였다. 또한 예배의 형태, 강조점의 다

---

14) Dean S. Gilliland, op. cit., p. 201.

양성, 그리고 의사소통 스타일 같은 것도 각 교회가 처한 상황 속에서 가장 적절하고 효과적인 것을 형성하여 나가도록 하였다.

넷째, 그는 과거에 일어났던 사건과 그것의 해결 방법을 보편적으로 적용하는 것을 거부하였다. 고린도나 데살로니가의 상황이 안디옥이나 갈라디아의 상황과 같지 않다는 것을 그는 잘 알았다. 에베소 지역에서 자연스럽고 생동감 넘치는 것이 아가야 지방에 가면 아주 인위적인 것이 될 수도 있다는 것을 그는 잘 인식했다. 문제는 시대마다 지역마다 다양하게 발생하였다. 따라서 한 곳에서 발생한 문제를 과거와 똑같은 방식으로 해결해서는 안 된다는 것을 알았다.

마지막으로, 그는 자신의 메시지를 각 지역의 상황과 요구에 맞게 성육화하여 전하였다. 이를 위하여 바울은 각 지역의 문화와 필요에 민감하였고, 그 상황에서 기독교 복음을 가장 효과적으로 전할 수 있는 의사소통 방법을 찾는 데 심혈을 기울였다.

그가 만난 사람들을 대략 세 부류로 나눠볼 수 있는데, 첫째는 유대인과 하나님을 경외하는 무리들이며, 이들에게 바울은 구약을 먼저 소개하고 그 예언의 성취로서의 그리스도를 소개하였다. 둘째는 이방인 중에서 철학적으로 높은 수준을 지닌 사람들로서, 아덴 사람들이 대표적인 예일 것이다. 이들에게 바울은 창조주이신 하나님을 말하고(행 17 : 24~30), 그 하나님이 보내신 예수 그리스도를 소개(행 17 : 31)하는 방식으로 복음을 전하였다. 셋째는 이방인 중에서 정령 숭배자들로서, 루스드라와 에베소의 사람들이 그 대표적인 예일 것이다. 바울은 그들이 관심 갖는 신적 능력을 보여 주고, 그것을 기점으로 하여 복음을 증거하였다.

IX 유럽대륙 마게도냐를 향하여

   1차 선교 여행을 마치고 돌아온 후 얼마의 시간이 지난 뒤 바울과 바나바는 자신들이 선교했던 지역의 교회들을 방문하여 그 형편이 어떠한지 보기를 원했다. 특별히 유대주의자들의 잘못된 극성이 교회들에게 어떤 영향을 미쳤는지를 확인하고 바른 믿음으로 교회들을 격려하고자 하는 마음이 그들을 강하게 2차 선교 여행으로 이끌어 가고 있었다. 물론 두 번째 여행 역시 처음부터 순탄치는 않았다. 그러나 선교의 영이신 성령께서는 그들의 걸음을 한 걸음 한 걸음 인도하셔서 결국 유럽 대륙까지 그들의 발걸음을 내딛게 하셨다. 뿐만 아니라 바울의 사역에 있어서 말할 수 없는 큰 힘이 되어 주었던 두 인물, 디모데와 누가를 예비하여 그에게 붙여 주셨다. 이같은 성령의 인도하심과 공급하심으로 두 번째 선교 여행은 능력 있게 펼쳐져 갔다.

1. 결별로 시작된 두 번째 선교 여행

두 번째 선교 여행은 처음부터 삐걱거리기 시작했다. 마가를 다시 데리고 갈 것인가 말 것인가의 문제를 두고 바울과 바나바 사이에는 심한 격론이 벌어졌다. 바나바의 의견에는 마가가 충분히 회개하여 새롭게 마음을 다짐하였으므로, 지난번 실수를 상쇄하고 새로운 전과를 올릴 수 있는 기회를 주는 것이 옳은 것으로 보였다. 그러나 바울의 생각에는 선교사란 최고의 헌신과 자기 포기의 자세를 지니는 사람이어야 하는데, 이런 기준에서 볼 때 마가는 선교사로서 아직 준비가 덜 되었다고 판단되었다. 즉 바울이 보기에 마가는 아직 부적격자였다. 바울이 생각할 때 마가는 고난을 이겨내는 집념이 약하고, 집념이 약하다면 적어도 순종이라도 잘 해야 하는데 그것도 안 되어 있었다. 마가가 다시 지난번 같은 실수를 저지른다면 그것은 바나바에게 영향을 미치고 나아가 전 선교팀에게 영향을 미치게 될 것이 뻔하였다. 결국 바울은 마가 문제에 관해서 양보하지 않았고, 이로 인해 바나바와 바울은 결국 따로 갈라서서 선교를 진행하게 되었다. 바나바는 마가를 데리고 키프러스 복음화 사역을 위하여 길을 떠났다. 몇 년 전에 바울과 함께 시작하였던 사역이었다(행 15 : 36~39). 이후로 바나바는 사도들의 무대에서는 사라진 것처럼 보인다. 그러나 바나바가 키프러스의 복음화를 위해 한 수고는 오늘날까지도 기억되고 있다. 지금도 키프러스의 독립 자치회 교회(그리스 정교회 소속)는 자신들이 바나바의 후계자임을 자처하고 있다.[1]

바나바와 마가가 떠나고 얼마 후에 바울도 실라를 동역자로 택하

---

1) 마카리오스 대주교가 1960년 키프러스(구브로) 공화국의 초대 대통령이 되었을 때, 그는 바나바와 서기오 바울(행 13 : 7)을 동시에 계승한 자로 공포되었다는 사실이 그 한 예이다. F. F. Bruce, 『바울 곁의 사람들』, p. 21.

여 두 번째 선교를 떠났다. 실라의 이름이 바울 서신에는 '실루아노'라는 이름으로 나타남을 볼 수 있는데, 실루아노는 라틴어 이름이며, 실라는 친한 사람들이 부르는 애칭이었던 것으로 보인다. 바울은 서신서를 쓸 때에 공식적인 이름을 쓴 반면, 사도행전의 저자인 누가는 애칭을 사용하고 있다.[2] 실라는 예루살렘 교회의 한 지체였으며, 예루살렘 총회 결정 사항을(행 15 : 23~29) 전달해 주기 위해 유다와 함께 간택된 사람이었고, 예루살렘 총회의 결정 사항을 전달한 후 안디옥 지역에 일정 기간 머무르면서 바울과 비전을 공유할 수 있는 시간을 가졌던 것으로 보인다.[3] 실라는 복음에 대한 남다른 열정을 지닌 사람이었고, 특히 바울과의 교제를 통하여 율법으로부터 자유하는 복음에 대하여 바울과 같은 이해를 지니게 된 사람이었다. 또한 실라는 베드로와 각별한 관계를 지닌 사람이었다(벧전 5 : 12). 이런 점에서 실라를 동역자로 삼고 선교를 시작한 것은 바울의 선교에 대하여 베드로와 예루살렘 교회의 무언의 승인을 뜻하는 것일 수 있었다. 특별히 바울은 모교회인 예루살렘 교회로부터 벗어나서 곁길로 간다는 비난을 종종 듣게 되었는데, 실라와의 동역을 통해서 이런 오해를 줄이는 데 많은 도움이 될 수 있었을 것이다.[4]

한편 바나바와의 결별 사건을 보면서 바울의 성격이 지나치게 외곬이고 관계를 이루어 나가는 데 부족한 면이 있지 않나 하는 생각이 들 수도 있다. 사실 바울은 바나바에게 많은 빛을 진 사람이 아니던

---

2) Ibid., p. 24.

3) Edgar J. Goodspeed, op. cit., p. 66.

4) 바울과 예루살렘 교회 사이의 긴장을 좀 과장해서 보는 학자들 가운데는, 실라가 바울을 감시하라는 임무를 받고 함께 파송되었거나, 예루살렘 교회가 실라를 통하여 바울의 이방인 사역을 통제하고자 했다고 주장하는 사람들도 있다. 그러나 누가는 단순히 "바울이 실라를 택했다"(행 15 : 40)라고 기록하고 있다. F. F. Bruce, op. cit., p. 26.

가? 바나바가 아니었다면 바울은 오늘의 바울이 못 되었을지도 모를 일이다. 또한 바나바는 여러 면에서 바울보다 선임이지 않은가? 이런 점들을 생각할 때 바울이 바나바의 말을 수용하고 조화로운 관계성을 지니면서 융통성 있게 선교를 진행해 나갔어야 하지 않았을까 하는 아쉬움이 들기도 한다. 물론 바울 역시 좋은 인간관계를 가지고 원만하게 사역을 진행해 나가기를 원했을 것이다. 그 역시 불화하고 다투는 관계를 갖기를 원하지는 않았다. 바울에게 있어서도 바나바와의 결별은 결코 쉽지 않은 일이었을 것이다. 바울도 참으로 많은 고민을 했었음이 틀림없다.

바나바는 좀더 인간적이고 따뜻하고 관계를 중시하는 성격의 소유자였던 것 같다. 그는 본래 바울보다 선임이었음에도 불구하고 바울이 선교의 주도권을 잡고 설치고 나가는데도 그것을 옆에서 잘 지켜보아 주고 도와주었던 것이다. 그런 불편한 관계를 잘 참으면서 1차 선교를 잘 마쳤다는 점에서 바나바의 훌륭한 인품을 엿볼 수 있다. 거기다가 그는 바울과 또 한 번의 선교 여행을 논의하지 않았던가? 물론 그것이 마가의 문제로 인해 성사되지는 않았다 해도, 어찌 되었든 보통 사람 같으면 바울과 함께 또 한 번의 선교를 띠니는 것에 대하여 아예 논의조차 하기를 원치 않았을 것이다. 이같은 바나바의 성품에 비해 바울은 자신의 사역을 위해 철저히 헌신하는 사람이며 철저히 사역 지향적인 사람이었던 것으로 보인다. 그는 복음의 대의를 위하여 인정의 소리를 뿌리칠 수 있는 사람이었다. 그는 관계를 원만히 하기 위해 대사를 소홀히 하기를 원치 않는 사람이었다. 인정에 이끌리어 중대한 선교 일정을 그르칠 수는 없었다. "내가 사람들에게 좋게 하랴 하나님께 좋게 하랴"(갈 1 : 10) 말할 나위도 없이 바울은 후자였다.

물론 바울이 관계를 무시한 사람은 아니었다. 그는 연합을 매우 중요시하여 예루살렘 교회와 이빙인 교회의 하나됨을 위하여 숙음의 위협을 무릅쓰고 예루살렘으로 올라간 사람이었다. 그러나 그는 관계를 위해 복음의 본질을 양보할 수는 없었다. 복음의 본질이 위협받는다고 느껴질 때 그는 예루살렘 교회의 기둥인 베드로를 향해서도 책망의 말을 하였다(갈 2 : 11). 다른 복음을 전하는 자들에게는 저주를 발설하였다(갈 1 : 7~8). 또한 복음 사역의 원활한 진전을 위하여 사사로운 관계들에 얽매이지 않았다. 물론 바울은 이 모든 일이 다른 사람들과의 원활한 관계와 그로 인한 연합을 이루는 데 방해가 될 수도 있음을 잘 알았다. 그러나 연합을 한답시고 선교 사역을 희생시킬 수는 없는 일이었다. 관계 때문에 하나님의 일을 망칠 수는 없다는 것이 바울의 사역 철학이었다. 바울에게 있어서 선교 사역은 그 어떤 인간 관계나 화합보다 중대한 일이었다.

2. 믿음의 아들 디모데의 동참

실라를 대동한 바울의 두 번째 선교 여행은 첫번째 세운 교회들을 재차 방문하여 영적으로 다지는 일로 시작되었다. 안디옥에서 출발하여 남 갈라디아로 가면서 바울은 시리아와 자신의 고향이 있는 길리기아 지역을 거쳐 그곳에 있는 교회들을 방문하였다(행 15 : 41). 그리고 다소를 떠나 더베까지 갈 때에 어느 길을 택했는지는 확실치 않다. 아다나(Adana), 혹은 티아나(Tyana)로 가는 주도로를 따라서 갔는지, 아니면 포단두스(Podandus)로부터 가는 좀더 짧은 길을 택했는지 알 수 없다. 그러나 분명한 것은 어느 길을 택했든지 일주일이 꼬박 걸리는 거리였고, 군데군데 강도들이 들끓는 여정이었던 것이다.[5] 하여간 그들은 다소를 떠나 더베에 당도하였다. 더베는 1차 전도 여행 때는 가장 마지막 지점이었으며, 다시 그들의 핍박자들을

---

5) Goodspeed, op. cit., p. 68.

향하여 발걸음을 돌린 지점이었지만, 이제는 그들을 막는 사람들이 그리 많지 않았다.

더베에서 그들은 루스드라에 도착했다. 바울이 두 번째로 루스드라에 도착했을 때 바울 일행을 특별한 사랑으로 영접한 가족이 있었다. 바로 디모데의 가정이었다. 디모데의 식구들은 바울과 바나바가 처음 루스드라를 방문했을 때에 그리스도를 영접하였고 바울과 바나바를 도와 그 지역 복음화를 위해 귀한 몫을 감당했던 사람들이었다. 3년 정도의 세월이 흐른 후 이제 디모데는 제자라고 불릴 정도로 신앙적으로 많이 성숙되어 있었다(행 16 : 1). 그는 자신이 사는 성읍의 그리스도인들로부터 칭찬을 들었을 뿐 아니라 거기서 30킬로미터나 떨어진 이고니온의 성도들로부터도 칭찬을 듣고 있었다. 바울은 이러한 칭찬을 통해서 디모데의 사람 됨됨이를 알게 되었다. 뿐만 아니라 자신이 직접 디모데와 함께 일을 하면서 디모데가 선교 및 목회 사역에서 자신을 도울 만한 조력자로서의 자질들, 즉 마가에게 결여되어 있는 좋은 자질들을 충분히 갖추고 있다는 사실을 발견하였다. 디모데 역시 바울의 성품과 복음을 향한 열정 속에 자신을 사로잡는 뭔가가 있는 것을 느꼈다. 그리하여 바울을 위하여, 그가 전하는 복음 사역을 위하여 헌신하고자 하는 강한 열망에 사로잡히게 되었다. 결국 바울은 디모데의 준비된 자기 희생과 헌신의 자세를 귀하게 여기면서 그를 동역자로 받아들이기로 결정하였다.

그런데 디모데를 동역자로 받아들이는 데 한 가지 선결해야 할 과제가 있었다. 그것은 그의 할례 문제였다. 루스드라에는 아주 소수의 유대인들만이 살고 있었기에 회당도 없었다. 이런 상황에서 디모데의 어머니 유니게는 디모데의 할례를 원했지만 그것을 집례해 줄 만한 유대인 지도자들이 없었던 것으로 보인다.[6] 그러나 상황이 어찌

---

6) Weldon Viertel, op. cit., p. 98.

되었든 어머니의 종교를 따라 유대인이 되어야 할 디모데가 할례를 받지 않았다는 사실로 인해 유대인들에게 디모데는 이방인보다 더 나쁜 사람 즉 배교한 유대인으로 비쳐질 가능성이 컸다. 이런 상황에서 디모데가 할례를 받지 않으면 그 문제로 선교 사역을 함에 있어 상당한 논쟁과 반대에 직면할 수 있는 소지가 있었다. 특별히 회당에 들어가서 형제들을 인도할 때 디모데가 큰 방해거리가 될 것이 뻔하였다. 이런 이유로 바울은 디모데를 데리고 가기 전에 그의 지위를 정상화시켜 주고, 선교에의 장애를 없애기 위해 할례를 행하였다.[7] 즉 바울은 복음의 진보를 위하여 디모데로 하여금 할례를 받게 하였다.[8]

그리고 디모데를 데리고 떠나기 전 바울과 실라는 루스드라와 이고니온의 장로들을 불러모아 디모데의 머리 위에 손을 얹고 안수기도를 해 주었다. 일종의 파송 예배를 드린 것이었다. 이때 디모데는 바울과 장로들의 예언의 말씀을 통하여 은사를 받게 되었고(딤전 4 : 14), 본인 자신도 증인들 앞에서 선교를 위한 헌신을 다짐하였던 것이다(딤전 1 : 18, 6 : 12 ; 딤후 2 : 2). 이후로 디모데는 바울에게 있어서 가장 가까운 동역자가 되었다. 바울 서신 가운데 여섯 곳의 서두에 디모데의 이름이 바울의 이름과 나란히 등장하고 있다. 그리고 그 가운데 네 곳은 다른 동역자들의 이름은 없이 디모데의 이름만 나타난다. 이것은 디모데가 가장 가까이에서 가장 오래 바울의 사역의 짐을 나누어 지는 평생 동역자였기 때문이었다.[9]

---

7) F. F. Bruce, op. cit., p. 33.
8) 바울이 디도에게는 할례를 행치 아니하였다. 디도는 부모가 모두 이방인이었기에 어느 누구도 그에게 할례받을 것을 기대하지 않았기 때문이었다. 그래서 바울은 디도에게는 할례를 행치 아니하였다. 중요한 것은 할례 자체가 아니라 어떤 것이 더 복음의 진보에 효과적인가 하는 것이었다. 이 원칙에 따라 바울은 디모데에게는 할례를 행하였고, 디도에게는 할례를 행치 아니하였던 것이다.

3. 성령의 인도를 따라

  루스드라에서 동역자 디모데를 얻은 바울 일행은 계속해서 서쪽으로 나아갔다. 바울 일행은 처음 선교 방문지였던 이고니온과 비시디아 안디옥에도 들러서 교회들을 굳게 하였다. 특별히 이 지역의 교회들에서 바울과 그 일행은 아주 융숭한 대접을 받았다. 비시디아 안디옥의 서쪽은 바로 '아시아' (아시아 대륙과 혼동되는 것을 방지하기 위해 '소아시아' 로 불리기도 함)[10]라고 불리는 지역이었고, 그 지역의 대표적인 도시가 에베소였다. 그러므로 바울 일행이 비시디아 안디옥에서의 사역을 마치고 계속 서쪽으로 진행하면 자연스럽게 에베소에 당도할 수 있었다. 당시 에베소는 복음 전파의 가능성이 무한대인 것처럼 보였다. 그러나 성령께서 그 길을 막으셨다. 이유는 알 수 없었지만 그 길을 여시지 않았다. 그러나 바울은 불평하지 않았다. 하나님께서 한 길을 막으시면 반드시 또 다른 길을 여신다는 것을 그는 잘 알았기 때문이었다.

  서쪽으로 가는 길이 막힌다면 이제 갈 길은 북쪽이었다. 그래서 비시디아 안디옥으로부터 북쪽으로 발길을 돌려 술탄다그(Sultan Dag) 산맥을 넘어서 비두니아 방향 북서쪽으로 향하였다. 당시 비두니아에는 유대인들의 공동체들과 회당들이 있는 큰 도성들이 있었기에 복음을 받아들이기에 충분한 준비가 되어 있는 것으로 보였다. 또한 비두니아는 당시 상업과 무역의 중심지였다. 그래서 그들은 갈

---

9) F. F. Bruce, op. cit., pp. 31~32.
10) 로마의 한 지역인 '아시아' 를 현재의 6대주 중 하나인 '아시아' 와 혼동하여 성령이 바울로 하여금 아시아로 가지 못하게 하였다는 것을 아시아 대륙으로 오지 못하게 한 것으로 해석하는 경우가 있다. 성령이 가지 못하도록 막은 '아시아' 는 에베소가 있는 아시아 주로서 소위 '소아시아' 라 불리는 지역임을 잊지 말아야 할 것이다.

라디아 서쪽 경계에 있는 북 브루기아 주요 교통로를 향하여 기수를 돌렸다. 그들이 무시아의 경계 지역에 있는 두아디라에 이르렀을 때 그들은 갈림길을 만났는데, 동쪽은 비두니아로 이르는 길이었고, 서쪽은 무시아를 통과하여 드로아에 이르는 길이었다. 여기에서 성령은 비두니아의 길을 막으시고, 드로아로 가도록 감동을 주시었다. 결국 바울 일행은 한쪽은 막으면서 다른 쪽을 여시는 성령의 이중 인도를 따라 계속 나아가게 되었다.[11] 그리하여 결국 그들은 소아시아 즉 동남쪽 지역에서 북서쪽으로 대각선을 그리면서 무시아를 지나서 에게 해 방향으로 나아가 결국 드로아라는 항구에 다다르게 되었다.

성령께서 왜 바울의 에베소 행을 막으시고 유럽 대륙으로 그 걸음을 인도하셨을까? 정확한 이유는 오직 성령께서만 아실 것이다. 그러나 지나간 상황을 놓고 볼 때, 성령께서 바울의 걸음을 먼저 유럽으로 인도하신 것은 에베소에는 이미 제자들의 공동체가 존재하였고, 아볼로 혹은 그 이전에 있던 일꾼들이 그들의 믿음을 지도했기 때문인 것으로 보인다. 바울이 마케도니아와 아가야에서의 사역을 성공적으로 수행하고, 3차 선교 여행 때 에베소에서의 사역을 성공적으로 수행한 데는 에베소에 있던 기존 제자 공동체의 역할이 컸을 것이다. 만약 바울이 에베소에서 먼저 사역을 시작하였다면 그곳에 오래 머물다가 마케도니아와 아가야 지역에서 사역할 수 있는 시간을 충분히 갖지 못했거나 아예 그곳에 가지 못했을 가능성이 있다. 바울이 먼저 마케도니아와 아가야에서 사역할 시간을 가졌기에 충분한 시

---

11) 바울 이후에도 많은 선교사들은 이같은 성령의 이중 인도를 체험하였다. 예를 들어 리빙스턴은 중국으로 가려 하였는데, 하나님께서 아프리카로 보내셨다. 윌리엄 케리는 태평양의 폴리네시아 지역으로 가려 하였는데, 하나님께서 인디아로 인도하셨다. 저드슨은 처음에 인디아로 가려 하였는데, 미얀마로 인도되어졌다. A. T. Pierson, *The Acts of the Holy Spirit*(Marshall, Morgan and Scott, 1895), pp. 120~122.

간을 두고 몇 번씩 방문하거나 서신 혹은 동역자들을 보내면서 마케도니아와 아가야에 있는 교회들을 든든하게 세워 나갈 수 있었고, 에베소에서도 충분한 시간을 가지고 사역할 수 있었던 것으로 보인다. 물론 당시의 바울로서는 이같은 깊은 뜻을 헤아릴 수 없었을 것이다. 그러나 그가 성령의 뜻에 순종하여 나아갔기에 이 귀한 선교의 계획이 잘 성취되었던 것이다. 성령의 인도하심에 민감하게 순종한다는 것은 쉬운 일은 아니지만 그 열매는 참으로 큰 것이라는 사실을 잘 보여 주고 있다.

4. 의사 누가와의 만남

드로아는 소아시아 서쪽 끝에 있는 항구였다. 호머의 작품 ≪일리어드≫의 트로이 전쟁으로 유명한 트로이와 지척인 곳이다. 드로아(오늘날 터키의 땅)는 줄리어스 시저가 로마 제국의 수도를 이곳으로 옮기려고 계획했을 만큼 아시아와 유럽을 잇는 주요한 항구였다. 만약 시저가 암살당하지 않았다면 드로아는 세계 역사의 중심지가 되었을지도 모른다. 오늘날 드로아에 남아 있는 로마 시대의 유적(10킬로미터에 달하는 성벽, 야외 원형극장, 로마식 수로 등)은 당시 이 항구 도시의 중요성을 잘 말해 준다. 드로아는 본래 알렉산더의 이름을 따라 '알렉산드리아 드로아'였다.

이 항구에서 바울은 그의 평생의 동역자가 되는 또 한 사람 누가를 만나게 된다. 그는 아마도 마케도니아 출신 의사로서 빌립보와 개인적인 연관성을 지니고 있었음에 틀림없다.[12] 그는 드로아에 와서 의사로 활동하고 있었는데, 바울이 말라리아에 걸려서 고생하면서 의

---

12) 브루스는 좀 다른 의견을 제시하는데, 누가가 시리아 안디옥 출신이라고 말한다. F. F. Bruce, 『신약사』, p. 358.

사를 찾게 되었고 이런 계기를 통해서 만나게 된 것 같다. 바울은 누가의 치료 덕분에 건강을 얻어서 선교를 계속할 수 있었던 것 같다. 즉 누가가 바울 선교단에 가입한 것은 상당 기간 바울 일행과 관계를 가진 후였던 것으로 보인다.[13] 특별히 누가가 마케도니아 출신이었기에 드로아에서 바울이 본 마케도니아 사람에 대한 환상은 누가와 깊이 연관되어 있었던 것으로 보인다(행 16 : 9~10). 즉 바울은 누가로부터 마케도니아에 대한 이야기를 들으면서 그곳의 선교 가능성을 발견하게 되었고 그 결과 환상을 보게 되고 건너갈 계획을 세웠을 가능성이 크다.[14] 어찌 되었든 이 후로 누가는 바울 선교단의 일원이 되었고, 이것은 사도행전의 기자인 누가가 이 때부터 은밀하면서도 의도적으로 '1인칭 복수 표현 부분(we-sections)'을 시작하는 것을 보아서도 알 수 있다. 바울은 실라와 디모데를 데리고 누가의 안내를 받아 주후 50년에 드로아에서 빌립보로 건너가게 되었다(행 16 : 10~12). 빌립보로 간 후에 누가는 바울 선교단의 사역에 큰 역할을 감당했다. 그리고 사도행전 16장 17절부터 20장 4절 사이에 '우리'라는 표현이 없는 것을 보아 추측할 수 있듯이 바울 일행이 빌립보를 떠날 때 누가는 계속 빌립보에 남아서 교회를 인도했던 것으

---

13) Weldon Viertel, op. cit., p. 104.
14) 바클레이는 환상 중에 나타난 이 사람이 알렉산더 대왕이었다고 주장한다. 그 이유인즉 바울이 환상을 본 지역은 바로 알렉산더와 밀접한 연관을 지닌 지역이었고 그런 의미에서 알렉산더를 생각하게 되었다는 것이다. 즉 드로아의 본 이름은 알렉산더 드로아였고, 바다 건너 빌립보는 알렉산더의 아버지의 이름을 따라 지어진 도시였고, 데살로니가는 알렉산더의 이복누이의 이름을 따라 지어진 도시였다. 알렉산더는 동양과 서양을 결혼시켜 세계를 하나로 만든 장본인이었다. 바울 역시 그리스도를 통하여 그리고 그리스도를 위하여 세계를 하나로 만들 비전을 소유하였기에, 환상 중에 나타난 알렉산더의 모습은 바울로 하여금 그 비전을 더욱 불태워 유럽 대륙에 첫 발을 디디게 한 주요한 동인이 되었다는 것이다. William Barclay, op. cit., p. 122.

로 보인다. 이런 점에서 바울이 '나와 멍에를 같이한 자'라고 부르면서 유오디아와 순두게를 도와주라고 부탁한 대상이 바로 누가였을 가능성이 많다.[15] 빌립보에 머물던 누가는 후에 바울과 다른 동역자들과 합류하여 예루살렘까지 전도여행을 가게 된다(행 20:5~21:17). 바울이 가이사랴에 감금되어 있던 2년 동안에 누가는 돌아가지 않고 바울이 갇혀 있는 감옥 가까운 곳에 머물렀으며, 이 기간 동안에 복음서 기록과 사도행전 앞 부분 기록에 필요한 자료들을 수집하는 데 시간을 보냈을 것으로 보인다.[16]

바울은 바나바와의 결별로 고통스럽게 두 번째 선교 여행을 시작했지만, 하나님께서는 실라, 디모데, 그리고 누가와 같은 참으로 귀한 동역자들을 붙여 주셔서 바울의 사역을 크게 도우셨다. 이 귀한 동역자들과 함께 바울은 복음의 본래 생성지였던 아시아에서 복음으로 가장 큰 영향을 입을 유럽 대륙을 향하여 발걸음을 옮기고 있었다. 당시에도 유럽과 아시아는 분명히 나뉘어서 이해되었고, 역사가 헤로도투스는 트로이 전쟁을 유럽과 아시아의 전쟁이라고 해석할 정도였다.[17] 그러나 알렉산더의 영향으로 동서양이 많이 섞여 있었고, 그 지역 전체가 로마의 통치하에 한 국가를 이루고 있었으므로 바울 자신은 자신의 유럽 대륙으로의 이동이 얼마나 역사적인 발걸음이 될 것인지 잘 몰랐을지도 모른다. 그러나 하나님은 그의 걸음을 통하여 놀라운 역사를 시작하고 계셨던 것이다.

---

15) 누가가 사용하고 있는 '우리'라는 표현이 사도행전 16장 17절에서 끝나고, 바울의 3차 여정 후 예루살렘으로 올라갈 때에 다시 시작되는데(행 20:5), 이 시기 동안 누가는 빌립보 교회에 남아서 교회를 세우는 일에 큰 역할을 감당하였을 것이고, 이런 점에서 바울은 빌립보 성도들에게 보낸 편지에서 누가를 '참으로 멍에를 같이 맨 사람'(빌 4:3)으로 표현하고 있는 것이다. F. F. Bruce, op. cit., p. 359.
16) F. F. Bruce, 『바울 곁의 사람들』, p. 41.
17) Edgar J. Goodspeed, op. cit., p. 73.

복음을 받은 마케도니아의 도시들

　성령의 인도하심을 받아 첫걸음을 내디딘 마케도니아는 과연 희어져 무르익은 밭이었다. 첫 도시에서부터 예비된 심령이 있어서 바울이 전한 복음을 받아들였을 뿐 아니라 바울 선교단의 사역을 적극적으로 지원하여 주었다. 특별히 빌립보 교회의 도움은 바울 일행이 빌립보에 있을 때뿐 아니라 빌립보를 떠난 후에도 지속될 정도로 극진한 것이었다. 즉 바울에게 있어서 가장 애틋한 사랑의 마음을 갖게 한 교회가 바로 이 지역에 세워지게 된 것이다. 또 핍박과 환난이 있었지만 오히려 그것이 복음의 진보를 가져오는 놀라운 역사로 변화되기도 하였다. 시작된 지 1개월밖에 안 된 어린 교회를 두고 떠나야 하는 안타까운 상황이 있었지만, 그런 상황 속에서도 그 교회가 왕성하게 성장하여 그리스의 남부인 아가야까지 그 믿음의 소문이 들릴 정도로 성장한 것이었다.

1. 복음을 받은 유럽 최초의 도시

드로아에서 배를 타고 에게 해를 건너면 마케도니아 지역(그리스의 북부 지역)에 도달하게 된다. 로마 제국은 오늘날의 그리스를 북부의 마케도니아 지역과 남부의 아가야 지역으로 나누어 통치하였다. 드로아에서 가장 가까운 마케도니아 지방의 항구는 네압볼리(Neapolis)였다. 바닷길로 185킬로미터 쯤 떨어진 곳이었는데 그 시대엔 하루 만에 갈 수 있는 뱃길이 아니었다. 마침 중간 지점에 사모드라게 섬이 있어서 바울 일행은 그곳에 잠시 머물렀다. 그리고 그곳에서부터 약 100킬로미터쯤 더 항해한 끝에 마침내 네압볼리에 닻을 내렸다. 네압볼리에 도착한 바울 일행은 곧 에그나티아 대로를 따라 그곳에서 16킬로미터 정도 떨어진 빌립보를 향하여 발길을 재촉하였다. 이 도시는 알렉산더 대왕의 아버지인 빌립(Philip) 왕이 이 도시를 건설한 뒤 자신의 이름을 따라 빌립보(Philippi)라고 명명하였다. 한편 빌립보와 가까운 도시로서 바울이 빌립보 다음으로 선교하게 된 데살로니가는 알렉산더의 이복누이(half-sister)의 이름을 따라 지어진 것이었다. 알렉산더와 그의 가족들 이름을 딴 드로아 항구, 빌립보, 그리고 데살로니가 지역은 알렉산더의 숨결이 진하게 배어 있는 곳들이었다.[1]

마케도니아의 첫 도시인 빌립보는 역사적으로도 아주 유서 깊은 지역이었다. 세익스피어의 명작 ≪줄리어스 시저≫의 4막에서 시저는 자신의 등에 비수를 꽂는 데 가담했던 브루투스에게 망령이 되어 나타나 "너는 나를 빌립보에서 다시 보게 되리라."고 말한다. 이 불길한 전조의 말은 기원전 42년 브루투스가 안토니우스와 옥타비아

---

1) William Barclay, loc. cit.

누스에게 빌립보 전투에서 참패한 뒤 자결함으로써 적중했다. 브루투스를 물리친 후 안토니우스와 옥타비아누스는 자신들을 도왔던 제대군인들을 빌립보에 정착시켰다. 빌립보의 지배 체제는 로마 도시의 쌍두 체제를 본따서 두 명의 집정관(우리 성경에는 '상관들' 로 나타남)과 그들을 수종하는 부하들(우리 성경에는 '아전들' 로 나타나며, 일종의 포졸 혹은 경찰관들임)로 구성되어 있었다(행 16 : 38).[2] 한편 빌립보 결투에서 승리한 옥타비아누스는 후에 로마 황제의 자리에까지 올라가 '가이사 아구스도(Caesar augustus, 시저 아우구스투스)가 되었다. 이처럼 로마 제국의 운명을 바꾸어 놓은 이 빌립보가 또 다른 차원에서 유럽 대륙의 역사를 바꾸어 놓는 시발점이 되었다. 바로 바울이 기독교 복음을 전파했던 최초의 유럽 도시가 바로 이 빌립보였던 것이다.[3]

바울 일행이 빌립보 땅에 도착하여 처음 머문 곳은 누가의 집이었거나 누가가 안내한 숙소였을 가능성이 크다. 빌립보에는 정식 회당을 건립할 만한 충분한 수의 남자 유대인이[4] 없었기에 회당이 없었다. 따라서 바울 일행은 안식일에 강가에 있는 유대인들의 기도처를 찾아가 거기에 있는 몇몇 여인들과 대화를 나누게 되었다. 그 여인들 중 하나가 복음을 받아들여, 누가가 유럽 최초의 기독교 남성이 되었던 것처럼, 유럽 최초의 기독교 여성이 되었는데, 그녀가 바로 루디아였다. 루디아는 본래 소아시아 지방의 도시 두아디라 출신이었다. 두아디라 지방은 에게 해 건너편 소아시아 지방의 리쿠스 계곡(Licus Valley)에 위치하였는데, 이 지역은 본래 고대 루디아 왕국이었으므

---

2) F. F. Bruce, 『신약사』, p. 358.
3) 박준서, 『성지 순례』(서울 : 조선일보사, 1992), pp. 292~293.
4) 당시에 10명 이상의 성인 남자 유대인이 있으면 회당을 만들 수 있었고, 그 이하인 경우는 기도처를 만들었다.

로, 이 여인의 이름은 개인 이름이기보다는, 루디아 출신의 여자라는 의미 즉 '루디아 댁' 이라는 의미에서 '루디아' 로 불렸거나,[5] 노예였다가 자유를 얻었기에 당시의 관습을 따라 출신 지역명을 따라 루디아라고 불렀을 수도 있다.[6] 어찌 되었든 자주색으로 물들인 고급 직조물 산지로 유명한 두아디라 출신의 루디아는 두아디라에서 생산된 자주색 옷감을 빌립보로 가져와 장사하여 상당한 재산을 모은 활동적인 여성이었다. 평소 종교 문제에도 깊은 관심이 있었던 루디아는 바울이 전하는 말씀을 듣고 오랫동안 찾고 있던 진리의 길을 발견하였던 것이다.

　복음을 받아들인 루디아는 상당히 큰 집을 소유하고 있었고, 바울과 그 일행을 강권하여 자기 집에 머물게 하였다. 바울 선교단이 빌립보에 머무는 동안 루디아의 집은 선교 본부가 되었고, 나아가 빌립보 교회의 모임 장소가 되었을 것이다. 선교사 일행이 빌립보를 떠나기 전에 형제들을 보고 격려했던 곳도 바로 루디아의 집이었을 것이다(행 16 : 40). 초기 기독교 운동에 있어서 여성의 위치는 당시 상황에 비춰 매우 독특한 것이었다. 본래 유대교의 문헌에 의하면, 이스라엘의 남자들은 여성으로 태어나지 않은 것을 하나님께 감사하였는데, 이것은 유대교의 낮은 여성관을 잘 보여 주는 것이다. 여성들은 제한적으로 성전에 접근할 수 있었고, 회당 예배에서도 스크린 뒤에 서서 관망만 할 수 있었다.

　그러나 교회는 처음부터 여성들에 대하여 문을 활짝 열어 놓았다. 사도행전에는 루디아뿐 아니라 글로에, 뵈뵈, 브리스길라 등의 여성 이름들이 나타난다. 특별히 빌립보 선교는 루디아라는 여성과 그 집안의 회심으로 인해 큰 진전을 보게 된 것이다.

---

5) John Stott, op. cit., p. 263.
6) Weldon Viertel, op. cit., p. 104.

2. 화가 변하여 복으로

　빌립보에서 능력 있게 선교 사역을 감당하던 바울 일행에게 제동을 거는 결정적인 사건이 발생했다. 점을 하여 주인에게 큰 경제적 이익을 끼치는 귀신들린 여자가 있었는데, 이 여자가 바울 일행을 향하여 계속적으로 "이 사람들은 지극히 높은 하나님의 종으로 구원의 길을 너희에게 전하는 자라"(행 16 : 17)라는 말을 하며 바울을 따라다녔다. '지극히 높은 하나님' 이라는 표현은 복음서에서도 귀신들린 자들이 하나님을 나타낼 때 자주 사용하는 말이었다. 즉 그 여종 속에 있던 귀신은 즉각적으로 바울의 신분과 위치를 알아보았고, 그 말을 계속하였던 것이다. 이 여종의 말은 틀린 말이 아니었다. 그런데 왜 바울 일행은 그 말로 인하여 괴로워했을까?
　첫째로 이 여종은 바울 일행의 사역을 자신과 비슷한 성격의 사역, 즉 하나님이라는 신에 붙들려서 그 일을 하는 사람들로 생각하였다는 것이다. 즉 거룩한 선교 사역을 점술 정도로 비하시키는 것이었다. 둘째 바울은 자신의 복음 사역이 마치 귀신들린 여자가 도와줘서 이루어지는 것 같은 인상을 주고 싶지 않았다. 바울의 선교 사역은 귀신들린 여자의 도움으로 이루어지는 것이 아니라 성령의 능력으로 이루어지는 것이기 때문이었다.[7]
　결국 바울은 그 여종 속에 들어 있는 귀신을 내어 쫓았고, 그 결과 그 여종은 점치는 능력을 잃어버리게 되었다. 일이 이렇게 되자 화가 난 사람은 그 여종을 통하여 경제적인 이득을 보던 여종의 주인이었다. 그는 당장 바울과 실라를 잡아 가지고 그 시의 치안 판사 앞으로 끌고 가서 고소하였다. 고소 내용은 "이 사람들이 유대인인데 우리 성을 심히 요란케 하여 로마 사람인 우리가 받지도 못하고 행치도 못

---

7) Ibid., p. 106.

할 풍속을 전한다"(행 16 : 20~21)는 것이었다. 당시 유대인들은 폭동을 자주 일으켰던 민족이었으므로 바울과 실라를 '유대인' 이라고 말하고 '우리 성을 심히 요란케 하여' 라고 기소한 것은 그곳에 있던 사람들과 치안 판사의 감정을 자극하기에 충분한 것이었다.[8] 치안 판사는 당장에 바울과 실라의 옷을 찢어 벗기고 매로 치라고 명하였다. 여기에서 말하는 매질은 동물의 뼈나 금속 등이 채찍 끝에 붙은 채찍으로 치는 것으로서, 죄인을 심문할 때 쓰이는 끔찍한 체형 도구였다. 거기다가 옷을 찢어 벗기라고 명한 것은 상처의 고통에다가 수치심의 고통을 더하기 위한 조처였다. 매질 후에 바울과 실라는[9] 깊은 옥에 갇히게 되었는데, 아마도 도시를 소란케 한 중죄인으로 취급되었던 것 같다. 이 사건은 바울이 선교 사역 중 로마 정부에 의해 간섭받은 첫 경우가 되었다.

유럽의 첫 도시에 가서 열심히 선교한 결과는 영광이 아니라 감옥이었다. 귀신과 인간의 노예가 되어 인간성을 말살당하며 고생하던 여종을 해방시켜 준 선행에 대한 보상은 심한 매질과 감옥이었다. 편한 잠자리는 못 되어도 적어도 손과 발은 맘대로 놀릴 수 있어야 하는데 그런 자유마저도 없는 감옥은 애써 수고한 선교사들에게 결코 적절한 보상은 아닌 것처럼 보였다. 그러나 이런 상황에서 바울과 실라는 원망과 불평이 아닌 찬양을 드렸다. 아무도 방패막이가 되어 줄

---

8) Ibid.
9) 누가와 디모데도 동행인이었는데 왜 바울과 실라만 옥에 갇히게 되었는지 궁금하게 생각되어진다. 바울과 실라는 선교팀의 지도자였을 뿐 아니라 순수한 유대인이었으며 이것이 외모로도 식별되었던 반면에, 누가는 이방인이었고, 디모데는 아무래도 헬라인 아버지의 모습이 유전되어서 순수 유대인으로 보이지 않았을 것이다. 바울과 실라가 잡힌 것은 점치는 여종 주인의 돈벌이 출처를 없앤 것이기 때문이기도 하지만 반 유대인 감정이 노골화된 것으로 보이기도 한다. F. F. Bruce, 『바울 곁의 사람들』, p. 27.

수 있는 사람이 없는 선교지에 와서 내일 아침이면 어찌될 지 모르는 불안한 상황에서 염려로 밤을 지새운 것이 아니라, 찬양을 드렸다. 가만히 앉아 있기만 해도 채찍으로 인한 피멍으로 인해 신음이 절로 나오는 상황에서 그들은 찬양을 드렸다. 그들의 감정으로는 결코 찬양할 수 없었을 것이다. 그러나 그들은 분명히 합력하여 선을 이루실 하나님을 믿으며 의지적으로 찬양하였다. 그리고 이처럼 찬양할 수 없는 상황에서 드린 찬양은 참으로 큰 능력을 가져오게 되었다. 그 찬양이야말로 선교 사역을 무너뜨리려는 마귀의 궤계에 대한 개선가였으며, 선교의 주도자되신 하나님의 주권에 대한 공적인 선언이었다. 이 엄청난 찬양으로 인해 옥터가 흔들리고, 감옥 문이 열리고, 죄수들이 매고 있던 차꼬들이 풀어지기 시작했다.

이런 갑작스런 사건에 혼비백산한 것은 간수였다. 당시의 간수는 감옥에 갇힌 죄수를 놓칠 경우 그 죄수가 받아야 할 형을 대신 받아야 했다. 이런 상황에서 감옥 안에 들어 있던 죄수들을 묶은 것들이 다 풀어지고 감옥 문이 열렸으니 간수가 기절초풍을 한 것은 당연한 것이었다. 그는 불명예스럽게 죽느니 차라리 스스로 죽겠다는 생각에 검을 빼 자살하려고 하였다. 이때 바울이 소리쳐서 그의 자살 기도를 막았고, 이것을 계기로 바울은 간수의 집에 가서 간수뿐 아니라 그 온 가족과 종들에게도 복음을 전하고, 세례를 주게 되었던 것이다. 바울의 선교 사역 중 이처럼 극적인 역전의 장면도 드물 것이다. 즉 화가 변하여 생각지도 못했던 많은 귀한 결과를 가져오게 되었던 것이다. 물론 그 과정은 매우 고통스러웠지만 바울 일행은 이 일이 아니면 결코 얻을 수 없었던 귀한 역사들을 체험케 되었다. 그들의 고난을 통해서 어떤 선교적 결실들을 얻게 되었는지 살펴보자.

첫째, 무엇보다도 가장 큰 결실은 간수와 그 온 가족이 구원을 받고 세례를 받게 된 것이다. 간수는 공적인 위치에 있는 사람으로서 사회적 공신력과 영향력을 지닌 사람이었다. 그는 많은 사람을 만날 수 있는 위치에 있었으므로 그를 통하여 많은 사람이 주께 인도될 수 있었고, 그 결과로 빌립보 교회의 성장에 큰 기여를 하였을 것이 틀림없다.

둘째, 바울이 떠난 후에 기독교가 그 사회에서 불법적인 단체로 오인되지 않았다. 바울의 신분이 밝혀지고 무죄임이 밝혀지자 바울은 감옥에서 석방되었다는 판결을 받았지만 그 말을 듣고 그냥 나가지 않았다. 오히려 치안 판사가 직접 와서 데리고 나갈 것을 요구하였다. 즉 치안 판사가 직접 와서 공식적인 사과를 하고 그들을 석방하여 줌으로써 실추된 명예를 회복해 달라는 요구였다.[10] 이것은 자신을 잘못 다룬 것에 대한 감정 때문이나 대접받고 싶은 욕구 때문이 아니었다. 그것은 사회적 공인을 위한 책임감 때문이었다. 빌립보 지역에 있는 성도들에게 바울 일행이 단순한 모험가나 사악한 이단이 아님을 보여 주어야 할 필요가 있었다. 이처럼 명예로운 석방을 요구한 것은 선교 사역의 보다 원활한 진보를 위한 것이었다. 선교사가 어찌 할 수 없는 상황에서 범죄자로 취급당하는 것은 피할 수 없지만, 어떤 이유이든 사람들 사이에서 신뢰를 잃게 되면 선교 사역에 큰 장애물이 된다는 사실을 바울은 너무도 분명히 알고 있었다. 그래서 바울은 가는 곳마다 자신의 선교 사역이 불법으로 오인되지 않고 합법적인 것이라는 입증을 얻어내는 일에 열심을 다하였다.[11]

마지막으로 빌립보 감옥에서의 경험은 바울과 그 일행이 다시 한 번 하나님의 살아 계심을 확신하게 되는 귀한 체험이었다. 바울 일행은 감옥에서의 경험을 통하여 무의미한 고통을 허락지 않으시는 하나님을 다시 한번 깊이 체험하였다. 늘 합력하여 선을 이루고 복음의 진보를 이루어 가시는 하나님을 체험하게 되었다. 또한 찬양을 받으

---

10) Weldon Viertel, op. cit., p. 108.
11) Edgar J. Goodspeed, op. cit., p. 79.

시고 찬양을 통하여 놀라운 기적을 일으키시는 하나님을 체험하게 되었다.

감옥에서 나온 바울 일행은 빌립보를 떠났다. 빌립보를 떠나는 이들의 모습은 어찌 보면 패배한 것처럼 보였을 것이다. 겨우 시작하는 것 같다가 강제로 추방을 당하게 되었으니 말이다. 그러나 그들은 결코 꺼지지 않는 복음의 불꽃을 유럽 대륙에 당겨 놓았다. 바울은 복음을 새로운 대륙에 옮겨 놓았고, 그것은 그 세계를 복음으로 변화시켰던 것이다.

빌립보 교회는 바울이 세운 교회 중 가장 충성되고, 헌신하기를 기뻐하는 교회였다. 그 교회의 성도들은 여러 번 바울에게 물질을 보내 그를 도왔고, 바울의 로마 옥중 시절에는 그의 재정적인 문제를 담당한 사랑스런 교회가 되었다. 바울에게는 그가 세운 모든 교회가 다 사랑스러웠지만, 특별히 빌립보 교회는 가장 애틋한 정을 불러일으키는 교회였음이 틀림없다.

3. 바울의 세례 정책

세례는 그리스도의 죽음과 부활에 연합하는 예식이며, 동시에 그리스도께서 피로 값 주고 사신 교회의 일원이 되는 예식이다. 이런 의미에서 세례는 '종말적 하나님의 백성의 일원이 되는 인장'[12]이라고 말할 수 있을 정도로 중요한 것이며, 이런 의미에서 예수께서도 지상 명령을 주시면서 세례를 주라고 말씀하신 것이다. 바울도 그 명령을 따라 그의 선교 사역에서 세례를 행하였다. 특별히 혼비백산하여 "어찌 하여야 구원을 얻으리이까?"라고 묻는 빌립보 감옥의 간수

---

12) Ernest Kasemann, "On the Subject of Primitive Christian Apocalyptic", in *New Testament Questions of Today*, 1969 : 108~137, p. 119.

를 향하여 주의 말씀을 전하였고, 간수의 집으로 초청을 받아가서 온 권속들과 함께 간수에게 세례를 베풀었다(행 16 : 30~34). 바울이 간수에게 세례를 베풀기 전에 그에게 말씀을 가르친 것은 불과 몇 시간밖에 안 된 것으로 보인다. 그 짧은 시간 동안에 그가 그리스도의 삶과 그를 믿는 도리를 모두 가르쳤으리라고 보기는 어렵다. 이 경우를 가지고 생각해 본다면, 세례를 주기 위한 기본적인 요구 사항은 회개와 믿음이었다. 즉 한 성도가 회개와 믿음을 보일 때에 그리스도께서 그 회개와 믿음을 온전케 하시고, 충만함에 이르도록 하시게 하기 위해 바울은 세례를 베풀었다.

그런데 어떤 사람이 온전한 회개와 믿음을 가졌는지 누가 어떤 근거를 가지고 평가할 것인가 하는 문제가 있다. 빌립보 간수의 경우와 같이 바울이 직접 세례받을 사람의 영적 변화와 고백의 진실성 여부를 판단한 경우가 있었지만, 항상 그랬던 것은 아니다. 상당수의 경우 그가 없이도 세례가 행해졌고, 심지어는 그가 있을 때도 그가 꼭 세례를 베푼 것은 아닌 것으로 보인다. 고린도에서 그는 그리스보와 가이오 그리고 스데바나의 집에만 세례를 주었다는 사실을 강조한다(고전 1 : 14~16). 또한 자신이 보내심을 받은 것은 세례를 주기 위함이 아니라 복음을 전하기 위함이었다는 사실을 강조한다(고전 1 : 17). 이것은 물론 그가 세례를 중시하지 않았다거나 세례를 아무나 그냥 베풀 수 있는 것으로 여겼다는 의미는 아니다.

중요한 것은 바울이 세례 대상자의 회개와 믿음을 심사할 때 혼자 하지 않고, 현지 교회의 지도자들과 함께하였다는 사실이다. 이 지도자들은 세례를 받기 원하는 사람들의 신앙 상태를 잘 아는 사람들이었다. 바울이 선교지의 교회에 함께 있든 없든 바울은 현지 교회 지도자들에게 세례 집행 여부를 결정하는 권한을 주었고, 바울이 선교지에 오래 머물지 않고 떠남으로 인해, 이 직무는 자연히 지역 교회의 지도자들에게 주어지게 되었던 것이다. 이 지도자들은 세례 후보자들을 누구보다 더 잘 알고 있었고, 만일 바른 신앙이 없는 이를 세례를 통해 한 형제자매로 받아들였을 경우 그들이 그 짐을 지게 되는 것이었기에 늘 신중하게 세례 후보자의 믿음 여부를 심사하였다.[13] 바울은 이처럼 현지 교회로 하여금 세례의 문제를 결정짓게 함으로써 현지 교회 스스로 책임을 지고 자치하는 교회로 성장해 가도록 하였다.

4. 한 달 만에 세워진 교회

빌립보를 떠나온 바울 일행은 암비볼리와 아볼로니아를 지나서 데살로니가에 도착하였다. 암비볼리와 아볼로니아는 중간에 쉬어가던 곳들이었다. 데살로니가는 마케도니아의 수도였고, 비시디아 안디옥, 가이사랴, 고린도, 그리고 에베소와 같은 도시들과 어깨를 견주는 도시였다. 이 도시는 빌립보에서 에그나티아 대로(Via Egnatia)를 따라 남서쪽으로 약 160킬로미터 정도 떨어진 곳에 있었다. 그곳은 항구도시로서 터마익 만(Thermaic Gulf)의 머리 부분에 위치해 있었는데, 그로 인해 에그나티아 대로를 따라 육로 무역뿐 아니라 해상무역까지 발달하여 번성하는 상업 중심지를 이룰 수 있었다. 또한 데살로니가는 기원전 42년에 자유 도시가 된 것을 자랑으로 삼고 있는 도시였다.[14]

이 도시는 역사상 가장 젊은 나이로, 가장 짧은 기간에, 가장 넓은 영토를 정복한 인물이었던 마케도니아의 영웅 알렉산더 대왕과 연관된 도시였다. 그가 33세로 요절하자 부하 장군들 사이에서는 치열한 권력 쟁탈전이 벌어졌다. 이 불꽃 튀는 각축전의 승자는 카산드로스(Kassandros) 장군이었다. 그는 알렉산더의 이복 누이동생이었던

---

13) Roland Allen, op. cit., pp. 97~98.

데살로니가와 결혼하고, 왕위에 오른 후에는 자신에게 반기를 들었던 알렉산더의 어머니 올림피아 대비를 서슴지 않고 죽여 버렸다. 뿐만 아니라 후환을 없애기 위해 알렉산더의 부인 록사나 왕비와 그의 아들까지 모두 죽이는 잔악한 일을 저질렀다. 민심이 그로부터 멀어지자 그는 민심 수습책의 하나로 새로운 도시를 건설하고, 그 이름을 부인의 이름을 따라 데살로니가로 명명하였다. 데살로니가는 마케도니아 지방에서 에게 해로 진출하는 가장 큰 항구 도시가 되었으며, 마케도니아 지역의 정치적 중심 수도였고, 그 후 비잔틴 시대에는 콘스탄티노플에 버금가는 도시로 명성을 떨쳤다.[15]

데살로니가에 들어선 바울은 과거에 그래왔던 것처럼 회당으로 들어가서 접촉점을 찾았다. 바울은 그의 열정과 강력한 호소력 때문에 어디를 가든지 쉽게 호감을 끄는 인물이었다. 특별히 종교적인 문제에 관심을 갖고 있는 사람들 사이에 엄청난 반향을 일으켰다. 그들 중에는 유대인들도 좀 있었지만, 주로 유대교에 관하여 어느 정도의 지식을 지니고 있는 상류층 헬라 여인들이었다. 이들은 바울의 전도에 아주 강렬하게 반응을 보였다. 그들은 복음을 받아들이면서 기독교적 덕과 믿음, 그리고 소망과 사랑 등이 넘쳐나게 되었다. 이로 인하여 데살로니가에 엄청난 부흥의 불길이 일어나게 되었고, 이 소식이 마케도니아와 아가야 전역에 퍼져서 바울이 어디를 가든지 그 소식이 바울보다 먼저 가 있을 정도였다(살전 1:7~8). 데살로니가

---

14) 이 도시는 로마 총독이 거주하기는 하였지만, 자유가 주어졌고 그런 이유로 자체적인 헌법을 지니고 있었으며, 최고의 권위도 민중에게 있었다. 누가는 사도행전에서 이 지역의 행정 책임자를 치안 판사(magistrates)가 아니라 최고 정치 지도자(Politarchs : 읍장들)로 명명하고 있는데, 일부 학자들은 이 명칭이 다른 곳에 나타나지 않으므로 누가가 잘못된 명칭을 사용한 것으로 생각하였다. 그러나 최근에 마케도니아에서 이 명칭을 사용한 비석들이 나타남으로써 성경의 기록이 매우 정확함을 다시 한번 입증하여 주었다. Weldon Viertel, loc. cit.
15) John Stott, op. cit., p. 270.

인들은 바울을 그 지역에서 유명인사로 만들었고, 이러한 일들은 바울의 사역을 훨씬 용이하게 해 주었다.

바울 일행이 데살로니가에 가서 머문 곳은 야손의 집이었다. 야손은 바울과 그의 동료들을 집에 들인다는 것이 엄청난 위험을 감수해야 하는 것임을 알면서도 바울 일행을 모셔들이고 극진히 공궤하였다. 특히 바울이 3주 만에 회당으로부터 쫓겨나 더 이상 말씀을 증거할 장이 없었을 때 야손의 집이 예배의 장으로 쓰였던 것으로 보인다. 그러나 이것도 오래가지 못하였다. 유대인들은 바울 일행을 거스리는 소요를 책동했고, 집회장으로 쓰이는 야손의 집을 공격하게 되었다. 마침 바울과 그 일행은 거기에 있지 않아 일단 화를 모면한 것으로 보인다. 그러나 야손은 다른 몇몇 신자들과 함께 읍장들 앞으로 끌려가 질서를 어지럽히고 황제에게 불충한다는 죄목으로 고소를 당했다. 유대인들은 선교사 일행이 사람들을 책동하여 그들의 충정을 가이사에게서 다른 왕에게로 돌리려 한다고 고소하였다. 이들이 볼 때 바울 일행은 가이사의 명을 우롱하고 그의 '라이벌 황제인 예수'라는 자를 선전하는 것이었다(행 17 : 7). 사실 예수께서 자신을 '그리스도, 왕'으로 지칭함으로써 나라를 어지럽힌다는 죄목으로 빌라도에게 재판을 받으신 것처럼, 하나님 나라와 그리스도의 재림에 대한 바울의 가르침(행 14 : 22)은 정치적인 용어로 오인될 소지가 충분했다. '그리스도의 재림(Parousia)'이라는 말에서 '파루시아'라는 용어는 황제가 어느 곳을 방문한다는 의미로 쓰여진 공식적인 용어였다.[16] 또한 황제의 호칭이 카이저(Kaiser)라는 말뿐 아니라, '바실레우스(Basileus)'라는 말도 있었기에, 예수를 바실레우스라는 용어로 부른 것은 반역죄로 여겨질 소지가 있었다. 따라서 유대인들의 고소는 아주 중대한 문제였다. 당시 사회에서는 유대인들의 폭동이 결코 낯선 것이 아니었다. 이집트에서 유대인들이 일으킨 선동과 무질서로 인해 로마 정부는 유대인들의 이집트 방문을 금지하기도 하였다.

그러나 시의 관리들은 냉정을 지켰고, 야손과 신자들로부터 선교사들의 얌전한 행동을 보장한다는 뜻으로 어느 정도의 보석금을 받은 것으로 마무리하였다. 여기에서 얌전한 행동이란 바로 조용히, 그리고 신속히 데살로니가를 떠나 다시는 돌아오지 않는다는 것이었다(행 17 : 5~9). 이같은 명령을 받고 그냥 데살로니가에 머문다면 데살로니가 교회의 어린 성도들이 더 큰 수난을 당할 것은 불 보듯 뻔한 일이었고, 이 상황에서 바울과 그의 일행은 그곳을 떠날 수밖에 없었다. 바울이 다마스커스에서 밤중에 도망쳐 나왔듯이 데살로니가에서도 후퇴할 수밖에 없었다. 결국 빌립보에서 그러하였듯이 데살로니가에서도 바울과 그 일행은 밤중에 굴욕적으로 퇴각하게 되었다. 새로운 가르침을 베푼 지도자와 그 일행이 갑자기 퇴각한 후에 데살로니가에 남아 있는 그 어린 성도들은 과연 어찌될 것인가? 그들은 기껏해야 겨우 몇 주 간의 기독교적 경험을 지니고 있을 뿐이었다. 이제 문제는 바울과 그 일행의 급작스런 출발 후에 과연 바울이 전해 준 복음을 받은 이들이 이교도 신앙을 지닌 주위 사람들의 멸시와 모욕을 견디어 나갈 수 있을 것인가 하는 것이었다. 바울은 한 달 정도밖에 안 된 데살로니가 교회를 두고 떠나는 것이 마치 금방 젖뗀 아이를 두고 떠나는 것같아 도대체 마음을 놓을 수가 없었다.

5. 신중한 사람들

마케도니아의 데살로니가에서 복음을 전하다가 쫓겨난 바울은 로마의 에그나티아 대로를 따라 서쪽으로 약 60킬로미터 정도를 가다

---

16) 헬무트 쾨스터, "로마 제국의 이데올로기와 바울의 종말론", 김재성 편, 『바울 새로 보기』(서울 : 한국신학연구소, 2000), p. 77.

가 대로에서 약간 벗어나 베뢰아라는 도시로 피난을 가게 되었다. 아마도 데살로니가의 제자들이 그와 실라를 그곳으로 안내해 준 것으로 보인다. 그런데 바울이 베뢰아로 갈 때 통과한 길이 에그나티아 대로였고, 이 길을 따라 계속 진행하면 로마에 다다를 수 있었다. 후에 바울이 로마에 있는 성도들에게 편지를 쓰면서 자신이 여러 번 로마에 가고자 하였으나 길이 막혔다고 말하고 있는데(롬 1 : 13, 15 : 22 ff), 바로 베뢰아로 가는 길에 바울은 로마로 가고자 하는 마음을 가졌던 것으로 보인다.

그렇다면 이때 바울의 로마 행을 막은 것은 무엇이었을까? 첫째로 데살로니가 성도들을 계속해서 돌보아야 한다는 책임감 때문에 먼 로마 행을 택하지 않았을 가능성이 높다. 또 다른 가능성은 주후 49년에 글라우디오 황제가 유대인 추방령을 내렸기에 유대인 공동체가 없다면 그의 사역의 주요한 거점을 세울 수 없으므로 그곳 방문을 연기한 것으로 생각해 볼 수도 있다.[17]

이런 여러 가지 이유로 해서 바울은 베뢰아로 가게 되었다. 그곳에도 유대인의 회당이 있었고, 그들은 다른 곳에서와 마찬가지로 회당에 가서 복음을 증거할 수 있는 기회를 얻게 되었다. 그런데 그곳 회당에 있던 사람들은 아주 "······ 신사적이어서 간절한 마음으로 말씀을 받고 이것이 그러한가 하여 날마다 성경을 상고하므로"(행 17 : 11) 그곳에서 많은 회심자가 일어나게 되었다. 특히 헬라의 귀부인과 남자가 많이 믿게 되었다. 후에 바울이 구제 헌금을 가지고 예루살렘에 올라갈 때 동역자 중에 부로(Pyrrhus)의 아들 '소바더(Sopater)'라는 사람이 나오는데 그가 바로 베뢰아 교회 대표로 예루살렘에 올라간 사람이었다(행 20 : 4). 이 소바더는 로마서 16장 21절에 나오는 '소시바더(Sosipater)'와 동일 인물일 가능성이 높은데, 이

---

17) F. F. Bruce, *Paul : Apostle of the Heart Set Free*, p. 236.

는 사도행전의 저자 누가는 사람의 이름을 표기할 때에 약칭 혹은 애칭을 사용하는 반면에 바울은 꼭 정식 이름을 부르는 경향이 많기 때문이다. 즉 소시바더는 정식 이름이고, 소바더는 약칭인 것으로 보인다.

그렇다면 바울의 친척이므로 유대인으로서 회심한 사람일 것이다. 어찌 되었든 베뢰아에서의 사역이 성공적으로 잘 진행되어 가는가 싶었는데, 극성스런 유대인들이 베뢰아까지 쫓아와서 바울의 사역을 방해하여 바울은 결국 실라와 디모데를 베뢰아에 남겨 두고 아테네로 피신을 가게 되었다. 본래 베뢰아와 아테네 사이에 '데살리'라는 지역이 있는데, 베뢰아 성도들은 바울의 신변 안전상 아테네가 더 좋겠다는 판단을 내려 그곳까지 바울을 안내하여 주었다.[18]

---

18) Ibid.

XI. 아가야 지역에 뿌려진 복음의 씨앗들

　그리스 북부 마케도니아 지역에서 허겁지겁 도망 나온 바울은 그리스 남부 아가야 지방으로 내려와 당시 세계 최고의 철학 도시인 아테네(아덴)와 가장 죄악이 관영했던 도시 중의 하나인 고린도에서 사역을 하게 된다. 특별히 고린도는 바울의 사역에 있어서 특별한 의미를 지닌 지역이었다. 고린도 교회는 바울에게 가장 큰 고통을 안겨 준 교회 중의 하나였다. 그러나 동시에 바울에게 있어서 가장 듬직한 부부를 만나게 된 곳이기도 하고, 바울로 하여금 많은 편지를 쓰게 한 교회이기도 하였다. 이 편지들을 통해 우리는 바울의 선교사로서의 자기 정체성, 진솔한 고민, 그리고 교회 목회를 위한 실제적인 지침 등 주옥 같은 가르침들을 많이 얻게 된다. 선교 사역은 탄탄대로이기보다는 고난과 역경을 통과하는 경우가 대부분이다. 그러나 그것은 늘 귀한 선교의 열매를 가져다 준다는 사실을 아가야 지역 선교가 잘 보여 주고 있다.

1. 잘난 사람들

바울 당시 로마는 현재의 그리스를 북쪽의 마케도니아와 남쪽의 아가야로 나누어서 통치하였다. 바울이 유대인들의 핍박으로 인해 마케도니아의 베뢰아에서 아가야 지방의 아테네로 피신을 갈 때에 사람들이 그곳까지 동행한 것으로 보아 바울의 건강이 좋지 않았던 것으로 보인다.[1] 그래서 그는 아테네 땅에 도착하자마자 자기를 안내한 사람들에게 실라와 디모데를 속히 아테네로 오도록 해 달라는 부탁을 한 것으로 보인다(행 17 : 14~15).

아테네는 기원전 5세기 전부터 가장 유명한 그리스의 도시 국가였다. 이 도시는 로마 제국에 흡수된 후에도 지적 독립성을 유지하였고, 자유 도시로 남아 있었다. 이 도시는 소크라테스, 플라톤, 아리스토텔레스로 이어져 내려오는 위대한 철학적 전통을 자랑하고 있었을 뿐 아니라, 문학, 예술, 인간의 자유를 위한 숭고한 기여를 자랑하고 있었다. 확실히 아테네는 로마 제국의 지적인 도시로서 그 어떤 도시도 따를 수 없는 지적 수준을 유지하고 있었다. 아테네가 로마 제국의 지배하에 들어간 이후부터 아테네의 최고 절정기는 좀 기울어진 면이 있었지만, 제국 내의 모든 지역으로부터 지혜로운 젊은이들이 여전히 몰려들었다. 즉 당시의 젊은 지성인들에게 아테네는 거부할 수 없는 강력한 자력을 가진 도시였다.

이 유명한 도시에 바울이 드디어 발을 내딛었다. 그러나 그는 지속적인 유대인들의 핍박에 몸과 마음이 심히 지친 상태에서 아테네 땅을 밟게 되었다. 그는 쉼이 필요한 상태였다. 그뿐 아니라 그의 동역

---

[1] Weldon Viertel, op. cit., p. 110.

자들인 실라와 디모데가 베뢰아에서 오지 않았기에 바울은 아테네
에 홀로 있어야 했다. 그는 육신적으로 매우 지친 상태였을 뿐 아니
라, 동역자들마저 없어서 정서적으로도 외로운 상태였다.

그러나 아테네 온 성에 우상이 가득한 것을 보고 그는 마음이 답답
하여 견딜 수가 없었다. 그는 회당에 가서 유대인들에게 복음을 전하
고, 시장(아고라, Agora)[2]으로 가서 만나는 사람마다 붙들고 복음을
전하지 않을 수가 없었다(행 17 : 16~17). 바울이 복음을 전했을 때
아테네 사람들은 새로운 종교를 전하는 사람 중의 하나 정도로 생각
하였다. 당시 그곳에는 워낙 새로운 학설과 종교가 많았기 때문이었
다. 그러나 아테네 사람들은 차츰 그의 이야기에 흥미를 느꼈다. 특
별히 에피쿠로스 학파(Epicurean School, 성경에는 에비구레오)와
스토아 학파(Stoicism, 성경에는 스도이고) 사람들의 관심을 끌었다.

에피쿠로스 학파는 모든 것이 원자들의 우연한 합류로 생기게 되
었고, 사람을 포함한 생물이 죽으면 그 영혼을 구성하고 있는 원자들
은 즉시 흩어지고 모든 감각은 중지된다고 보면서 철저하게 유물론
적인 사고와 무신론적인 사고를 견지하고 있었다. 이들은 영혼 불멸
성을 부인함으로써 사람들을 죽음의 공포에서 해방시키고자 노력하
였다. 이들의 주장에 의하면 최고의 선은 쾌락 즉 마음의 평화였고,
이것은 혼란된 근심에서의 자유 곧 무감동이었다. 흔히 에피큐리언
의 철학은 방탕하고 저속한 쾌락을 추구하는 것으로 많이 이해되어

---

2) '아고라'는 '시장' 이란 의미인데, 우리가 생각하는 시장이 아니라 시의 중앙에
있는 광장이었다. 이곳은 공공 건물, 신전, 의회 건물, 그리고 법원 등의 건물로
싸여 있었고, 사람들이 모여서 물건도 사고팔고 간단한 모임도 가질 수 있는 장
소였다. 유명한 철학자 제논도 이곳에서 페인트 칠을 한 스토아('현관' 혹은
'복도' 라는 뜻) 같은 것을 만들어 놓고 제자들을 모아서 철학 강의를 하였는데,
여기에서 스토아 학파라는 용어가 나오게 되었다. Weldon Viertel, op. cit., p.
111.

왔는데, 사실 이 학파에서 추구하는 쾌락은 심적인 평안이었고, 이 학파를 창시한 에피쿠로스 자신은 성자와 같은 사람으로 육체에서 멀리 떠나 있던 사람이었다. 한편 스토아 학파는 제논에 의해 처음으로 시작되었는데, 기본적으로 범신론적인 사상을 지니고 있다. 우주가 창조적인 이성 즉 로고스(logos)에 의해 지배되는 것처럼, 소우주인 인간은 이성(reason)에 의해 지배된다고 보았다. 따라서 이들이 주장하는 생활 방식은 '자연과 함께 조화를 이루며 사는 것'으로 말할 수 있다. 즉 운명은 변덕스럽지 않고, 우주적 로고스 혹은 계획의 한 부분이므로 사람은 운명과 서로 협조하고, 쓸데없이 운명과 투쟁하지 말고 그것을 기쁘게 받아들여야 한다고 보았다.[3]

이들은 바울이 말하는 새로운 것에 관심을 갖게 되었고, 마침내 바울에게 아레오바고에서 연설할 기회를 주었다. 아레오바고는 원래 살인죄를 범한 사람을 재판하는 장소였다. 그러나 시간이 지남에 따라 아테네 시의회가 모이는 장소가 되었고, 자연히 아레오바고는 아테네 시의회를 뜻하는 의미를 지니게 되었다.[4] 이 중요한 장소에서 복음을 전할 기회를 얻었다는 것은 참으로 귀한 기회가 아닐 수 없었다.[5]

이 절호의 기회를 이용하여 바울은 설교를 시작하였다. 그는 먼저 자신이 아테네에서 받은 느낌을 간단히 서술하면서 그들이 찾고 있

---

3) F. F. Bruce, 『신약사』, pp. 63~68.
4) 박준서, op. cit., p. 270.
5) 바울의 아레오바고 설교는 바울의 가르침이 아테네에서 허용될 수 있는 것인지 아닌지를 검토하기 위하여 요구되어진 것이라는 견해가 있다. 즉 그들이 바울의 가르침에 관심을 가지고 부탁한 것이 아니라, 바울의 가르침을 판단하기 위하여 요구한 것이라는 견해이다. 만약 이런 경우라면 바울의 아레오바고 설교는 자신의 복음 증거의 성격보다는 변증의 성격이 강하였을 것이고, 이 설교로 인한 열매를 많이 기대하기는 어려웠을 것이다. Weldon Viertel, op. cit., p. 112.

는 참 신은 인간이 만든 신전에 있는 존재가 아님을 역설하였다. 이어서 그는 하나님의 창조주이심과 인간의 피조물임을 역설하면서 인간이 금, 은, 돌 등으로 만든 신상을 섬겨서는 안 됨을 강조하였다. 그리고 나서 참 하나님께로 나아가는 길로 제시된 예수 그리스도와 그의 부활 그리고 심판 등에 대해서 이야기하기 시작했다. 그러자 그들은 소란해졌다. 그들은 인간을 육체와 영혼으로 구분하였고, 육체의 죽음 후에 영혼의 불멸은 믿었으나 육체의 부활은 부정하였기 때문이었다. 아레오바고 법정이 건립되었을 때 아폴로가 "흙이 인간의 피를 마셔 버리고, 인간은 일단 죽으면 부활이란 결코 있을 수 없느니라."라는 시를 가지고 노래하였다는 전설을 생각하면 그곳 사람들의 소란을 더더욱 잘 이해하게 된다.[6] 특히 에피쿠로스 학파는 영혼의 불멸마저도 부정하려는 사람들이었다. 이로 인하여 조롱과 소란이 지속되어 바울은 설교를 중단할 수밖에 없었다. 그러나 이런 상황 중에서도 바울은 소수의 개종자들을 얻을 수 있었다. 그 중의 하나가 바로 '아레오바고 의회'의 의원이었던 디오누시오와 같은 인물이었다.[7] 흔히들 바울의 아테네 설교를 평가할 때 고린도전서 2장 1~2절 말씀에 근거하여 바울이 자신의 아테네 설교를 뉘우치고 있는 것으로 생각한다. 즉 바울이 아테네에서 설교할 때 예수 그리스도와 그의 십자가에 못박히신 것만을 말하지 아니하고 말과 지혜의 아름다운 것으로 하려 했기에 실패했다는 결론을 끌어내는 경향이 있다. 그러나 고린도전서 말씀의 배경은 아볼로처럼 바울이 달변이 아니라는 비판에 대한 변호에서 나온 말이지 아테네에서의 왕성하지 못한 전도의 결과가 예수 그리스도와 그의 십자가를 전하지 않았기 때문이란 말은 아니다.[8]

---

6) F. F. Bruce, op. cit., p. 365.
7) 박준서, op. cit., pp. 270~271.

그렇다면 바울의 아테네 설교를 어떻게 보아야 할 것인가? 바울의 아테네 설교는 흔히 유대인들에게 한 설교와는 매우 다른 접근을 하고 있었다.

첫째, 그의 설교는 유연성을 지니고 있었다. 유대인들을 상대로 설교할 때는 구약 성경으로부터 그의 설교를 시작한다. 그러나 이방인을 상대로 할 경우에는 성경을 가지고 시작하지 않고, 그들이 알고 볼 수 있는 자연 세계 혹은 그들이 지니고 있는 사상을 출발점으로 삼았다. 그는 그들이 애타게 찾는 신, 즉 '알지 못하는 신'(행 17 : 23)이 바로 하나님이심을 보여 줌으로써, 그들의 신들에 대한 관심을 접촉점으로 삼아서 자신의 설교를 시작했다. 둘째로 바울은 청중들의 사상과 종교에 대하여 박식한 지식을 소유하고 있었다. 인간과 하나님과의 밀접한 관계 그리고 그 하나님이 정한 길을 따라 순종해야 하는 인간의 의무에 관해서 말할 때 그는 스토아 학파의 유신론적 사고를 가지고 설명하였다(행 17 : 26~28). 또한 우상을 섬기는 것이 어리석은 일이라는 사실은 무신론자들인 에피쿠로스 학파의 합리적 비평의 방법을 가지고 증명하였다. 그는 에피쿠로스 학파와 스토아 학파의 이론을 잘 이해하고 있으면서 자신의 설교에 적절히 활용하였다.[9]

셋째로 그는 청중들을 깊이 고려하는 설교를 하였다. 즉 청중들의 관심과 그들의 문화를 깊이 고려하면서 설교를 끌어갔다. 그는 난잡한 우상 숭배(행 17 : 23)를 보면서 마음이 답답하고 안타까웠지만 그것을 공격하거나 비난하는 태도를 삼가고, 오히려 그들이 가지고 있는 모든 좋은 것을 인정하면서 그들을 최대한 이해하고 그것을 자신의 복음 제시를 위한 접촉점으로 만들었다.[10]

---

8) Weldon Viertel, loc. cit.
9) Arthur F. Glasser, op. cit., p. 259.

그는 효과적인 복음 선포를 위하여 기꺼이 모든 사람에게 모든 모양이 될 것을 늘 강조하며 살았는데(고전 9 : 22), 아테네에서 바울은 자신이 말한 바를 삶으로 잘 보여 주고 있는 것이다. 그는 아테네 사람들을 존경하는 태도를 끝까지 견지했으며, 그들의 풍부한 종교성을 칭찬하여 주었다(행 17 : 22). 또한 그들 가운데 있는 한 유명한 시인의 시를 인용함으로써 자신의 설교에 관심을 갖게 하면서 최대한 쉽고 분명하게 말씀을 증거하였다(행 17 : 28).

넷째, 그는 진리에 대하여 말할 때 그것을 아주 담대하게 선언하였다. 그는 조롱이나 반대 혹은 핍박을 받을 것을 두려워하거나 타협하지 않았다. 그는 지성적인 아테네 사람들이 무지하게 보이는 복음에 대하여 쉽게 동의하지 않을 것을 알았고(고전 1 : 23), 인간이 죽을 때 그 영혼은 분해된다고 믿기에 부활을 믿지 않는 에피큐리언들에게 부활은 비웃음거리가 될 것을 알았다. 그러나 그는 개의치 아니하고 담대하게 그리스도의 부활과 심판을 전하였다. 그는 어디에서 설교를 하든지 그리스도가 복음이시고 그 분만이 우리의 구원이심을 역설하였다.

마지막으로, 그는 인간이 본래적으로 종교적 심성을 지니고 있으며, 그 자신이 전하는 메시지가 모든 인간의 영적인 필요를 채워 준다는 분명한 확신을 지니고 있었다.[11]

바울은 인간이 영적 능력과 필요를 동시에 지니고 있는 영적 존재임을 인식하였고, 하나님께서 그 인간의 영적인 필요와 영생을 위하여 보낸 분이 바로 그리스도라는 사실과 그 그리스도를 영접하는 자는 영적인 필요를 다 해결받게 되며, 이 원칙에서 예외가 되는 사람

---

10) Roger E. Hedlund, 『성경적 선교신학』, 송용조 역(서울 : 서울 성경학교 출판부, 1990), pp. 356~357.
11) Roland Allen, op. cit., pp. 63~64.

은 하나도 없다는 사실을 확신하였다. 그러기에 그는 조롱과 반론을 개의치 아니하고 그리스도를 전하였다.

바울의 아테네 선교로 아레오바고 의원이었던 디오누시오 같은 큰 인물이 복음을 영접하기까지 하였지만 확실히 아테네 선교의 열매는 그리 많지 않았던 것 같다. 그리고 바울 역시 아테네에 오래 머물지 아니하고 곧 고린도를 향하여 떠났다. 아테네에서는 다른 도시와 달리 유대인들의 핍박이나 이방인들의 고소도 없었다. 그런데 바울이 왜 아테네에 더 오래 머물지 않고 고린도로 옮겼을까? 그 이유를 한마디로 설명하기는 어렵겠지만 가장 주요한 요인 중의 하나는 복음에 대한 사람들의 수용성에 대한 고려 때문이었던 것으로 보인다. 바울은 청중들의 수용성을 많이 고려하였으며, 이로써 복음에 대하여 수용적인 사람들 가운데서는 오래 남아 사역을 하였지만, 거부적인 사람들 가운데서는 오래 머물지 않았다.[12]

아테네의 사람들은 자신들의 사상과 신념 체계가 너무 강했다. 이러한 강한 신념 체계와 지적 자만이 복음을 수용하는 데 결정적인 장애가 되었던 것이다. 그들은 스스로 잘난 사람들이었다. 예수께서 말씀하신 밭의 비유로 말하자면 길가와 같은 밭들이어서 자신들의 철학과 지식으로 마음밭이 딱딱하게 굳어져 있어서 복음의 씨가 들어가기가 어려운 상황이었다. 바울이 보기에 제한된 시간과 힘을 이런 곳에서 다 소진하는 것은 지혜로운 일이 아니었다. 이것은 옥토가 아닌 곳에는 복음을 전하지 말아야 한다는 것을 의미하는 것이 아니다.

---

12) Arthur F. Glasser, op. cit., p. 266. 이것은 예수의 사역 가운데서도 나타나고 있다. 예수께서 자신의 고향에서 사람들이 믿지 아니하므로 '거기서는 아무 권능도 행하실 수 없어 다만 소수의 병인에게 안수하여 고치실 뿐이었고'(막 6 : 4~6), 제자들을 파송하시면서도 '어느 동네에 들어가든지 너희를 영접지 아니하거든 그 거리로 나와서 말하되'(눅 10 : 10)라고 말씀하시면서 영접지 아니하는 동네로부터 떠날 것을 말씀하셨다.

옥토가 아닌 곳이라도 씨를 뿌려야 한다. 다만 우선 하나님께서 열어주신 옥토가 있다면 그곳에 먼저 씨를 뿌리는 것이 지혜라는 것이다. 바울은 최단시일 내에 최대의 효과를 위하여 늘 하나님께서 여신 옥토를 향하여 나아갔던 것이다.

2. 죄악의 도시, 은혜의 도시

서기 50년쯤 사도 바울은 아테네를 떠나 그곳으로부터 80킬로미터쯤 떨어진 아가야의 수도 고린도에 도착하였다. 아테네가 아가야 지방의 학문과 예술의 중심이었다면, 정치와 경제의 중심은 고린도였다. 고린도의 중요성은 우선 지리적인 위치에서 찾을 수 있다. 고린도는 그리스 본토에서 펠로폰네소스 반도로 건너오는 길목 즉 그리스의 북쪽 부분인 마케도니아와 남쪽 즉 펠로폰네소스 반도를 연결하고 있는 이스무스(Isthmus) 지역에 근접한 교통의 요지였다. 고린도는 항구 도시가 아니면서도 두 개의 항구 도시를 거느리고 있었다. 동편으로는 에게 해로 진출하는 겐그레아(Cenchrea) 항구가 있었고, 서편으로는 아드리아 해로 나가는 레기움(Lechaeum) 항구가 있었다. 이 두 항구를 통해서 아시아와 유럽 등지로부터 들어온 각종 화물들은 일단 고린도로 모아진 다음 그리스 전역으로 분산되었다. 당연히 고린도는 번성하는 상업 도시가 되었다. 그래서 고대 그리스의 지리학자 스트라보(Strabo)는 고린도를 '두 항구의 주인이 되는 부유한 도시'라고 불렀다.[13]

이 두 항구를 잇는 길은 약 6킬로미터였지만, 펠로폰네소스 반도를 돌아 한쪽 항구에서 다른 항구까지 가려면 320킬로미터나 되었고, 주위에 암초가 많아서 매우 위험했다. 그래서 사람들은 화물들과

---

13) 박준서, op. cit., p. 279.

적은 배들을 6킬로미터 되는 미끄럼길(slipway)를 통해서 끌고 다녔다. 지금은 고린도 운하가 만들어져서 배들이 바로 이곳을 지나다닐 수 있다.

이러한 경제적인 측면에 덧붙여 고린도는 전략적인 측면에서도 매우 중요한 위치에 있었다. 즉 로마와 아시아를 이어 주는 천혜의 위치에 자리잡고 있었다. 본래 이 도시는 기원전 146년경에 무미스(L. Mummis)가 인솔한 로마인들에 의해 멸망당했었다. 그러나 100여년 후 고린도의 지리적 중요성을 간파한 로마의 통치자 줄리어스 시저는 고린도를 로마식 도시로 재건할 것을 명하였다. 그리하여 고린도는 B.C. 40여 년경 과거 고린도의 명성을 훨씬 능가하는 로마제국의 대도시로 급성장하여 아테네를 누르는 정치와 경제의 중심지가 되었고, B.C. 27년에는 아가야 지방의 행정 수도가 되었다.[14] 바울은 고린도의 이같은 전략적 중요성을 파악하고 있었다. 물자 교역이 고린도로부터 전 세계 사방으로 흩어지는 것을 보면서 복음도 이곳에서부터 전 세계로 흩어질 수 있음을 보았던 것이다.

고린도에 경제적인 가능성이 많았기에 많은 사람들이 몰려들었다. 특히 선원들이 많이 있었는데, 이들은 직업상 가정에서 오래 떨어져 있어야 했으므로 성적인 욕구를 채울 만한 것들을 추구하게 되었고 자연히 고린도에는 성적 문란이 심했다. 이러한 성적인 타락을 더욱 부추기는 것이 있었는데, 그것은 고린도의 유명한 아프로디테(Aphrodite) 신전이었다. 이 신전에 있는 수천 명의 성창들은 오히려 신성시되며 성적 욕구를 자극했다. 이런 여건으로 인해 고린도는 특별히 죄악이 관영한 도시였다. 그러나 죄가 많은 이 도시에 또한 은혜도 많았다. 고린도의 영혼들은 바울이 뿌린 복음의 씨앗을 잘 받아들였고, 복음은 고린도 땅에서 능력 있게 전파되어졌다.

---

14) Г. Г. Bruce, op. cit., p. 366.

3. 데살로니가 전후서를 쓰면서

3주밖에 안 된 어린 교회를 두고 급히 피난을 나온 바울의 마음속에는 자나깨나 데살로니가 교회에 대한 염려가 가득하였다. 그 교회는 제대로 조직이 된 것도 아니고 믿음에 대하여 아주 기본적인 가르침만을 받은 상태인데, 주변 사회와 팽팽한 긴장관계를 유지하고 있어 온갖 근심거리들을 잔뜩 가지고 있는 상태였다.[15] 이런 교회가 과연 잘 성장하여 복음의 빛을 발하는 교회로 성장할 것인지, 아니면 핍박을 이기지 못하고 이슬처럼 사라져 버릴 것인지 알 수가 없었다. 바울은 볼거리가 많은 세계적인 철학 도시 아테네에 있으면서도 데살로니가 교회에 대한 생각 때문에 좀처럼 마음을 잡을 수가 없었다. 그래서 디모데가 베뢰아로부터 아테네로 오자마자 바울은 디모데를 바로 데살로니가 교회로 보냈다. 데살로니가 교회의 소식을 알아오게 하기 위해서였다(살전 3 : 1~2, 5, 2 : 17). 얼마 후에 디모데가 가져온 소식은 기쁜 소식이었다. 그 교회의 성도들이 바울에 대하여 감사한 마음을 지니고 있고, 성도들의 믿음이 굳건하게 서 간다는 것이었다(살전 2 : 14, 3 : 4~6, 4 : 9~10). 뿐만 아니라 그들의 믿음의 소문이 각처에 퍼져서 마케도니아와 아가야의 믿는 자들의 본이 될 정도였다(살전 1 : 7~8).

그런데 이같은 기쁜 소식과 함께 몇 가지 염려되는 소식도 있었는데, 그중에 가장 중대한 문제는 종말에 관한 그들의 잘못된 신앙이었다. 그들 중에 어떤 사람들은 재림을 기다리는 일로 모든 일상적인 일을 하지 않고 있었다(cf. 살전 4 : 11). 또한 그리스도 재림 전에 먼저 죽은 사람들이 그 영광에 참여하지 못할 것에 대한 염려가 성도들 가운데 가득 차 있었다(살전 4 : 13~18). 바울은 이런 문제들에 대

---

15) David J. Bosch, op. cit., p. 165.

한 바른 가르침을 주기 위하여 데살로니가 전후서를 썼다. 데살로니가 전후서가 어떤 관계를 가진 것인지에 관하여 많은 견해가 있어 왔다. 데살로니가전서는 이방 기독교인들에게 보낸 것이며, 데살로니가후서는 유대인 기독교 공동체에 보낸 편지라는 주장이 있고, 한 교회가 아니라 여러 교회에 보낸 편지라는 주장도 있다. 또한 데살로니가후서는 바울에 의해 쓰여진 것이 아니라는 견해도 있어 왔다. 또한 데살로니가후서가 먼저 쓰여진 것인데 다만 데살로니가전서가 더 길기에 먼저 배치된 것뿐이라는 견해도 있다. 쓰여진 순서가 어찌 되었든 데살로니가후서 3장 17절에 "나 바울은 친필로 문안하노니 이는 편지마다 표적이기로 이렇게 쓰노라"라는 기록으로 보아 바울에게 저작권이 돌아가는 것이 분명하다.[16]

아마도 바울의 종말에 대한 가르침이 오해가 되어진 것 같았다. 즉 어떤 구체적인 상황 속에서 주어진 가르침이 상황은 삭제되고 어떤 부분이 지나치게 강조되면서 종말에 대한 바울의 가르침이 왜곡되어졌던 것이다. 여기서 우리가 추측할 수 있는 것은 바울이 데살로니가에서 복음을 증거할 때 종말에 대하여 강하게 강조하였을 것이라는 것이다.[17] 그러다가 3주 만에 바울이 급히 떠나온 바람에 재림에 대한 균형 잡힌 가르침을 듣지 못한 채 데살로니가 교회는 극단적인 종말 신앙에 빠지는 우를 범한 것으로 보인다.

---

16) F. F, Bruce, *Apostle of the Heart Set Free*, p. 228 참조 바람. 데살로니가전서에서는 재림이 도적같이 올 것이라고(살전 5 : 2, 6) 말하는 반면에, 후서에서는 재림 전에 나타날 징조들을 말한다(살후 2 : 3~12). 재림에 대하여 지나치게 예민하여 정상적인 삶을 살지 못하는 데살로니가 성도들을 일깨우기 위하여 재림이 어느 정도의 징표를 나타낸 후에 올 것이니 주어진 삶에 최선을 다할 것을 권면하기 위해 바울이 데살로니가전서를 보낸 후 얼마 안 되어 후서를 보낸 것으로 보인다. 어찌 되었든 요지는 데살로니가에 보낸 두 편지는 모두 종말과 관련된 가르침을 주고 있다는 사실이다. William Barclay, op. cit., pp. 182~183.
17) Ibid., pp. 181~182.

바울이 데살로니가 성도들에게 이처럼 종말을 강조한 것은 그 자신이 종말에 대한 강한 믿음을 소유하고 있었기 때문이었다. 그에게 있어서 종말 신앙은 가장 핵심적인 신앙 내용 중의 하나이고, 그의 열정적인 선교의 가장 결정적인 동기 중의 하나였다. 그는 그리스도 밖에 있는 사람은 철저히 버려진 존재이고, 그러므로 구원이 긴박하게 필요하다고 보았다. 그러므로 '진리를 복종치 않는 사람들'(롬 2 : 8) 위에 임하는 긴박한 심판은 바울에게 있어서 계속 제기되는 주제 중의 하나였다. 그래서 그는 '닥쳐오는 진노'(살전 1 : 10)로부터의 구원에 대하여 최대한 많은 이들에게 알려야 했었다. 이런 상황 속에서 자연히 그는 상당히 긴박한 종말관을 소유하고 있었다. 그는 종말의 시기가 그의 생전에 닥쳐올지 모른다는 생각을 지니고 있었다(살전 4 : 15, 17 ; 고전 7 : 29). 이 세상은 이미 지나가고 있다고 생각했다(고전 7 : 31). 성도들은 이미 '말세를 만난'(고전 10 : 11) 사람들이었다. 그들은 성령의 처음 익은 열매를 이미 받았고 이제 양자될 것 곧 몸의 구속될 날, 마지막 날을 기다리는 사람들인 것이다(롬 8 : 23).

바울은 그리스도의 부활과 재림 사이의 시간이 이방인에게 선교사로 보냄받은 자신에게 주어졌다는 사실을 무엇보다 극명하게 직시했다. 그는 자신이 이방인들에게 복음을 선포하여 하나님의 정한 수대로 이방인들이 하나님 나라에 들어오면 유대인들이 구원을 얻고 그로써 종말이 시작된다고 보았다.[18] 따라서 종말을 바라보는 그로서는 단순히 앉아서 수동적으로 그 날을 기다릴 수 없었다. 그는 하나님의 구원 역사에 적극적으로 동참할 수밖에 없었다. 하나님의 나라를 위한 일에 동참하지 않으면서 다가올 최종적인 승리를 믿는다는 것은 스스로를 속이는 것과 다름없는 것이기 때문이었다.[19] 종

---

18) 김세윤, op. cit., p. 396.

말을 발견한 바울은 다가오는 하나님 나라의 영역을 확장하는 책임이 자신에게 주어졌다는 사실을 절감하고, '최후의 일'에 대한 관심으로 '현재 할 수 있는 일' 즉 선교에 그의 모든 전력을 쏟게 되었다. 이런 점에서 바울의 선교를 가능케 한 큰 원동력 중의 하나는 바로 그의 종말 신앙이었던 것이다.

4. 참 좋은 부부와의 만남

바울이 고린도에 와서 얻은 가장 큰 축복 중의 하나는 신실한 신앙의 동지였던 아굴라와 브리스길라 부부와의 만남이었다. 남편인 아굴라는 흑해 남단의 본도(Pontus) 출신으로서 로마 본토에 와서 살게 된 사람이었다. 아굴라가 언제 어디에서 브리스길라를 만나게 되었는지 알 수 없지만, 어찌 되었든 이탈리아에서 살던 이들은 황제의 칙령[20]으로 이탈리아를 떠나게 되었다. 이 칙령은 글라우디오 황제 치리 9년, 대략 A.D. 49~50년 사이에 선포된 것으로 추정되는데, 크레스투스(Chrestus)라는 자에 의해 선동된 유대인들 사이의 지속적인 투쟁으로 인해 황제가 모든 유대인들을 본토에서 쫓아낸 칙령이었다. 여기에서 크레스투스는 당시 일반적인 노예의 이름이었으며, 크리스투스 즉 그리스도와 같은 식으로 발음되었으며, 아마도 크리스토스를 크레스투스로 잘못 표기한 것으로 보인다. 어찌 되었든 당시 로마에 있는 유대인들 사이에서 그리스도에 대한 상충된 의견들로 많은 다툼이 일어났고, 이로 인하여 황제가 유대인들을 아예 본토 밖으로 내쫓은 것으로 보인다.[21]

아굴라와 브리스길라 부부도 이때 쫓겨나서 50년 초에 고린도에

---

19) David J. Bosch, op. cit., p. 150.
20) F. F. Bruce, 『바울 결의 사람들』, pp. 49~50.

XI. 아가야 지역에 뿌려진 복음의 씨앗들

왔고, 바울이 그들보다 조금 후에 고린도에 도착한 것으로 보인다. 그들은 고린도에 와서 천막 짓는 가게를 하고 있었고, 바울은 그 가게에서 '천막 혹은 가죽을 만드는 직공'으로 일을 하면서 자비량으로 선교 활동을 행했다. 아굴라의 부인 브리스길라는 브리스가(고전 16 : 19)라는 이름으로도 불렸는데, 당시 로마의 저명한 가문 중에 브리스가 가문이 있었던 것을 생각할 때에 브리스길라는 어떤 모양으로든 그 혈통의 후예였다고 볼 수 있고, 이런 점에서 브리스길라가 남편보다 사회적으로는 더 높은 계층 출신이었을 가능성이 높다. 당시 세속 사회에서 아내의 이름이 남편의 이름보다 앞에 나오게 될 경우에 그것은 대개 아내의 사회적 지위가 남편보다 높은 경우였다. 브리스길라와 아굴라는 바울을 통하여 회심한 것이 아니라 고린도에 도착하기 전에 이미 그리스도인이 되었던 것 같다.[22]

고린도에서 18개월을(대략 주후 50년 가을에서 52년 봄까지) 보낸 바울은 거기를 떠나 에게 해를 건너서 아시아로 갔다. 이때 브리스길라와 아굴라도 함께 고린도를 떠나 에베소로 가서 거기에 또 천막 짓는 가게를 차리고 정착하게 되었다. 이들 부부는 로마와 고린도 그리고 에베소에 천막 짓는 가게의 분점을 소유했고, 다른 곳으로 이주할 경우에는 대신 일을 봐 줄 관리인을 세워 놓고 이주한 것으로 보인다.[23] 이 때 바울은 에베소에 오래 머물지 않고 다시 돌아온다는 약속을 남기고 유대로 떠났다. 주후 52년 늦여름, 바울은 시리아에서 육로를 따라 에베소에 다시 왔다. 이 후로 바울이 꼬박 3년 동안 에베소에 머물면서 풍성한 열매를 거두게 되었는데, 이 때 아굴라와 브리스길라 부부처럼 바울에게 많은 도움을 준 사람도 드물 것이다. 바울

---

21) F. F. Bruce, 『신약사』, pp. 347~348.
22) F. F. Bruce, 『바울 곁의 사람들』, p. 49.
23) Ibid., p. 50.

이 고린도 교회에 편지를 보낼 때에 "아굴라와 브리스가와 및 그 집에 있는 교회가 주 안에서 너희에게 간절히 문안하고"(고전 16 : 19)라는 말을 하였는데, 이것으로 에베소 교회에 속한 어떤 한 그룹의 모임장소로서 아굴라와 브리스길라의 집이 사용된 것임을 알 수 있다. 아굴라와 브리스길라는 후에 글라우디오의 추방 칙령이 효력을 상실하고 새 황제가 등극한 후에 다시 로마로 돌아갔다.[24] 바울이 로마에 있는 교회에 편지를 쓸 때 브리스길라와 아굴라를 언급하면서 "또 저의 교회에게도 문안하라"(롬 16 : 4~5)는 말을 하는 것을 보아 로마에도 아굴라와 브리스길라의 집이 있었고, 거기에서 예배가 드려졌던 것으로 보인다. 바울이 로마에 가 보지 않았지만 로마 교회의 형편을 잘 알고 그들에게 편지를 쓸 수 있었던 것은 브리스길라와 아굴라가 바울에게 종종 연락을 주었기 때문이었을 것이다. 어찌 되었든 이들은 바울을 만난 후 헌신적으로 그의 전도 활동을 도왔고, 평생토록 복음의 동역자가 되었다. 바울은 이들을 '그리스도 예수 안에서 동역자'라고 불렀고, 바울을 위하여 '그들의 목숨까지라도 내어 놓을 사람들'(롬 16 : 3~4)[25]이라고 표현하면서 그들의 복음을 향한 좋은 본을 칭찬하고 있다.[26] 아굴라와 브리스길라 부부가 바울을 도와 복음 사역에 헌신하려는 마음을 지닌 것은 참으로 귀한 일이 아닐 수 없다. 그런데 그들은 바울을 도울 마음뿐 아니라, 바울을 도와줄 만한 적절한 여건 혹은 능력 또한 갖추고 있었다. 즉 로마와 고린도와 에베소에 자신들의 사업터가 있어서 자유롭게 이동하면서

---

24) A.D. 49년에 발효된 글라우디오의 칙령으로 유대인들은 더 이상 로마 도시에 머물 수 없었다. 그러나 A.D. 57년 바울이 상당수의 유대인들로 구성된 로마 교회에 편지를 쓴 사실을 미루어 보아 글라우디오의 추방령이, 30년 전 디베료의 비슷한 추방령이 시간의 흐름에 따라 사문화된 것처럼, AD 54년경에 글라우디오의 사망으로 인해 그 효력을 상실하게 된 것 같다. F. F. Bruce, 『신약사』, p. 350.

그때마다 바울에게 필요한 도움을 줄 수 있었다. 이런 점에서 바울이 아굴라와 브리스길라 부부를 만난 것은 바울의 사역에 참으로 귀한 도움이 아닐 수 없다.

바울은 이같은 복음의 일꾼들을 참 많이 만났다. 빌립보의 루디아도 큰 사업을 운영하면서 자신의 집을 바울의 거처와 예배 처소로 내놓았었다. 여집사 뵈뵈는 로마에 업무 여행차 들를 일이 있어서 바울이 쓴 로마서를 로마 교회로 전달하여 주었다.[27] 이외에도 바울을 도와준 사람들은 셀 수가 없을 정도로 많다. 이들이 어떻게 바울을 도와줄 마음을 갖게 되었을까? 가장 중요한 이유 하나를 든다면 그것은 복음을 위한 바울의 열정 때문이었다. 사람은 열정을 가진 사람을 보면 끌리게 된다. 도와주고 싶은 마음이 생겨나게 된다. 바울의 그 불타는 열정을 보고 끌리지 않을 사람이 어디 있었겠는가? 선교 사역에 있어서 가장 중요한 복 중의 하나가 바로 사람을 잘 만나는 복인데, 이 복은 복음을 위하여 전적으로 헌신하는 열정을 가질 때 주어지는 것임을 바울의 생애가 잘 보여 주고 있다.

5. 고린도 사역의 열매들과 방해 공작들

고린도에서 사역하면서도 어린 데살로니가 교회에 대한 염려로

---

25) 이들 부부가 언제 바울을 위하여 목이라도 내어 놓을 정도로 위험한 지경에서 바울을 도왔는지 성경은 자세히 말하고 있지 않다. 소설가 애쉬(Sholem Asch)는 『사도(The Apostle)』라는 소설에서, 바울이 아시아인 친구들의 경고에도 아랑곳하지 않고 결연히 극장 안의 폭도들과 직면하였는데, 그때 브리스길라가 바울을 팔로 감싸서 데리고 나와 안전하게 대피시켰다는 이야기를 하고 있다. F. F. Bruce, 『바울 곁의 사람들』, p. 52. 재인용.
26) John Stott, op. cit., p. 296.
27) F. F. Bruce, op. cit., p. 95.

사역이 손에 잘 안 잡히던 바울에게 실라와 디모데가 데살로니가 교회가 든든히 서 간다는 기쁜 소식을 가져왔고, 이로 인해 바울은 큰 힘을 얻었다. 실라와 디모데는 또한 빌립보 교회에서 보낸 사랑의 헌금을 가지고 왔다. 이 헌금은 빌립보 교회 성도들이 바울을 얼마나 사랑하는지를 보여 주는 증표였으며, 이 사랑 때문에 바울은 큰 위로와 힘을 얻었다. 또한 이 물질 덕분에 바울은 천막 만드는 일을 하지 않고 전적으로 복음 사역에만 진력하게 되었고(행 18 : 5), 바울이 전한 도를 따르는 무리들도 많아졌다. 이런 상황에서 자연히 유대인들의 반대는 더 심해져 갔다. 결국 바울은 더 이상 회당에서 말씀을 증거하지 못하고 쫓겨나게 되었다. 이 때 회당 바로 옆에 살고 있던 사람이 자신의 집을 교회 모임 장소로 제공하였는데, 그의 이름은 디도 유스도였다(행 18 : 7).

그런데 바울이 고린도 교회에서 사역할 초기에 바울 자신에게서 세례를 받은 사람 중에 가이오라는 사람이 있었다(고전 1 : 14). 이 가이오라는 사람의 이름은 바울이 로마 교회에 편지를 보낼 때에도 '온 교회 식주인 가이오'(롬 16 : 23)로 나타난다. 그는 고린도 교회의 식주 즉 식사를 공궤하는 사람이었으며 이미도 고린도의 근 부호였던 것 같다. 바울은 고린도 사역 초기에 가이오라는 사람에게 세례를 주었고, 후에 다시 고린도를 방문하였을 때 이 가이오의 집에 머물면서 로마서를 써 보내었고, 이때 자신이 머물고 있는 집 주인 가이오의 이름도 편지 뒷부분에 거론한 것이다.

그렇다면 사도행전 18장 7절의 디도 유스도와 로마서 16장 23절의 가이오는 어떤 관계일까? 당시에 로마 시민은 보통 세 개의 이름을 지니고 있었다. 예를 들어 가이우스 율리우스 카이사르(Gaius Julius Caesar)라는 황제의 이름이 있다. 회당 옆에 살면서 고린도 교회의 예배 처소를 제공해 준 디도 유스도 역시 하나의 이름이 더 있었을 것인데 그것이 바로 가이오라는 이름이었을 것이다. 즉 그의 이름은 가이오 디도 유스도(Gaius Titus Justus)였을 것이다.[28] 즉 그는 바울이 고린도 사역을 할 때에 초기에 바울에게서 세례를 받고 자신의 집을 예배 처소로 내놓았고, 계속해서 고린도 교회의 식주인으로서 성도들을 섬겼으며 후에 바울이 다시 고린도를 방문하였을 때도 그를 공궤하였고, 바로 이 가이오 디도 유스도의 집에서 바울은 그 역사적인 로마서를 쓰게 되었던 것이다.

가이오 외에 고린도에서 또 하나의 귀한 열매는 회당장 그리스보이다. 회당장 그리스보와 그의 가족 역시 바울의 초기 사역 시에 세례를 받고 신자가 되었다. 회당을 책임 맡고 있었던 그가 기독교인이 되었을 때 치러야 할 대가는 보통 큰 것이 아니었을 것이다. 이것으로 볼 때 바울이 전한 복음이 얼마나 강력하게 전파되어 갔는지 추측할 수 있다. 과연 복음은 고린도 지역에서 점차 아가야 전역으로 퍼져 나갔다. 바울이 고린도 교인들에게 보낸 첫 편지에는 고린도에 있는 성도들에게만 문안을 하였지만, 두 번째 편지에서는 아가야 지방에 있는 모든 성도들에게도 문안을 하는 것으로 보아 복음이 상당히 널리 퍼진 것을 짐작할 수 있는 것이다.

유대인들은 바울이 전하는 복음이 이처럼 강하게 퍼져 나가는 것을 가만히 보고 있을 수 없었다. 결국 그들은 바울을 잡아서 당시 로마 총독이었던 갈리오 앞에 끌고 갔다. 갈리오는 본래 로마의 명문 가문 출신이었다. 아버지는 유명한 웅변가 세네카였고, 동생은 네로 황제의 스승이었던 철학자 세네카(아버지와 같은 이름)였다. 갈리오는 로마에서 집정관의 임기를 마치고 서기 51년 7월 1일 혹은 52년 7월 1일에 아가야의 총독으로 부임하였다.[29] 유대인들이 갈리오에게 바울을 고소한 죄목은 로마법에 위배된 종교를 퍼뜨렸다는 것이었

---

28) Ibid., pp. 105~106.
29) 박준서, op. cit., p. 282.

다. 그러나 갈리오는 바울이 새로운 종교를 전한 것이 아니라 유대교의 일종을 전한다고 판단하였고, 그런 일은 자신이 재판할 문제가 아니라고 보았다. 만일 바울이 어떤 범죄나 경범죄에 해당되는 죄를 지어서 공공질서를 위협하였다면 갈리오가 그 문제를 심문하였을 것이다. 그러나 갈리오가 보기에 바울은 그런 죄를 범한 것은 아니었기에 바울을 고소한 사람들을 재판정에서 내보냈고, 이 일로 사람들은 회당장 소스데네[30]를 잡아 재판 자리 앞에서 때렸으나 갈리오가 상관치 않았다(행 18 : 17).

여기에서 한 가지 의문은 왜 사람들이 소스데네를 때렸는가 하는 것이다. 총독이 바울을 고소한 유대인 지도자들의 고소를 매정하게 기각해 버리자 이것을 본 이방인 관중들이 평소에 가지고 있던 반 유대인 감정이 표출되어 유대인 지도자인 소스데네를 잡아 구타한 것이다. 갈리오는 군중의 반 유대인 감정이 이처럼 잔인하게 노출되었지만 정책적으로 못 본 체하였던 것이다.[31]

어찌 되었든 갈리오의 결정으로 바울은 무죄 석방되었다. 당시 갈리오는 형 세네카와 마찬가지로 제국의 법조계에 상당한 영향력을 미치는 위치를 점유하고 있었고, 그가 내린 판결은 기독교 운동에 대한 하나의 선례가 되어서 로마 제국 내의 다른 재판관들에게 판례의 역할을 하였음이 틀림없다. 그리하여 로마 제국의 정책이 분명하게 반 기독교적인 색체를 띠기까지 약 10여 년의 세월 동안 기독교는 로마법과 상충된다는 거리낌없이 로마 제국 내에서 자유롭게 전파되게 되었다.[32] 바울의 선교는 가는 곳마다 숱한 도전과 장애물을 만났지만 이같은 법적인 보호를 받으면서 능력 있게 전파되어져 갔다.

---

30) 만일 이 사람이 고린도전서 1장 1절에 있는 그 소스데네라면 뒤에 회당장 출신으로 그리스도인이 된 그리스보를 이어 역시 그리스도인이 되었음에 틀림없다.
31) F. F. Bruce, 『사도행전 하』, p. 155.

6. 바울은 자비량 선교사(?)

바울은 자비량 선교사였나, 아니면 후원을 받는 전임 선교사였나? 본래 랍비들은 한 가지의 기술을 배웠고, 모든 젊은이들도 그렇게 하도록 가르쳤다. 바울 역시 랍비로서 기술을 가지고 있었고, 그 기술을 가지고 아굴라와 함께 장막 만드는 업을 하였다. 그는 주중에는 장막 만드는 일을 하였고, 안식일에는 회당에서 유대인들과 이방인들에게 복음을 전하고 설득하였다(행 18 : 4). 이 모습을 생각해 보면 바울은 확실히 자비량 선교사의 모습을 지니고 있다. 그렇다면 바울은 왜 일을 하였을까? 당시의 시대적 정황을 생각하면서 바울이 자비량을 한 이유를 생각해 보자.

바울 당시에는 떠돌이 전도자 혹은 예언자들이 많았다. 이들은 일정한 사역의 장이 없었고 한 교회에 소속되지 않았다. 주후 100년경에 쓰여진 『12사도의 교훈집』에 보면 교회 예배 순서 및 서식에 대한 내용이 나와 있다. 특히 순회 예언자들이 예배 순서를 인도할 경우는 자신들이 생각하는 대로 예배를 인도할 수 있다고 되어 있다. 그런데 예언자들 가운데는 바른 예언자가 있던 반면 거짓 예언자도 많이 있었던 것이 사실이다. 따라서 『12 사도 교훈집』은 거짓 예언자들에 관하여 가르침을 주고 있는데, 예언이나 가르침을 베풀고 돈이나 먹을 것을 요구하는 자들을 경계하라고 가르친다. 예언자들에게 하룻밤은 정성을 드려서 대접하되, 그들이 일을 하지 않고 오래 머물면 그들은 거짓 선지자라고 말하고 있다.[33] 실제로 거짓 선지자들은 떠돌

---

32) Ibid., p. 156. 제국의 기독교에 대한 정책이 바뀌기 시작한 것은 네로가 유대교의 지지자였던 포파에아 사비나(Poppaea Sabina)와 결혼한 A.D. 62년경부터였을 것이며, 이러한 반 기독교적 경향이 점점 뚜렷해져서 64년 대화재까지 연결되게 되었다.

아다니면서 자신들의 지식이나 신조를 가르쳐 주고, 그것을 대가로 돈을 요구하기도 하였다. 이들은 참된 지식을 알려 주고 하나님의 뜻을 드러내기보다는 돈을 대가로 지식이나 복 받는 길을 파는 사람들이었다.

바울은 이런 부류의 사람들과 자신을 차별화하기를 원하였다. 값으로 계산할 수 없는 귀중한 복음을 마치 돈을 대가로 파는 듯한 인상을 줌으로써 복음을 흐리기를 원치 않았던 것이다. 또한 다른 이에게 누를 끼침으로 부담스런 복음 전도자가 되는 것도 원치 않았다. 그리하여 그는 밤낮으로 직접 일을 하였고,[34] 고린도에서는 아굴라의 집에서 유숙하면서 천막 제조공으로 일을 하였다.[35] 그러나 동시에 바울은 영적 가르침을 베푸는 자들이 가르침을 받는 자들로부터 지원을 받아야 한다는 것을 여러 곳에서 강조하였다(갈 6 : 6 ; 고전 9 : 4). 실제로 "복음 전하는 자들이 복음을 말미암아 살리라"(고전 9 : 14)는 말씀은 주님의 명령이었으며, 예루살렘의 사도들은 이 원리에 따라 성도들의 지원을 받아 전적으로 복음 사역에 전념하며 생활하였다(고전 9 : 1~7). 바울 역시 실라와 디모데가 빌립보 교회로부터 기쁜 소식뿐 아니라 사랑의 선물 즉 물질을 가지고 왔을 때(빌 4 : 14 ff ; 고후 11 : 8~9), 장막업을 중단하고 전적으로 복음 사역에 매진하였다.[36]

그러니까 바울에게 있어서는 일을 하고 안 하는 것은 절대적인 것

---

33) *The Teaching of the Twelve Apostles*, William Barclay, op. cit., pp. 91~92 재인용.
34) 살전 2 : 9 ; 고후 11 : 9.
35) 행 18 : 3, 바울은 아굴라가 경영하는 천막 공장의 점원으로 일한 것으로 보인다. 하지만 후에 아굴라와 그의 부인 브리스길라는 바울의 가장 중요한 후원자요 통역사가 되었다.
36) John Stott, op. cit., p. 297.

이 아니었다. 문제는 어느 것이 더 복음 사역에 효과적인가 하는 것이었다. 그는 기본적으로 복음 사역자가 복음 사역에 전념하기 위하여 복음을 인하여 사는 것을 원칙으로 삼았다. 그러나 그것이 여의치 않든지, 그것이 복음 사역에 장애를 초래할 상황에서는 스스로 재정을 충당하면서 선교 사역을 지속하였다. 오늘날 널리 행해지는 텐트 메이킹 선교, 즉 자비량 선교는 자신의 전문직이나 사업을 가지고 스스로 재정 문제를 해결하면서 동시에 선교에 임하는 선교이다. 여기에서의 문제는 돈의 문제이기도 하지만, 선교 사역의 효과성, 즉 성직자 선교사들에게 비자를 주지 않는 나라에 들어가기 위한 방법으로 행해지는 것이다. 즉 효과적인 선교 사역을 위해 자비량 선교가 적절한 여건이 있고, 후원을 받는 형태의 선교가 적절한 환경이 있는 것이다. 그러므로 스스로 재정 문제를 해결하는 자비량 선교가 좋은가 아니면 교회의 후원을 받으면서 선교하는 것이 좋은가 하는 것은 한마디로 답할 수 없는 것이다. 그것을 결정하는 기준은 어떤 상황 속에서 어떻게 하는 것이 더 선교에 효과적인가 하는 것이다. 이런 이유로 바울도 일을 하기도 하였고, 후원에만 의존하기도 하였다.

7. 바울의 재정 정책

선교 사역에 있어서 재정 문제보다 더 예민한 반응을 보이는 영역은 드물 것이다. 재정의 문제는 선교 사역의 모든 부분과 연관되어져 있다. 바울이 재정을 충당하기 위해 스스로 돈을 벌었다는 것과 연관하여 바울의 재정 정책에 관한 것을 알아보자.

먼저, 바울은 투명하고 객관적인 재정 관리를 위해 매우 신중하였던 것으로 보인다. 바울이 고린도 교회에 구제 헌금을 부탁하기 위하여 디도를 보낼 때 그는 디도 한 명만을 보내지 않고 이름이 밝혀지지 않은 형제 하나를 함께 보냈다. 그는 '복음으로서 모든 교회에서 칭찬을 받는' 사람일 뿐 아니라 모금 사역을 위하여 '여러 교회의 택함을 입은' 사람이었다(고후 8 : 18~19). 그리고 헌금의 전달을 위하여 바울 자신이 예루살렘에 올라갈 때는 거의 10여 명에 달하는 이방인 교회 대표들과 함께 감으로써 자신이 걷은 돈을 관리하는 일에 투명한 자세를 보여 주었다. 이들이 바울과 함께 동행한 것은 이방인 교회의 전도 열매를 직접 예루살렘 교회에 보여 주려는 목적도 있었지만, 각 교회에서 걷은 거액의 헌금을 예루살렘 교회에 제대로 전달해 주기 위한 목적도 있었다.[37] 바울은 고린도후서 8장 20절에서 "이것을 조심함은 우리가 맡은 이 거액의 연보로 인하여 아무도 우리를 훼방하지 못하게 하려 함이니"라고 말하면서 재정을 투명하고도 객관적으로 관리하여 재정으로 인해 문제가 발생하지 않도록 매우 깊은 신중함을 보여 주고 있다. 바울이 얼마나 재정 문제를 투명하게 관리하였던지 고린도에서 바울이 돈을 갈취한다고 누명을 씌우던 사람들도 바울에게서 아무런 잘못을 찾지 못하였다.[38]

둘째로 바울은 어느 교회도 재정적으로 지원하지 않았다. 바울이 선교한 네 개 지역의 어느 교회도 예루살렘 교회나 안디옥 교회에 재정적으로 의존하였다는 기록이 없다.[39] 바울은 처음부터 자신이 세운 교회들이 자립할 것을 기대하였다. 바울 자신이 선교지의 교회를 경제적으로 도울 수 없었고, 바울의 파송 교회인 안디옥 교회 역시 경제적인 도움을 줄 수 없었다. 그러니까 아예 처음부터 자립이라는

---

37) F. F. Bruce, 『바울 곁의 사람들』, p. 41.
38) F. F. Bruce, 『신약사』, p. 411.
39) 알렌은 현대의 선교가 바울의 방법을 따르지 않고 돈을 가지고 선교하기에 전도 대상이 거래의 대상이 되고, 물질을 잘못 사용하여 전도 대상자를 오히려 놓치게 되며, 현지인은 수동적으로 돈을 받게 만들고, 계속적으로 선교사의 돈에 의존하게 만드는 등의 문제가 지속된다고 지적한다. Roland Allen, op. cit., pp. 53~58.

용어 자체를 사용할 필요도 없이 모든 교회는 당연히 자립하는 교회여야 했다. 실제로 바울이 선교한 지역의 교회들은 모두 재정적으로 자립한 교회들이었다. 오히려 그 교회들은 예루살렘 교회의 가난한 사람들을 도왔다.

마지막으로 바울은 선교지의 교회들이 스스로 재정을 운영하도록 하였다. 바울은 어느 교회의 재정 문제도 간섭하지 않았다. 물론 그가 예루살렘 교회의 가난한 자들을 위한 구제 헌금을 모금하였지만, 그는 단지 그리스도인으로서 그 형제들을 돕기 위한 사랑을 나누자는 의미에서 모금을 요청하고, 그들이 자발적으로 헌금한 것을 전달하는 역할만을 감당하였다.[40] 바울이 이처럼 처음부터 선교지의 교회들로 하여금 선교사를 의지하지 않도록 하고, 바울 자신도 선교지 교회의 재정에 관한 한 스스로 운영하고 관리할 수 있도록 함으로써 바울이 빠른 시간 내에 선교지의 교회를 떠나도 교회가 계속해서 서 갈 수 있도록 하였다.

바울의 이같은 재정 자립 정책은 우리를 매우 의아하게 만든다. 바울에 의해 세워진 교회들이 어떻게 스스로 재정을 운영할 수 있는 자립 교회가 되었을까? 도대체 어떻게 선교지 성도들의 능력만으로 선교를 감당할 수 있었을까?

다음과 같은 이유를 생각해 볼 수 있다. 그는 봉급을 지불하는 사역자를 쓰지 않았다. 평신도 중에서 헌신되고 지도력이 있는 사람들을 장로로 세워서 그들로 하여금 모든 목회 사역을 감당토록 하였다. 물론 후에 교회가 성장하여 전임 사역자를 대우할 만한 능력이 생겼을 때는 전임 사역자를 모셨겠지만 일단 초기에는 봉급을 지불하는 전임 사역자를 고용하지 않았다. 그는 또한 모임을 위한 건물을 세우지 않았다. 그의 사역은 대부분 회심한 성도 중 열심히 있고 재력이

---

40) Ibid., p. 59.

있는 성도의 집에서 이루어졌다. 후에 교회가 성장하여 가정에서 모일 수 없을 정도가 되면 성도들의 능력에 맞게 건물을 지었을 것이다. 물론 오늘날 이 원리를 동일하게 모든 선교지에 적용하는 데는 좀 무리가 따를 것이다. 그러나 선교사가 눈에 보이는 결실을 속히 얻기 위하여 외국에서 들여온 자금으로 목회자나 기타 일꾼을 고용한다든지, 전시 효과를 위하여 많은 돈을 들여서 선교지의 교회들이 스스로 운영하기 어려운 고급 건물을 짓는 것은 선교지의 교회들로 하여금 계속해서 선교사를 의지하도록 만드는 결과를 가져올 것이며, 이것은 바울의 선교 모범과는 거리가 매우 먼 것임을 인식해야 할 것이다.

XII
소아시아 지역 선교

 바울은 두 번째 선교 여행을 마치고 돌아가는 길에 그토록 오랫동안 가고자 했던 에베소를 잠시 방문하였다. 그러나 그는 그곳에 오래 머물지 않고, 하나님의 뜻이면 다시 돌아오겠다는 약속을 하고 떠났다. 그리고 과연 그의 소원대로 바울은 갈라디아 지역과 브루기아 지역을 거쳐서 에베소로 와서, 그의 세 번째 선교 여행 중 대부분의 시간을 그곳에서 보냈다. 바울의 에베소 사역은 에베소로 제한되지 않고, 아시아 지역의 주변 도시들 즉 필라델피아, 골로새, 라오디게아, 히에라볼리, 밀레도 등에도 복음이 전파되도록 기여하여 에베소 주위에 기하급수적으로 교회들이 설립되는 역사가 일어나게 되었다. 이로 인해 에베소는 바울의 사후 여러 세기 동안 세계의 기독교 도시들 중 '가장 영향력 있는 기독교의 보루' 가 되었다. 또한 바울은 세 번째 여정 속에서 그 유명한 고린도서와 로마서를 기록하여 당시의 교회뿐 아니라 오늘의 교회에도 그 어느 것과도 비길 수 없는 값진 영향력을 미치고 있다.

1. 에베소 : 소아시아 복음의 중심지

에베소는 로마로부터 동쪽 국경에 이르는 주요 통로 중의 하나로, 아시아 지역에서 인구가 가장 많고 경제적으로도 부유한 도시였다. 이런 부유함 때문에 바클레이는 에베소를 일컬어 '소아시아의 시장'이라 했다.[1] 또한 에베소는 로마 제국의 아시아 지역 수도로서 정치적 중요성도 지니고 있었다. 에베소는 로마의 통치하에 있었지만 자체의 원로원과 시의회를 가지고 자율적인 정치를 한 자유 헬라 도시였다. 이 도시의 최고 관리는 그라마테우스(gramateus) 즉 데모스(demos)의 서기 혹은 시 서기였는데, 그는 에베소의 전반적인 행정을 담당하면서 로마 행정 당국 사이에 연락 장교와 같은 역할을 감당하였다.[2] 바울을 고소하는 난동이 일어났을 때 그 난동을 잠잠케 한 사람이 바로 이 서기장이었다(행 19 : 35).

또한 에베소는 그레코 로마 세계의 종교적 중심지로서의 위치도 차지하고 있었다. 국가적 의식이 성행하여 한 때 황제 숭배만을 위해 사용된 신전이 세 개나 될 정도였다. 특별히 에베소는 '아데미 신전'으로 유명하였다. 고대 신화에서 아데미는(로마인들은 이를 다이아나로 부름) 처녀 사냥꾼이었는데, 에베소에서는 풍요와 연관된 여신으로 이해되어지면서 여러 개의 젖가슴을 소유한 여신상으로 묘사되었다. 이 아데미 여신을 모시는 아데미 신전은 참으로 어마 어마한

---

1) William Barclay, op. cit., p. 152.
2) F. F. Bruce, op. cit., p. 372.

규모로, 아테네에 있는 파르테논 신전의 네 배나 되었고, 세계 7대 불가사의 중 하나로 알려지고 있다. 그것은 100개 이상의 이오니아식 돌기둥이 하얀 대리석 지붕을 받치고 있는데, 돌기둥의 높이가 자그마치 18미터였으며, 갖가지 아름다운 그림과 조각으로 장식되어 있다. 이 아데미 신전은 에베소와 아시아 지방에서뿐 아니라 고대 세계의 다른 여러 곳에서도 경배의 대상이 되었으며, 에베소의 시민들은 자신들이 '아데미의 신전지기'인 것에 대하여 상당한 자부심을 지니고 있었다. 아울러 이 성전을 중심으로 갖가지 미신과 종교 의식이 성행하였다. 또한 '에베소 증(Ephesian Letters)'이라 불리는 마술적인 말이나 신조들이 적힌 문서가 속아넘어가기 잘하는 사람들에게 잘 팔렸다.[3]

바울은 1차 선교 때부터 에베소를 방문하고자 하는 소원을 가졌다. 그러나 2차 여정 초기까지 성령께서 그 걸음을 막으셨다. 그리고 2차 여정을 마치고 예루살렘으로 돌아가면서 그는 하나님의 뜻이면 다시 오겠다고 하였는데, 3차 여정 때 그는 갈라디아와 브루기아 땅을 지나 에베소에 와서 3년이란 긴 세월을 머물면서 에베소에 복음의 씨를 뿌렸다. 그런데 그가 에베소에서 본격적인 사역을 하기 전에 벌써 제자들이 있었다. 그런데 이들은 요한의 세례에 대해서는 알았으나 성령에 대해서는 무지하였다(행 19:2). 그곳에 있던 알렉산드리아 출신 아볼로 역시 이들처럼 요한의 세례만 알던 사람이었다(행 18:25). 그렇다면 이들이 세례 요한의 제자들이었다는 말인가? 그것은 아니다. 여기에서 '제자들'(행 19:1)이라는 표현은 분명히 그리스도인들을 가리킬 때 사용하는 용어였다. 만일 이들이 세례 요한의 제자들이었다면 누가는 분명히 세례 요한의 제자들이라고 기록했을 것이다. 그렇다면 이들이 어떤 경로로 기독교인이 되었을까? 아

---

3) John Stott, op. cit., p. 294.

마도 이들은 아볼로를 통했거나 아볼로와 비슷한 경로를 통해서 그리스도인이 된 것으로 보인다. 아볼로는 그의 고향 알렉산드리아에서 복음을 받은 것으로 보이는데, 알렉산드리아는 다른 몇몇 지역들과 같이 예루살렘으로부터가 아니라 갈릴리로부터 복음화되었을 가능성이 있다. 즉 예수의 제자들 중 상당수의 사람들이 초대 예루살렘 교회를 형성하는 데 참여하지 않고 그대로 갈릴리에 남아 있었고, 이들이 예루살렘의 제자들처럼 메시지를 전하여 알렉산드리아까지 복음이 간 것으로 보인다. 그러나 이들이 받은 복음은 그 신앙이나 여러 가지 세부적인 것들에서 예루살렘 교회의 신앙 전통과 차이가 있음을 직감할 수 있다. 즉 예루살렘의 표준들에 의하면 약간의 결함이 있는 것으로 오랫동안 간주되어 왔다.[4]

이같이 그리스도에 대해 온전하지 못한 이해를 가지고 있던 에베소의 제자들이, 바울을 통하여 온전한 기독교에 대한 이해를 갖게 되면서 성령을 체험하였고, 에베소 교회를 세우는 핵심적인 성원들이 되었다. 바울은 이들을 중심으로 하여 에베소 교회를 능력 있게 세워 나갔다. 특별히 바울이 에베소에 머무는 3년 동안 그의 사역은 에베소에만 국한된 것이 아니라 아시아 지역의 주변 도시들 즉 필라델피아, 골로새, 라오디게아, 히에라볼리, 밀레도 등에 복음을 전파하는 데 기여한 것으로 보인다.[5] 당시 에베소는 많은 상인, 관리, 군인들이 빈번히 왕래하던 지역이었으므로 이들 중 상당수의 사람들이 에베소에 와서 바울의 메시지를 들었을 것이며, 이들이 귀향할 때는 복음도 함께 가지고 돌아갔을 것이다. 또한 바울의 동역자들이나 에베소의 성도들도 주변 지역에 가서 복음을 전했을 것이다. 이로써 에베소 주위에 기하급수적으로 교회들이 설립되게 되었다. 결국 바울의 능

---

4) F. F. Bruce, op. cit., pp. 375~376.
5) Weldon Viertel, op. cit., p. 122.

력 있는 선교 사역으로 말미암아 에베소는 브루스의 표현처럼 바울의 사후 여러 세기 동안 세계의 기독교 도시들 중 '가장 영향력 있는 기독교의 보루'[6]가 되었다.

2. 두란노 서원 사역에 나타난 바울의 선교적 열정과 지혜

고린도에서와 마찬가지로 바울은 에베소에 도착하여 먼저 회당을 찾아 3개월 간 하나님 나라에 관하여 담대하게 가르치면서 사람들을 설득하였다(행 19 : 8~10). 그러나 유대인들은 복음을 완강히 거부할 뿐 아니라 비방하였고, 이로 인해 바울은 회당을 나와서 두란노라는 서원에서 복음을 가르치게 되었다. 두란노(Tyrannus)라는 것은 사람을 가리키는데, 학생들을 자신의 서원으로 모아서 가르친 철학자나 교육가 계통의 사람인 것으로 추측된다. 두란노라는 말이 본래 '폭군(despot)' 혹은 '독재자(tyrant)' 라는 의미를 담고 있어서 부모가 지어 준 이름이 아니라 학생들이 지어 준 별명이 아닌가 생각되어진다.[7]

바울은 이 두란노의 서원을 빌려서 복음을 전하였다. 그런데 이 서원이 본래 두란노의 것이므로 두란노가 자신이 원하는 시간대에 그 장소를 쓰고, 바울은 장소가 쓰이지 않는 자투리 시간대에 그 장소를 사용할 수 있었다. 웨스턴 사본의 사도행전 19장 9절에 보면 바울이 오전 11시부터 오후 4시까지 하루 중 제일 무더운 시간에 두란노 서원을 사용하였다고 기록되어 있다.[8] 이러한 문헌적인 설명이 있든 없든 실제로 당시 그 지역의 사람들은 낮잠을 즐겼고, 그러기에 두란

---

[6] F. F. Bruce, op. cit., p. 354.

[7] John Stott, op. cit., pp. 305~306.

[8] F. F. Bruce, op. cit., p. 382 재인용.

노는 그의 강의 시간을 주로 오전 초반의 시간과 해가 진 이후 시간으로 정했을 것이다. 결국 바울은 대부분의 사람들이 다 쉬는 시간에 깨어서 두란노 서원을 열어 놓고 2년 동안 복음을 전하였던 것이며, 이것은 바울의 선교적 열정을 역력히 보여 주는 것이었다.

두란노 서원은 바울의 선교적 열정뿐 아니라 바울의 선교적 지혜를 보여 주는 곳이기도 하다. 두란노 서원이란 곳은 본래 세속적인 교육의 장소인데, 이곳에서 바울이 2년 동안 복음을 가르쳤다는 것은 매우 깊은 의미를 지닌다. 본래 회당은 성경이 읽혀지고 선포되며 기도가 드려지는 곳으로서 오늘로 말하면 교회와 같은 곳이다. 따라서 회당에는 아무나 참여하는 것이 쉽지 않았다. 그러나 두란노 서원은 보통 사람들이 쉽게 드나들 수 있는 곳이어서 보다 많은 사람들이 용이하게 복음을 들을 수 있는 곳이었다. 바울의 전도는 회당이라는 종교적 기관에 머물러 있지 않고, 세상 속으로 깊이 들어가서 많은 사람들에게 쉽게 접근할 수 있는 기회를 제공함으로써 전도의 효과를 증대시켰다.[9]

3. 선교의 열매를 가져온 이적과 기사

고린도에서 사역할 때 주께서는 바울을 격려해 주시고, 환상 중에 그의 가르침에 힘을 불어넣어 주셨다. 이제 에베소에서 사역할 때는 그리스도의 능력이 역사하여 희한한 이적과 기사들이 일어났다. 바울은 그의 선교 초기부터 많은 이적과 기사를 행하였다. 바보에서 이적을 행하여 총독 서기오 바울이 하나님의 말씀을 믿게 되었고(행 13 : 7~12), 이고니온에서도 표적과 기사를 행하여 말씀을 증거하였으며(14 : 1~3), 루스드라에서는 앉은뱅이를 일으키는 기적을 행

---

[9] John Stott, op. cit., pp. 311~312.

하여 복음을 증거하는 좋은 기회가 되었고(14 : 8~18), 에베소에서도 이러한 기적의 역사들을 통하여 주의 말씀이 흥왕하여 세력을 얻는 결과를 얻게 되었다(행 19 : 10~20). 바울이 행한 기사와 표적은 다음과 같은 선교적 열매들을 가져다 주었다.[10]

첫째, 당시 기적은 그것을 행하는 사람의 말과 사역이 신에 의하여 보증된 것임을 보여 주는 증거로 널리 받아들여졌다. 타키투스(Tacitus)의 이야기 가운데, 알렉산드리아의 베스파시안(Vespasian)이라는 사람에 의해 소경과 손마른 사람이 고침을 받았을 때 사람들은 이것이 베스파시안을 위한 신적인 동의와 호의의 징표라고 보았다.[11] 이런 맥락에서 바울이 고린도인들에게 자신이 진정한 사도임을 강조할 때, "사도의 표된 것은 내가 너희 가운데서 모든 참음과 표적과 기사와 능력을 행한 것이라"(고후 12 : 12)라고 말하면서 표적과 기사와 능력을 언급하였다.

둘째, 그것은 사람들로 하여금 바울이 전하는 복음에 관심을 갖도록 만들었다. 기적을 보면서 사람들은 도대체 그것을 행한 이가 누구인지를 알고자 하여 달려왔고, 그가 말하는 것에 당연히 귀를 기울이게 되었다. 이런 점에서 기적은 설교를 위한 좋은 길을 열어 주었다.

셋째, 그것은 기독교의 기본 교리 중 하나인 사랑의 마음에서 나온 것이었다. 기독교는 그리스도의 뒤를 따라 약한 자, 눌린 자, 병든 자들에 대한 특별한 관심과 사랑을 보였고, 이러한 것들이 많은 사람들을 기독교로 오게 하는 동인이 되었다. 그런데 병자의 치유와 같은

---

10) 람세이는 기사와 표적이 복음 전도의 효과와 부흥을 가져온 것은 에베소에서의 경우뿐이고, 전반적으로 그것이 복음 전파의 효과를 가져오지 못했으며, 어떤 경우는 오히려 반대를 불러일으키는 요인이 되었음을 주장한다. W. M. Ramsay, *St. Paul the Traveller and the Roman Citizen*(New York : G. P. Putnam's Sons, 1898), p. 115.

11) Tacitus, History, iv. 8i.

기적과 이사는 이런 사랑을 실천하는 것 중의 하나였다.

마지막으로, 바울의 기적은 구원 교리의 하나의 예증이 되었다. 당시에 다른 종교들은 대부분 건강하고 배운 사람들을 위한 것이었고, 가난하고 무식한 사람들은 악신의 노예 상태에 있는 것으로 인식하였다. 이런 상황에서 기독교가 병자들과 죄인들을 불렀다는 것은 거의 충격적인 것이었다. 표적과 기사는 모든 악마의 세력들에 대한 그리스도의 권위의 표시였으며 적대자를 물리치고 망설이는 자들에게 확신을 심어 준 가장 강력한 무기였다. 그럼에도 불구하고 바울은 표적과 기사가 가지는 위험성 역시 인식하였기에, 기사를 성령의 은사 가운데 가장 높은 위치에 두지 않고, 사랑의 은사를 가장 우위에 두었다.[12] 그러나 어찌 되었든 바울의 선교 사역에서 큰 비중을 차지하는 것이 그를 통해 나타난 이적과 기사라는 사실은 부인할 수 없다. 후에 바울이 로마교회에 편지를 보내면서 말하기를, "그리스도께서 이방인들을 순종케 하기 위하여 나로 말미암아 말과 일이며 표적과 기사의 능력이며 성령의 능력으로 역사하신 것 외에는 내가 감히 말하지 아니하노라"(롬 15 : 18)라고 하면서 이적과 기사가 효과적인 선교의 중요한 한 도구가 됨을 말하고 있다.

4. 말에 능한 아볼로 vs 말에 어눌한 바울

선교사에게 있어서 화술의 능력은 아주 중요한 요소임에 틀림없다. 선교사는 복음을 전하는 자들이기 때문이다. 바울은 참 능력 있게 선교 사역을 감당한 선교사였음에도 불구하고 그 언어가 어눌하였다. 그리고 이 문제로 인해 그는 많은 어려움을 겪었다. 특히 바울이 개척한 고린도 교회에 아볼로가 출현하면서부터 이 문제가 더욱

---

12) Roland Allen, op. cit., pp. 43~48.

심각해졌다. 아볼로는 돌아다니는 유대 상인 중 하나였는데 말씀 해석에 능통한 사람으로서 에베소에서 말씀 사역을 잘하였고, 그가 사업상 고린도로 옮겨갈 때에 에베소의 성도들이 고린도 성도들에게 '소개장'을 써서 보내 주어 고린도 교회 성도들이 그를 잘 영접하였던 것 같다. 고린도에 도착한 아볼로는 많은 믿는 자들에게 은혜를 주는 유능한 설교자가 되어 예수 그리스도를 능력 있게 증거하였다 (행 18 : 27). 그는 본래 알레고리적 해석의 본 고장이었던 알렉산드리아 출신으로서 성경 해석의 능력과 수사학에 뛰어난 사람이었다. 특별히 그는 상상력을 동원한 우화식 화법에 능숙했던 것으로 보인다. 당시 알렉산드리아의 유대교 내에는 아주 영향력이 있는 지도자가 있었는데(철학자 필로(Philo)를 말함), 그가 어찌나 화술에 능했는지 일부 사람들은 바울의 사역은 그에 비하면 어린아이 같고 피상적이라고까지 생각하기에 이르렀다.[13] 하여간 고린도 교회 성도들은 아볼로가 바울보다(바울 자신도 자기가 말에 어눌하다고 고백했듯이) 훨씬 말을 잘한다고 생각했을 것이다. 고린도 역시 철학과 수사학을 숭상하는 도시였기에 아볼로의 수사적 능력에 고린도 교인들은 매료되었다. 그 결과 많은 사람들이 아볼로를 지지하는 파를 형성하면서, 아볼로파, 베드로파, 바울파, 그리고 그리스도파 같은 분파들이 생겨나게 되었던 것이다.

  자신이 세운 교회가 파당을 짓고 서로 싸우고 있다는 소식을 듣는 바울의 마음은 찢어질 듯이 아팠다. 더더구나 이 문제가 바울보다 아볼로가 더 달변이라고 생각하는 사람들이 아볼로를 따르면서 비롯되었다는 사실에 바울의 마음은 더욱 고통스러웠다. 바울은 이 심각한 문제의 해결을 위해 주후 55년 봄에 에베소에서 편지(고린도전서)를 써서 디모데 편에 보내었다(고전 16 : 10). 아볼로는 본의 아니

---

13) Ibid., p. 59.

게 자신으로 인해 교회 안에 파당 문제가 발생하자 고린도를 떠났다 (고전 16 : 12). 바울 역시 자신의 라이벌 격인 아볼로를 질투하기보다는 자신이나 아볼로나 다 사역자일 뿐 종국적으로 고린도 교회를 자라나게 하시는 분은 하나님이심을 말하면서(고전 3 : 6~7), 하나님의 시각 속에서 문제를 보면서 해결하도록 권면하였고, 아볼로에게는 형제들과 함께 다시 고린도로 가라고 수차에 걸쳐서 권면할 정도로(고전 16 : 12) 너그러운 마음을 보여 주었다. 바울이나 아볼로나 모두 큰 그릇의 소유자들이었다.

바울이 그토록 말에 어눌하였다면 어떻게 그토록 성공적인 선교 사역을 감당할 수 있었을까? 지도자에게 있어서 특별히 선교사에게 있어서 언어 구사 능력이 매우 중요하다는 것은 말할 필요조차 없다. 말이 어눌하였던 바울이 달변가인 아볼로를 생각하면서 상당히 위축되었을지도 모른다. 사실 언어 구사 능력이란 노력에 의해 향상되기도 하지만 어느 정도는 타고나거나 어린 시절에 이미 형성되는 것이다. 그러므로 바울이 그토록 학문에 뛰어났지만 언어 구사만큼은 맘대로 안 되었던 것 같다. 그러나 바울의 언어가 어눌하였다고 해서 설득력마저 없었던 것은 아니었음이 확실하다. 그를 만났던 사람들이 얼마 되지 않아 그가 전하는 복음을 받아들이고, 그를 따르고, 그의 사역을 절대적으로 지지했던 사실을 우리가 잘 알고 있다. 언어 구사 능력이 중요하나 그것보다 더 중요한 요소가 있다. 그것은 바로 복음을 전하고자 하는 열정이고 영혼을 사랑하는 마음이다. 바울에게는 이것이 분명하였고, 이로 인해 그의 언어가 좀 어눌했어도 그의 사역을 통하여 위대한 역사가 일어났던 것이다. 이는 자신의 언어 능력이 부족하다고 생각하며 낙심하고 있는 선교사들에게 큰 위로의 이야기가 아닐 수 없다.

5. 선교사의 마음을 아프게 한 교회

바울이 에베소에서 사역하는 동안 그를 끊임없이 괴롭히고 고통스럽게 한 문제가 있었다. 그것은 고린도 교회의 문제였다. 바울은 고린도 교회로부터 자신을 비방하고 자신이 애써 이루어 놓은 선교 사역을 송두리째 흔드는 외부 침입자들의 소식을 계속 듣게 되었다. 그 소문의 주된 내용은 바울의 사도권에 관한 시비였다. 외부에서 침투한 바울의 적대자들은 바울의 사도직을 깎아내려 그의 사도직을 부정하려고 무진 애를 썼다. 갈라디아 교회에 침투했던 바울의 대적자들은 주로 바울이 전한 복음에 시비를 걸었던 반면,[14] 예루살렘 회의에서 할례를 받지 않고도 이방인들이 구원 얻을 수 있는 결정이 내려진 후로 적대자들은 바울의 복음에 시비 걸지 않고, 주로 그의 사도권을 걸고 넘어졌다. 즉 바울은 예루살렘 사도들로부터 정식으로 추천장을 받고 온 사도가 아니며 거짓 사도라고 주장하였다. 바울에 대한 이같은 비난은 아볼로가 고린도 교회를 방문하여 아볼로파, 베드로파, 바울파, 그리고 그리스도파 같은 분파들이 생겨나게 되면서 더욱 심화되었다.

이러한 문제들을 해결하기 위하여 바울은 편지를 써서 디모데 편에 보냈다(고전 16 : 10). 그러나 그 편지는 고린도 교회 안의 문제들을 해결하는 데 아무 힘이 되지 못하였고 디모데는 그냥 돌아와야 했다. 상황이 이렇게 되자 바울은 스스로 그 문제들을 해결해 보려고 직접 고린도 교회를 방문하였다. 그러나 바울 역시 문제를 해결하지

---

14) 여기에서 갈라디아서의 기록 연대 문제가 제기되는데, 갈라디아서가 A.D. 48년경 예루살렘 사도 회의 직전에 쓰여졌다고 보는 견해가 지배적이다. 예루살렘에서 사도 회의가 열리려는 상황에서 바울은 우선 갈라디아 교회에 편지를 써서 갈라디아 그리스도인들이 유대주의자들의 꼬임에 넘어가지 않도록 했다고 보아야 할 것이다.

못하고 오히려 한 모임에서 심하게 모욕과 창피를 당하고 큰 슬픔 가운데 에베소로 귀환해야 했다. 그 현장에서 바울은 더 이상 어떤 화해를 위한 시도를 해 보았자 아무 소용이 없음을 절실히 깨닫고 돌아왔다. 바울은 이 방문을 쓰라린 방문 혹은 가슴 아픈 방문이라고 일컫는다(고후 2 : 1).[15] 에베소로 돌아온 바울은 애통하는 마음으로 눈물을 흘리면서(고후 2 : 1~5) 강경한 어조의 편지를 써서 고린도에 다시 편지를 보내었는데, 이 편지를 '눈물의 편지' 혹은 '혹독한 편지' 라고 일컫는다.[16]

바울은 이 편지를 디도 편에 보내면서 고린도 교회의 문제를 해결하고 오라고 하였다. 그러나 디모데를 보내서 해결이 안 되었고, 심지어 자신이 갔는데도 고린도 교인들의 마음을 돌리지 못하였는데, 강경한 어조의 편지를 디도의 손에 들려보내서 해결이 되리라는 기대를 할 수가 없었다. 또 자신이 보낸 편지의 어조가 너무 가혹하지 않았나 하는 염려와 그 편지에 대해 고린도 교인들이 어떻게 반응할까 하는 염려가 가득하여 에베소에서의 사역이 손에 잘 잡히지를 않았다. 이런 염려 끝에 바울은 뱃길로 돌아오는 디도를 하루라도 빨리 만나고 싶어서 에베소에서의 사역을 접고 드로아 항구로 갔다. 그런데 아무리 기다려도 디도가 나타나지 않았다. 디도를 기다리는 바울은 심장이 타는 것 같은 아픔을 느꼈다. 드로아에 복음 전할 수 있는

---

15) 한글 성경에는 '내가 다시 근심으로 너희에게 나아가지 않기로 스스로 결단하였노니' 라고 적혀져서 바울의 이전 방문을 추측하기가 어려운데, 영어 성경에는 'So I made up my mind that I would not make another painful visit to you' 라고 적혀져, 'another painful visit to you' 라는 말로 고린도후서를 쓰기 전에 다른 고통스러운 방문이 있었음을 함축하고 있다.

16) 이 편지는 바울이 보낸 세 번째 편지로서 고린도후서 10~13장까지의 내용 중에 이 편지가 들어 있다고 보는 견해가 있는 반면에 대부분은 이 편지가 분실되었다고 본다.

문이 활짝 열렸음에도 불구하고 고린도 교회에 대한 염려로 복음을 전할 수가 없었다(고후 2 : 12~13). 디도를 기다리던 바울은 겨울이 되어 에게 해에서의 항해가 가능치 못하다는 것을 알았고, 이로써 디도가 배편이 아니라 육로를 따라 북쪽으로 올라가고 있을 것으로 예상하고, 바울 자신이 빌립보로 건너갔다.

과연 바울의 예상대로 디도가 빌립보에 왔고 거기서 디도를 만나면서 바울의 염려는 기쁨으로 변했다. 디도가 다른 소식들과 함께 고린도 교회 성도들이 바울의 뜻을 즉각 받아들였고, 바울에 대한 반감을 회개하였기 때문이었다. 그들은 바울을 대적하도록 주도해 왔던 것으로 보이는 한 무명의 지체를 징계하였고 이후로 바울을 사모하고 바울을 위하여 열심을 가지게 되었다(고후 7 : 5~16). 바울은 고린도 교인들의 변화에 기뻐하면서 고린도후서를 쓰게 되었다.[17] 이 편지에서 바울은 그 어떤 서신에서보다 그의 마음을 적나라하게 보여 주고 있고, 또한 그의 믿음과 소망, 그리고 자신이 사도로 직분을 받게 될 때 그 동기가 되었던 강력한 그리스도의 사랑이 담긴 그의 깊은 내면을 드러내고 있다.[18] 특별히 고린도 교인들에게 구제 헌금

---

17) 사실 이 편지는 바울이 고린도에 보낸 네 번째 편지였다. 첫번째 편지는 '고린도 교회에 바울이 전에 썼던 편지' (고전 5 : 9)로 상실된 것으로 보인다. 두 번째 편지는 우리가 아는 고린도전서이다. 세 번째 편지는 바울이 고린도 교회의 문제를 해결하지 못하고 온 후에 눈물로 써서 보낸 편지로 상실된 것으로 보이며, 네 번째 편지는 디도의 소식을 받고 기뻐서 보낸 편지로서 고린도후서 1~9장이 그것이다. 마지막 다섯 번째 보낸 편지는 헌금 문제로 다시 소동이 일어나자 보낸 편지로 고린도후서 10~13장이다. John Stott, op. cit., p. 316.
18) 고린도후서의 1~9장까지와 그 뒤 10~13장의 논조가 너무 다르기에 학자들은 이 둘이 분명히 다른 편지였을 거라고 본다. 즉 앞 부분은 확신과 기쁨이 넘치는 논조인데 반해, 뒷 부분은 고통스런 내용으로 가득 차 있다. 그래서 10~13장은 1~9장의 화해의 편지 후에 헌금 문제로 다시금 상황이 악화되었을 때에 보낸 편지였을 것으로 본다. F. F. Bruce, op. cit., p. 389.

에 관하여 상기시키고 있다. 고린도 교인들은 초기에 구제 헌금에 관하여 관심들을 표명하였으나(고전 16 : 1~4), 관계가 긴장되어 있던 기간 동안 열정이 시들어졌는데, 이제 다시 화해의 분위기로 바뀌었기 때문에 바울은 구제 헌금을 상기시키고 있는 것이다.

그러나 바울이 마음을 놓기에는 아직 일렀다. 얼마 되지 않아서 고린도에 있던 바울의 대적자들은 다시 득세를 하였고, 바울이 헌금 문제를 제기하자 그들은 바울의 헌금 사역이나 바울이 보낸 사자들에 대해 의심의 분위기를 조장했다.[19] 그들은 바울의 헌금 걷는 행위를 사기행각이라고 비난했다. 즉 예루살렘 교회를 위한 것이 아니라 자신을 위한 것이 아니냐는 의문을 제기하였다. 또 말하기를 바울이 교활해서 자신들과 같이 있을 때는 돈 이야기를 하지 않다가 에베소에 가서 사람들을 보내어 돈을 걷어 오도록 만든다고 비난하였다. 특별히 고린도에 있을 때에 헌금을 요구하지 못한 것은 자기의 사도직에 결함이 있기 때문이었다고 비난하였다. 물론 이런 오해는 후에 잘 풀리게 되었고, 바울은 결국 고린도 교회로부터도 헌금을 걷어서 예루살렘으로 향하게 되었다. 그러나 어찌 되었든 고린도 교회만큼 바울의 마음을 아프게 하고 괴롭힌 교회도 드물 것이다. 그러나 그런 교회가 있었기에 바울은 그 문제들을 해결하기 위하여 고린도 교회에 여러 편지를 보내었고 그 편지들이 오늘날 교회에 주옥 같은 지침을 주는 것이 되었던 것이다. 바울과 고린도 교회와의 관계는 합력하여 선을 이루시는 하나님을 다시 한번 잘 드러내 주며, 선교사가 당한 고난은 결코 헛된 것만은 아님을 잘 보여 주고 있다.

---

19) F. F. Bruce, 『바울 곁의 사람들』, pp. 67~68.

6. 에베소 사역의 절정과 종결

　바울의 사역 중 가장 능력 있게 펼쳐진 사역 현장 중 하나가 에베소였다. 사역 기간도 가장 길었고, 두란노 서원을 빌려서 아시아에 사는 많은 유대인과 헬라인들에게 체계적으로 말씀을 가르쳐서 에베소 교회의 기초를 든든히 하기도 하였다. 또한 엄청난 기적의 역사들이 바울을 통하여 나타나면서 바울의 손수건이나 앞치마만 갖다 대어도 병이 낫는 기적이 일어났고(행 19 : 12), 바울을 빙자하여 예수 이름의 능력을 이용하려던 제사장 스게와의 일곱 아들이 정체가 드러나서 수치를 당하고 도망가는 역사가 일어나서 오히려 전도에 크게 유리한 작용을 한 일도 일어났다(행 19 : 15~17). 더 통쾌한 일은 마술을 행하던 사람들이 자신들의 죄를 뉘우치고 새 삶을 시작한다는 의미로 자신들의 마술책을 다 모아 공개적으로 불살랐는데, 그 책 값이 자그마치 은 오만이나 되었다(행 19 : 18~20). 이 사건은 에베소 전체에 큰 화제 거리가 되었을 것이고, 이것은 바울의 선교 사역이 풍성한 열매를 맺는 데 큰 기여를 하였다.

　그러나 바울이 에베소에서 사역할 때 통쾌한 영적 승리와 교회 성장만 있었던 것은 아니었다. 그는 말할 수 없이 숱한 고난을 몸소 체험하기도 하였다. 그는 후에 고린도 교회에 보내는 편지에서 다음과 같이 서술하고 있다. "형제들아 우리가 아시아(에베소를 일컬음)에서 당한 환난을 너희가 알지 못하기를 원치 아니하노니 힘에 지나도록 심한 고생을 받아 살 소망까지 끊어지고 우리 마음에 사형선고를 받은 줄 알았으니……"(고후 1 : 8~9) 그가 당한 고난이 어떤 것이었는지 정확히 알 길이 없다. 많은 이들이 추측하기를 바울이 옥에 갇혀서 거의 죽을 정도로 심한 고문을 받았거나, 에베소의 맹수와 싸우게 된 상황이 있었다는 추측을 하기도 한다(고전 15 : 32).[20] 한 가지 추측할 수 있는 것은 네로의 재위 초, 즉 주후 54년 10월에 아시아의 총독 주니우스 실라누스(Junius Silanus)가 독살됨으로 잠시 총독 공백 기간이 있었는데 이 무정부 상태와 같은 혼란기에 바울이 에베소에서 투옥되고 거기에서 많은 환난을 당한 것으로 보인다. 즉 고린도후서 11장 23절에서 언급하고 있는 바울의 빈번한 투옥 생활 중 한 두 번은 에베소에서 당한 것으로 보인다.[21] 그러나 에베소에서는 이같이 죽음에 직면하는 엄청난 고통이 많이 있었지만 그런 가운데서도 바울의 사역은 능력 있게 펼쳐졌다.

바울의 선교 사역이 이처럼 요원의 불길처럼 번져 나가자 가장 크게 불안을 느낀 사람들은 아데미 신전과 연관된 사람들이었던 것 같다. 전문 마술사들이 공개적으로 책을 태우고 그리스도에게로 돌아오는 정도가 되니, 아데미 신전 주위에서 은신상을 만들어 파는 사람들 즉 은장색들 중에 데메드리오라는 사람이 동업자들을 선동하였다. 그는 바울이 자신들에게 입힐 피해를 말하고 아데미의 위엄이 떨어진다는 이유를 내걸어서 소동을 일으켰고, 마케도니아에서 온 그리스도인 가이오와 아리스다고를 잡아서 연극장 안으로 들어갔다. 아마도 그들은 바울을 발견하지는 못한 것 같다. 그리고 바울이 연극장 안으로 들어가려고 했을 때 아시아의 관원[22] 중에서 바울과 친분

---

20) 반면에 어떤 이들은 고린도전서 15장 32절과 고린도후서 1장 10절의 말씀을 상징적인 표현이라고 생각하는 경우도 있다. Weldon Viertel, op. cit., p. 125.
21) F. F. Bruce, 『신약사』, p. 385.
22) 아시아 관원에 관한 기사는 흥미로운 사실 중의 하나이다. 이 아시아 관원은 주요 시들로부터 파견되어 주로 황제 숭배의 일을 감독하는 사명을 지닌 자들 중의 하나였다. 당시에 황제 숭배는 제국 국민의 충성심과 결집력을 유지시키는 수단이었다. 황제 숭배를 관장하는 일 외에 이들은 시에서 행해지는 각종 축제와 행사 등도 관장하였다. 이같은 관원이 바울과 친분을 가졌다는 사실은 참으로 특이한 일이 아닐 수 없다. 그는 아마도 남몰래 예수를 흠모하고 따르던 니고데모같이 바울을 따르던 사람이 아니었나 싶다. Weldon Viertel, op. cit., p. 126.

을 가졌던 사람이 만류하여서 바울은 들어가지 않았다.

그런데 한 가지 이해가 잘 안 되는 일은 왜 유대인들이 알렉산더라는 사람을 내보내 변명하도록 하였는가 하는 것이다(행 19 : 33~34). 데메드리오가 주도한 난동은 바울 타도를 주목적으로 일어나긴 하였지만 일반 유대인들도 그 타도의 대상에 들어갔다. 이유는 유대인들도 본래 아데미 여신을 섬기지 않는 사람들이었기 때문이다. 유대인들에게 주어진 우상 숭배 면제의 특권은 로마 정권에 의해서도 인정된 바지만, 분노한 폭도들은 유대인들이 가지고 있는 면제권마저도 문제를 삼으려 한 것 같다.[23] 하여간 이 폭도들이 바울 일행과 유대인들을 한꺼번에 타도하려는 너무 큰 목적을 세우고 난동을 일으키는 바람에 대부분의 사람들은 왜 모였는지조차도 모를 정도로 오합지졸이 되어 버리고 말았다. 이에 서기장은 그들의 흥분된 감정을 가라앉히고 후에 차분히 송사할 것을 권유하였다. 흥분된 대중 집회는 로마 정부를 대항하는 불법 집회로 오인될 가능성이 있고, 이런 오해는 에베소가 지니고 있던 자유 즉 로마 지배하에 있지만 웬만한 문제는 시민 회의에서 결정하여 시행하는 자유를 상실할 위험성마저 있었기 때문이었다.[24] 서기장의 이같은 지혜로운 중재로 말미암아 바울과 그 일행은 큰 위험에서 무사히 벗어나게 되었다.

데메드리오로 인한 소동이 이렇게 마무리되자 바울은 제자들을 불러 권면하고 에베소를 떠나 마케도니아로 발길을 옮겼다. 사실 이 일이 일어나기 전에 이미 바울은 로마의 동쪽 지역의 선교가 마무리되었다고 생각하고 로마의 서쪽 지역 선교를 생각하며 로마로의 비전을 가지기 시작했다(행 19 : 21). 그래서 그는 마지막으로 마케도니아와 아가야 지역을 순방하여 제자들을 다져 주고, 약속된 예루살

---

23) F. F. Bruce, op. cit., p. 384.
24) Weldon Viertel, op. cit., p. 126.

렘을 위한 구제 헌금을 걷기 위하여 빌립보, 데살로니가, 베뢰아 교회들을 다니며 제자들을 권면한 후에 고린도로 나아갔다(20 : 2~3). 아울러 이 기간 중에 에그나티아 대로를 따라 서북쪽으로 더 진행하여 마케도니아 북쪽 아드리아 해에 있는 일루리곤까지 다녀온 것으로 보인다(롬 15 : 19).

7. 바울의 사역지 변경 계획과 로마서

바울은 예루살렘으로 올라가기 전에 고린도에 3개월을 머물렀으며 그 때는 대략 주후 56년 말이었다(행 20 : 3).[25] 거기에서 그는 교회 지도자들과 함께 교리와 윤리 등에 관하여 많은 논의를 나누었다. 또한 유대 교회를 위한 모금도 확정을 지었다(고전 16 : 1~4 ; 행 24 : 17). 이 기간 중에 특별히 그는 기독교 신앙과 삶의 대 선언이라 할 수 있는 로마서를 썼다. 그런데 이 로마서는 바울의 선교 사역지 변경 계획과 깊은 연관을 지니고 있다.

로마서 15장에서 그는 말하기를, 예루살렘에서 일루리곤까지 복음을 편만하게 전하였고(롬 15 : 19), 이제 이 지역에는 더 이상 복음을 전할 곳이 없다(롬 15 : 23)고 하였다. 즉 그는 세 차례에 걸친 선교 사역을 통하여 동방 지역의 중요한 도시에 복음을 전하였고, 그 결과로 곳곳마다 교회가 섰고 든든하게 서 가고 있었던 것이다. 이제 바울은 동방에서의 선교 사역을 접고, 서바나(지금의 스페인)를 포함한 서방 지역으로 가고자 하는 의도를 밝히는 것이다(롬 15 : 23).

---

25) 누가는 아가야 혹은 고린도라는 로마의 지명을 쓰는 대신 그냥 '헬라' 에 바울이 3개월 간 머물렀다고만 기록하고 있다(행 20 : 2~3). 바울은 아마도 고린도의 가이오(롬 16 : 23) 집에 머물면서 로마서를 쓴 것으로 보인다. Weldon Viertel, op. cit., p. 131.

즉 그는 자신의 선교 사역이 새로운 전환점에 이르렀고, 이제 사역지를 변경하여 로마 제국의 서쪽 지역 나머지 반을 복음화해야 하는 시점에 도달한 것으로 보았다. 본래 그가 선교를 시작할 때 그의 파송 교회는 시리아의 안디옥 교회였다. 그러나 이제 서방으로 가서 선교 사역을 하려면 안디옥 교회는 거리적으로 적절하지 않았다. 서방 지역의 중심지인 로마 교회가 그의 서방 선교를 위한 파송 교회로 적절하였던 것이다.[26] 그래서 로마서 15장 24절에 "이는 지나가는 길에 너희를(로마교회) 보고…… 너희의 그리로(서바나로) 보내 줌을 바람이라"라고 말하고 있다. 즉 로마 교회가 바울의 서방 선교를 위한 파송 교회가 되어주기를 바라는 마음에서 바울은 로마서를 기록하였던 것이다.

그렇다면 로마 교회에 파송을 해 달라고 간단하게 편지를 쓰면 될 것이지 왜 장황하게 기독교의 교리를 정리하여 그 편지에 포함시켰을까 하는 의문이 생긴다. 그 이유는 다음의 두 가지로 생각해 볼 수 있다. 첫째로 바울은 로마 교회에 이방인을 위한 자신의 사도직과 자신이 전하는 복음에 대하여 해명하고자 하는 의도에서 로마서를 썼다. 사실 바울은 로마 교회를 세운 것도 아니고 로마를 방문한 것도 아니었다.[27] 말하자면 로마 교회는 개인적으로 안면이 없는 교회였다. 그런데 그런 교회를 향하여 선교 후원을 요청하려면 먼저 자신을

---

26) 바울은 로마를 그의 서방 선교를 위한 전초기지로 생각하기는 하였지만, 고린도나 에베소에서 행했던 것처럼 그 자신이 거기 정착해서 선교 사역을 하려는 생각은 하지 않았던 것 같다. 그 이유는 이미 로마에는 교회가 서 있었고, 베드로의 방문으로 교회가 더욱 든든하게 서 가고 있었던 것이다. 그는 항상 남의 터 위에 건축하지 않는 원칙(롬 15 : 20)을 지키고자 하였던 것이다. F. F. Bruce, op. cit., p. 161.
27) 바울이 그의 선교 사역을 시작할 무렵 이미 복음이 로마 제국 내에 널리 퍼졌고, 로마 본토에까지 로마 교회가 세워져 있었다고 볼 수 있다. David J. Bosch, op. cit., p. 127.

소개하고, 선교의 중요성을 다시 한번 일깨워 주는 것이 필요함을 바울은 잘 인식하고 있었다.

바울은 할례를 요구치 않는 이방인을 위한 복음 때문에 가는 곳마다 유대인들의 도전과 핍박을 받았고 이 복음을 지키기 위하여 전투적으로 싸웠다. 이런 이유로 "바울은 모세 율법도 무시하고 윤리도 무시하는 진보적인 사람이다."라든지 "바울은 예루살렘 원 사도들이 인정하지 않는 사람이다." 또는 "그 사람은 가는 곳마다 싸움을 일으키고, 성격이 아주 고약하고 글러먹었다." 등의 소문이 나돌아다닐 수 있는 가능성이 다분히 있었다. 이런 상황에서 바울은 자신의 복음과 사도직에 대하여 좋지 않은 소문을 들어서 오해를 하고 있을 가능성이 있는 로마 교회에 대하여 자신의 사도직과 복음을 체계적으로 설명할 필요가 있었다.

특별히 로마 교회는 초창기에 철저히 유대적이었으며, 사도 시대 이후로도 상당 기간 동안 유대주의의 색채가 더 강했던 것으로 보인다.[28] 이러한 로마 교회에 들린 바울이 율법을 무시한다는 소문은 바울이 로마 교회의 후원을 받는 데 치명적인 장애가 될 수 있었다. 이런 상황에서 바울은 자신의 복음을 잘 설명할 필요가 있었던 것이다.

아울러 이 복음은 예외 없이 모든 자들에게 전해져야 하는 것이므로 로마에 있는 성도들 역시 이 복음을 전 세계에 전하는 일에 동참하도록 요구받고 있다는 사실을 바울은 거듭 상기시켜 주고 있다. 바울은 "…… 전파하는 자가 없이 어찌 들으리요"(롬 10 : 14)라고 자문하면서 하나님은 그의 구원을 온 세상에 전하실 때 성도들을 보내 복음을 전하게 하는 것 외에 다른 계획을 갖고 계시지 않음을 분명하게 말하고 있다. 아울러 "…… 기록된 바 아름답도다 좋은 소식을 전하는 자들의 발이여"(롬 10 : 15)라는 말을 함으로써 복음 전파의 사

---

28) F. F. Bruce, op. cit., p. 349.

명을 감당하는 자의 고결함을 인식시켜 주고 있다.[29] 결국 바울은 로마의 성도들이 하나님의 구원 사역 안에서 자신들의 선교적 사명을 깨달아 바울의 선교 사역을 적극적으로 지원하여 줄 것을 당부하고 있는 것이다.

둘째로 바울은 예루살렘 교회에도 자신의 복음을 분명히 변호할 필요가 있었다. 바울의 선교 사역 초기에 바울과 바나바는 이방인에게로, 베드로와 요한과 야고보는 할례자에게 복음을 전하기로 선교지 분할을 결정하고 서로 교제의 악수를 나누었다(갈 2 : 9). 그리고 유명한 예루살렘 회의에서 이방인은 모세의 율법을 지키지 않아도 기본적인 의무 조항을 지키면 그리스도인이 될 수 있다는 결정까지 보았다(행 15 : 22~29). 그러나 바울의 선교 사역을 통해 이방에 교회들이 많이 세워지는 사이에 예루살렘 교회는 극단적인 보수주의 성향으로 돌아서게 되었다. 즉 모세의 율법을 지키지 않는 이방인 성도들을 교인으로 받아들일 수 없다는 주장이 강하게 일어나게 된 것이다. 이런 현상은 예루살렘 교회가 베드로의 리더십에서부터 야고보의 리더십 안으로 들어가면서 더 강하게 일어났다. 또한 당시 사회 정치적인 분위기가 열혈당 운동이 아주 고조되고 있었는데, 이들은 "이스라엘의 순결을 더럽힌다."는 이유로 이방인과의 교제를 일체 허용치 않았다. 때문에 예루살렘 교회가 이방 그리스도인들과 그들의 교회를 자기들과 똑같은 교회로 받아들인다는 것은 쉽지 않았다.

이런 상황 속에서 바울은 율법 준수가 아니라 자신이 이방에 전한 복음, 즉 믿음을 통한 은혜에 의한 칭의를 체계적으로 상세히 설명할 필요가 있었다. 바울은 세 차례에 걸친 선교 여행을 마치고 예루살렘에 올라갔을 때 이 복음을 사도 회의에 제출할 계획을 가지고 있었다. 그는 또한 예루살렘에서 직면할 논쟁을 예견하면서 로마서 9~11장

---

29) Arthur F. Glasser, op. cit., p. 301.

사이에서 이스라엘의 문제(그들의 선택, 불신, 그러나 그들의 궁극적 구원)를 취급하며 이스라엘을 위하여 계획되었던 복음이 어떻게, 왜 먼저 이방인에게로 갔다가 그 다음에 이스라엘에게로 돌아와야 했는가를 보여 주고자 했다. 당시 유대교에서 이방인들이 구원을 받을 수 있다고 생각한 것은 자유주의 노선을 가진 유대 신학에서나 가능했다. 그것도 이방인들은 종말에 겨우 구원받을 수 있다고 생각하는 정도였다. 예루살렘 교회도 유대교의 구원사에 대한 이해를 계속 이어받았기 때문에 이방인들은 종말에나 복음을 듣고 구원을 받아야지 무슨 이방인 선교냐라고 힐문할 가능성이 높았다. 더더구나 이방인들이 유대인들보다 먼저 구원을 받으리라는 것은 상상치도 못할 일이었다. 이런 상황에서 바울은 이방인 구원에 대한 힐난을 예견하면서 유대인을 위한 하나님의 구원 계획에 대하여 자세히 적고 있는 것이다. 즉 로마서는 다가오는 예루살렘 회의에서 다시 한번 복음의 진리를 재확인하여 유대 교회와 이방 교회가 복음으로 하나되는 기초를 제공하여 이방 교회의 합법성을 얻으려는 목적을 지니고 있었다. [30]

그렇다면 왜 이런 편지를 로마 교회에 보냈을까? 바울은 로마 교회가 제국의 수도에 위치함으로써 차지하고 있는 신학적·전략적 중요성을 잘 인식하고 있었다(행 19 : 21 ff). 후에 고대 교회에서 신학 논쟁이 있을 때마다 로마 교회가 어느 편을 들어 주는가 하는 것이 신학적인 결정에 중대한 영향을 미쳤는데, 바울이 자신의 복음을 입증하는 데 있어서도 로마 교회의 결정은 매우 중요한 역할을 할 것이

---

30) 이러한 점에서 윌켄스(Wilkens)는 로마서를 '예루살렘에서의 자기 변호 연설을 위한 예습'으로 간주하며, 혹스(E. Fuchs)는 '예루살렘이 로마서의 감추어진 수신인'이라고 말하고 있다. 또 제르벨(J. Jervell)은 로마서를 아예 '예루살렘으로 보내는 편지'라고까지 부른다.

분명하였다. 그래서 바울은 예루살렘에 올라가 유대파 그리스도인들과의 논쟁에서 율법의 행위로가 아닌 믿음을 통해 은혜로 얻는 구원에 대해 역설하기 전에, 이 복음에 대한 상세한 설명을 로마에 보내 로마 교회로 하여금 복음을 제대로 이해하게 하고, 그 로마 교회가 자신의 편을 들어 주도록 하고자 하였다.[31] 결국 바울이 로마 교회로 로마서를 보낸 목적은 두 가지로 요약할 수 있는데, 하나는 그가 새로운 사역지로 나아갈 때 파송 교회가 되어 줄 것을 부탁하는 것이었고, 다른 하나는 예루살렘의 유대주의자들과의 논쟁에서 로마 교회의 협조를 얻어 이방 교회가 참 교회로 받아들여지도록 하려는 데 있었다. 이 두 가지 이유 모두 다 바울의 선교 사역과 깊은 연관을 지니고 있는 것이다.

8. 왜 서바나인가?

누가는 "이 일이 다 된 후 바울이 마게도냐와 아가야로 다녀서 예루살렘에 가기를 경영하여 가로되 내가 거기 갔다가 후에 로마도 보아야 하리라 하고"(행 19 : 21)라고 기록하면서 로마가 바울의 다음 사역지인 것처럼 그리고 있다. 그러나 사실 바울은 "이제는 이 지방에 일할 곳이 없고 또 여러 해 전부터 언제든지 서바나로 갈 때에 너희에게 가려는 원이 있었으니"(롬 15 : 23)라는 표현 속에서 볼 수 있듯이 그의 다음 사역지를 서바나로 생각하고 있다. 서바나는 지금의 스페인 지역으로서 당시 바울의 사고 속에서는 로마의 가장 서방 변

---

31) 바울은 이 편지를 로마 교회에 보냈을 뿐 아니라 오늘날 우리가 로마서 16장으로 소유하고 있는 인사 목록을 덧붙여 에베소로 보냈다. 즉 바울은 이 편지가 로마교회를 포함한 모든 기독교 요충지를 위한 회람용 편지가 되게 하였는데, 이는 예루살렘에서의 자신과 유대 기독교 지도자들과의 대결에서 그들의 지지를 획득할 목적이었다는 것이다. 김세윤, op. cit., p. 409.

경 지역이었다. 이곳은 지금까지 바울이 사역한 지역들인 헬라어권과는 달리 라틴어권에 속하는 지역이었다. 물론 바울이 라틴어를 모르는 바는 아니었지만 지금까지 그의 사역은 주로 헬라어권에서 진행되어 왔는데, 이제 라틴어권에서 자신의 사역을 시작하려는 소원을 가지면서 그는 좀더 특별한 각오를 가지고 기도를 부탁하고 있는 것이다.[32]

바울은 자신이 서반아로 갈 계획을 가지게 된 배경을 말하면서 자신이 '예루살렘으로부터 일루리곤까지' 복음을 편만하게 전했다고 말하고(롬 15 : 19), 이제는 "이 지방에 일할 곳이 없다"(15 : 23)라고 말하고 있다. 그렇다면 과연 예루살렘으로부터 일루리곤까지 바울이 일할 곳이 없을 정도로 복음이 완전히 전해졌다는 말인가? 물론 그렇지는 않았다. 아직도 그 지방에 일할 곳이 많이 있었다. 그러나 각 지역마다 교회가 세워졌고 스스로의 힘으로 복음을 전파하여 주변 지역을 변화시킬 정도로 성장했다고 바울은 판단하였던 것이다. 예를 들어 데살로니가나 빌립보 교회 같은 곳은 마케도니아를 맡고, 고린도 교회는 아가야를 맡고, 에베소 교회는 아시아의 복음화를 맡아서 계속 복음의 씨를 뿌려 갈 수 있다고 보았다. 복음의 사역은 아직 끝나지 않았지만 선교사로서의 사역은 완성되었다고 바울은 본 것이다. 즉 바울은 선교사는 선교사가 할 수 있는 일을 하고 지역 교회가 할 수 있는 일은 지역 교회에 맡겨야 한다는 생각을 지녔던 것이다.

그런데 바울은 왜 로마를 그의 다음 사역지로 생각지 않았는가? 이 말에 대한 답은 바울의 그 다음 말에 잘 나타난다. "…… 이는 남의 터 위에 건축하지 아니하려 함이라"(롬 15 : 20하). 즉 로마에는 이미 번성한 기독교 공동체가 존재하고 있었다. 그러므로 로마는 지나

---

32) F. F. Bruce, *Paul : Apostle of the Heart Set Free*, pp. 315~316

가면서 들러 그리스도 안의 형제들과 교제하면서 서로 신령한 은사를 나누고(롬 1 : 11), 나아가서 바울의 다음 선교를 위한 파송 교회가 되어 줄 수는(롬 15 : 24) 있어도 바울의 사역지가 될 수는 없다는 것이 바울의 자세였다. 물론 에베소의 경우는 바울의 이런 선교 원리의 예외적인 경우가 될 것이다. 누구에 의해 복음이 전파되었는지 모르지만 어찌 되었든 에베소에는 바울이 들어가기 전에 이미 기독교 공동체가 있었기 때문이다. 그러나 에베소에 있던 기독교 공동체는 복음을 제대로 이해하지 못한 약점을 지니고 있었고, 스스로 복음을 주위에 퍼뜨릴 정도로 성장하지 못하였었다. 이런 경우에 현지 교회가 성장할 때까지 선교사의 협력이 절대적으로 요구되어지는 것이다. 이같은 예외의 경우를 제외하고 기본적으로 바울은 남의 터 위에는 사역을 하지 않는 것을 원칙으로 하였고, 이런 이유로 그는 로마가 아닌 서바나를 다음 사역지로 생각하고 있었던 것이다. 물론 바울의 사역이 서바나로만 제한되지는 않았을 것이다. 여건이 허락하는 대로 그는 또 복음이 들어가지 않은 지역을 찾아서 로마 지역 서부를 또 편만히 돌면서 복음을 전할 비전을 지니고 있었을 것이다.

XIII. 예루살렘으로 올라가면서

　3회에 걸친 선교 여행을 통해 바울은 소위 로마 제국의 동반부에 복음을 널리 전하였다. 이제 그는 제국의 서반부를 향하여 선교의 거보를 내딛으려고 하였다. 그러나 그가 로마의 서반부를 향하여 나가기 전에 해야 할 일이 하나 있었다. 그것은 예루살렘으로 올라가는 일이었고 그 길에는 수없이 많은 위험이 도사리고 있었다. 그의 생명을 해하려 하는 유대인들이 예루살렘을 향하여 떠나는 길에서부터 기다리고 있었다. 가는 곳마다 형제들이 성령의 음성을 듣고 그의 예루살렘 행을 만류하였다. 그러나 바울은 예루살렘 행을 위하여 자신의 생명까지 내어 놓을 각오가 되어 있음을 천명하면서 그 길을 강행하였다. 마치 그를 부르신 예수께서 수많은 위험과 협박과 십자가의 죽음이 예비되어 있는데도 흔들림 없이 예루살렘에 올라가신 것처럼 바울 역시 그 주님의 뒤를 따라 예루살렘을 향하여 발걸음을 옮겼다.

1. 슬픈 이별들

바울은 세 번째 선교 여행이 끝나 갈 무렵의 3개월 동안의 겨울을 고린도에서 보내었다. 겨울이 지나 봄이 오면 바울은 예루살렘으로 가고자 하였다. 그의 본래의 목적은 1차 여행 때 그랬던 것처럼 바로 시리아로 가려 하였다(행 18 : 18). 그는 아마도 아가야와 아시아로부터 유월절에 참여하려고 가는 유대인들을 실은, 순례자를 위한 배를 타고 가려 했었을 것이다. 그러나 그가 그런 생각을 하고 있을 무렵 유대인들이 자신을 죽이려는 음모를 꾸민다는 소식이 들려 왔다(행 20 : 3). 실제로 바울에 대하여 적대적인 유대인들로 가득한 배를 탈 경우 바울을 죽여서 배 밖으로 던져 버리는 것은 너무도 쉬운 일이었다.[1] 이런 이유로 바울은 마케도니아의 육로로 돌아서 예루살렘으로 올라가기로 하였다.

한편 바울은 빌립보에서 드로아로 갈 때에 자신과 함께 예루살렘에 올라갈 다른 동행자들을(그들, 행 20 : 5) 먼저 드로아로 보내었는데 이것은 바울과 함께 예루살렘에 올라갈 동행자들이 만나는 총집결지를 드로아로 했기 때문인 것 같다. 총 집결지를 드로아로 한 것은 아시아와 갈라디아 지역에서 온 대표들도 있었기 때문이었다.[2] 바울은 동행자들을 소집하는 일을 위하여 디모데를 드로아에 먼저 보내고, 누가와 함께(우리, 행 20 : 5) 무교절 때까지 빌립보에 좀더 머물렀다. 그 후에 바울과 누가는 빌립보에서 배로 떠나 닷새 만에 드로아에 도착하여 먼저 도착한 동행자들을 만났다.[3]

이 길은 2차 선교 여행 시 바울 일행이 드로아에서 빌립보로 갔던 여정의 반대 길이었다. 그 때는 드로아에서 빌립보로 갈 때에 이틀만

---

1) W. M. Ramsay, op. cit., p. 287.
2) Weldon Viertel, op. cit., p. 132.

소요되었는데(행 16 : 11), 이번에는 5일이 소요된 것으로 보아, 매우 강한 역풍을 만난 것이 틀림없다(행 20 : 6). 그래서인지 그들은 드로아에서 7일을 머물렀다.

 여기에 머물고 떠나기 바로 전날, 즉 안식 후 첫날에 드로아에 있는 성도들이 떡을 떼려고 모였다(행 20 : 7). 이 날은 일요일 즉 주일을 가리키는 것이 분명하고, 이것이야말로 기독교인들이 주일에 모여 예배를 드렸다는 것을 보여 주는 가장 이른 증거이다.[4] 여기에서 바울은 사랑하는 성도들과 헤어지는 것이 아쉬워서 한 말씀이라도 더 들려 주고자 밤 늦게까지 말씀을 계속하였고, 이로 인해 유두고라는 청년이 창틀에 걸터앉아서 졸다가 떨어져 죽은 사건을 만나게 된다. 누가는 분명히 "떨어지거늘 일으켜 보니 죽었는지라"(행 20 : 9)라고 기록하고 있다. 즉 의사인 누가가 분명히 죽었다고 기록하고 있는 것이다. 그런데 바울이 내려가서 그 청년의 몸을 안고 말하되 "떠들지 말라 생명이 저에게 있다"(행 20 : 10)고 하면서 무리들을 안돈시켰다. 이것은 엘리야가 사렙다 과부의 아들을 살리고(왕상 17 : 19ff) 엘리사가 수넴 여인의 아들을 살릴 때 죽은 아들을 자신의 몸으로 안은 것처럼(왕하 4 : 32~33), 자신의 몸으로서 안아 살려낸 것이었다.[5]

 드로아를 떠난 바울 일행은 가는 길에 앗소, 미둘레네, 기오, 사모

---

3) 여기에서 '무교절 후에 빌립보에서 배로 떠나'(행 20 : 6)라는 말은 "오순절 안에 예루살렘에 이르려고 급히 감이러라"(행 20 : 16)라는 표현과 어울리지 않는 것 같은 느낌을 준다. 여기에서 무교절은 유대의 무교절이 아니라 기독교의 무교절 즉 부활절이었을 가능성이 높다. Howard Marshall, *The Acts of the Apostles, New Testament Commentaries*(Grand Rapids, MI : Eerdmans, 1980), p. 325.
4) John Stott, op. cit., p. 319.
5) Ibid., p. 320.

스를 지나서 밀레도에 도착하였다. 그들은 아마도 조그마한 배를 하나 전세내서 루기아의 파타라 항구까지 간 것으로 보인다(행 21 : 2).[6] 여기에서 한 가지 특이한 점은 바울이 일행들을 해로를 통하여 먼저 앗소로 보내고, 자신은 육로를 통하여 홀로 앗소에 도달하였다(행 21 : 13)는 것이다. 지도에서 보면 알 수 있듯이 드로아에서 앗소까지는 육로로 가는 것이 해로로 돌아서 가는 것보다 빠른 것은 사실이다. 그러나 단순히 빠르기 때문에 혼자 그 길을 갔다고 보기는 어렵다. 아마도 본격적인 예루살렘 행을 시작하기 전에 그는 하나님과 자신만의 시간을 갖기를 원했던 것 같다.

바울은 예루살렘으로 올라가면서, 두 가지 기도 제목이 있었다. 하나는 자신이 유대의 강퍅한 자들로부터 잘 보호되어 로마까지 가서 새로운 선교 사역을 열 수 있게 되는 것이었고, 다른 하나는 자신이 거두어 가지고 가는 모금이 예루살렘 사도들과 성도들에 의해 잘 받아들여지게 되는 것이었다(롬 15 : 31). 그 헌금이 받아들여지지 않는다는 것은 예루살렘 교회가 바울이 세운 이방 교회를 형제 교회로 받아들이지 않는다는 표시이고, 그것은 바울의 지난 10여 년 간 세운 교회들이 예루살렘과는 상관없는 교회가 됨을 의미하는 것이었다. 드로아로부터 앗소까지의 바울의 여정은 바로 이 기도 제목들을 하나님께 홀로 드리는 시간들이었을 것이다. 마치 겟세마네 동산에서 홀로 외로이 기도하시던 주님처럼 말이다.

바울은 오순절 안에 예루살렘에 도착하기 위하여 에베소에 들르지 않고, 사람을 보내서 장로들을 자신이 있는 밀레도로 오도록 하였다. 누가 갔는지는 알 수 없지만, 전달자가 가서 장로들을 모시고 오는 데는 족히 3일이 걸렸을 것이다. 바울은 에베소 교회 장로들을 만나 마지막 송별 메시지를 전하면서 작별을 나누었다. 예루살렘으로

---

6) Weldon Viertel, op. cit., p. 133.

올라가는 그의 여정에는 수없이 많은 고난과 역경, 심지어는 죽음이 기다리고 있었다. 그 역경들을 다 헤치고 과연 바울이 살아서 로마에 갈 수 있게 될지는 알 수 없는 일이었다. 또 거기에서 살아 남는다 해도 그는 이제 로마를 거쳐 서바나까지 갈 비전을 지니고 있었기에 에베소 교회 지도자들을 다시 볼 가능성은 거의 없었던 것이다. 그래서 바울과 장로들은 서로 목을 안고 입을 맞추며 크게 울었다(행 20 : 36~38). 사랑하는 사람과 영원히 다시 만나지 못할 상황에서 이별을 한다는 것은 얼마나 큰 아픔이겠는가? 바울의 3차 선교 여행의 마지막 부분은 지속적인 이별의 아픔으로 점철된 시간이었다.

2. 바울의 고별 설교에 나타난 선교사의 삶

사도행전에 나타난 설교들이 유대인에게 전해졌든(행 2 : 14ff, 3 : 12ff, 13 : 16ff) 이방인에게 전해졌든(행 10 : 34ff, 14 : 14ff, 17 : 22ff) 그것들은 모두 전도적인 설교이거나 법적 변증인데 반해 (행 4 : 8ff, 5 : 29ff, 7 : 1ff, 22장~26장), 사도행전 20장 17~38절에 나타난 본문은 교회 지도자들에게 주어진 유일한 본문이다. 여기에 장로(17절), 감독자(28절), 그리고 목자(28절)라는 표현은 모두 다 똑같은 에베소 교회 장로들을 향한 표현이며, 그리스도의 양떼를 맡아 돌보고, 먹이고, 보호하는 역할을 감당하는 사람들을 나타낸다. 이들에게 주어진 바울의 설교를 보면서 선교사로서의 그의 자세를 살펴보자.

1) 자신의 삶으로 철저히 본을 보임

에베소의 성도들과 지도자들은 바울이 에베소에 머문 동안 처음부터 끝까지 그 삶이 어떠했는지를 다 보아 왔다. 바울이 에베소 교회를 세운 방법은 성도들을 자신의 주위에 모으고 그 자신이 가르친 바를 직접 보여 주는 것이었다. 그의 삶 자체가 그의 복음을 증거해 주는 것이었다. 당시의 철학자들이 다른 사람들을 그들의 가르침의 예로 들었다면 바울은 자기 자신을 본받아야 할 모델로 보여 주었다.[7] 성도들은 그의 겸손, 그의 눈물, 유대인의 간계로 인한 시험, 그리고 그의 성실한 가르침(행 20 : 19~20)을 다 보았다. 또한 사무엘이 그러했던 것처럼(삼상 12 : 1 ff), 그는 자신이 아무의 돈이나 의복을 탐하지 아니하였음을 말한다(행 20 : 33). 오히려 그는 자신의 손으로 일을 하면서 자신과 동역자들의 필요를 직접 채웠다. 이 말을 할 때 내민 바울의 손은 장막일을 하여 거칠어진 손이었을 것이다 (20 : 34). 그는 후에 재판을 받으면서도 "…… 오늘 내 말을 듣는 모든 사람도 다 이렇게 결박한 것 외에는 나와 같이 되기를 하나님께 원하노이다"(행 26 : 29)라고 할 수 있을 정도로 바울은 항상 철저하게 본이 되는 삶을 살았다. 에베소 교인들에게 그의 삶 자체가 선교였고, 에베소 교회 장로들에게 그의 삶은 목회에 대한 끝없는 도전을 주기에 부족함이 없는 귀한 본이었다.

2) 복음을 분명히 가르침

바울은 하나님께 대한 회개와 예수께 대한 믿음을 거리낌없이 전하였다. 어떤 방해와 모욕과 핍박이 있어도 전하였다(행 20 : 20). 또한 하나님의 은혜와 그의 나라에 대하여 철저히 가르쳤다(행 20 : 24~25). 그는 하나님의 뜻을 전하였고(행 20 : 27), 성도들에게 유익한 것은 무엇이든지 다 가르쳤다(행 20 : 20). 그는 유대인 이방인 할 것 없이 최대한 많은 이들에게 하나님의 구원에 관한 모든 것을 가르쳤다. 그는 또한 가르치기 위하여 모든 기회를 활용하였다. 공적으로 회당과 두란노 서원에서 가르칠 뿐 아니라 개인적으로 집에서도 가

---

7) David J. Bosch, op. cit., p. 12.

르쳤다(행 20 : 20). 또한 낮에만 가르친 것이 아니라 밤에까지도 가르쳤다(행 20 : 31).

3) 사명을 향한 과감한 전진

예루살렘으로 올라가는 바울에게 성령께서 계속해서 들려 주시는 음성은 결박과 환난이 기다린다는 것이었다(행 20 : 23). 그러나 그것은 피하라는 의미에서 주시는 말씀이 아니라 오히려 대비하라는 차원에서 주시는 말씀이었다. 마치 주께서 겟세마네 동산에서 땀이 핏방울같이 되도록 기도하실 때 천사들이 와서 그 기도를 도우며 십자가를 지시도록 힘을 북돋우어 준 것처럼, 성령께서는 바울로 하여금 그 환난을 피하는 것이 아니라 능히 지도록 도우신 것이었다. 바울은 결박과 환난이 자신을 삼키려고 기다리고 있다는 말을 계속 들으면서도 결코 약해지지 않고 자신에게 주어진 사명을 향하여 담대히 전진하였다.

4) 자기 자신을 먼저 삼가는 것

바울은 "너희는 자기 자신을 위하여 또는 온 양떼를 위하여 삼가라"(행 20 : 28)라는 말을 에베소 교회의 지도자들에게 남겼다. 그는 선교사로서 혹은 교회 지도자로서 이 말의 중요성을 너무도 깊이 실감하였고, 그러기에 에베소의 장로들에게 이것을 당부하였다. 선교사가 그 자신을 삼가지 않고서는 결코 남을 도울 수 없는 것이다. 자신을 삼가는 것은 자신을 위하는 일일 뿐 아니라 양떼를 위하는 일이기도 하다. 목자가 게으르거나, 졸거나, 양떼를 지킬 만한 힘이나 능력을 제대로 갖추지 못할 때 양떼는 가차없이 유린을 당하고 죽임을 당하는 것이다(겔 34 : 5). 선교사가 넘어지면 그 선교지는 영적 전쟁에서 크게 지게 되는 것임을 바울은 아주 잘 알았다.

5) 양의 고귀함을 늘 인식함

이 양떼는 하나님이 자기 피로 사신 양떼들이다. 신약에서 '하나님의 교회'라는 표현은 나타나지 않지만, 바울은 이 표현을 잘 사용한다. 여기에서 '자기(own)'라는 표현은 '이디오스(idios)'인데, 당시 파피루스 문서에 보면 가까운 사이에서 특별한 총애를 나타낼 때 쓰이는 용어였다.[8] 바울은 선교사로서 이 양떼가 얼마나 귀한 자들인지 잘 알았다. 그들이 지닌 값은 이 세상 그 무엇과도 비할 수 없는 하나님의 아들 그리스도의 목숨이었다는 사실을 잘 알았기에 그는 그 양떼를 구원하고 지키는 데 어떤 대가를 치르더라도 아깝게 여기지 아니하였고, 자신이 세운 교회의 장로들에게도 이것을 부탁한 것이었다. 양은 멀리서 보면 매우 깨끗하고 순해 보이지만 사실 양은 상당히 지저분하고 이나 벼룩 같은 벌레와 병균 등이 들끓기 쉽기 때문에 늘 세척과 소독을 해 주어야 한다. 또한 우둔하고 고집이 세기도 하다.[9] 바울의 선교 대상이 이런 류의 사람들이었다. 특별히 바울의 사역을 방해하는 유대인들이 그런 사람들이었다. 그러나 바울은 그들이 고귀한 하나님의 양떼임을 잘 인식하였기에 그들을 주께로 인도하는 일을 결코 게을리하지 않았고, 그 일이 잘 안 되어도 결코 포기하지 않았다.

3. 성령의 헷갈리는 지시(?)

에베소 교회 장로들과 눈물 어린 작별을 한 바울과 그의 일행은 드디어 비장한 각오를 가지고 예루살렘을 향한 여정을 시작하였다. 밀

---

8) J. H. Moulton, *Grammar of New Testament Greek*, p. 90., John Stott, op. cit., p. 327 재인용.
9) Ibid., p. 329.

레도를 출발한 그들은 코스(Cos)라는 섬과 로도(Rhodes)라는 섬을 잠시 들러서 루기아(Lycia)의 항구 도시인 파다라(Patara)에 도착하였다. 파다라 항구는 이집트나 시리아로 가는 배들이 주로 출발하는 항구였다. 바울과 그 일행은 파다라에서 페니키아로 가는 배를 만나 그 배에 올랐다(행 21 : 1~2). 파다라에서 페니키아까지는 약 640킬로미터 정도 되고, 바람이 잘 불어 준다면 4일 정도 걸리는 거리였다. 예정대로 4~5일 정도의 시간이 지난 후 그들은 페니키아의 두로(Tyro)에 도달하였는데, 그들이 탄 배가 거기서 짐을 하역하였다(행 21 : 3). 배가 짐을 하역하는 동안 바울과 그 일행은 두로 지역에서 7일을 머물면서 제자들을 만났다. 그 배가 7일 동안 짐을 내렸고 바울 일행이 같은 배를 탔는지 아니면 다른 배를 탔는지 확실치 않지만, 그들은 7일 후에 제자들의 눈물 어린 전송을 받으면서 다시 배를 타고 남쪽으로 내려와서 돌레마이(Ptolemais)에 이르러 하루를 머물고(행 21 : 7), 더 남쪽으로 내려와서 로마 군대가 주둔하고 있던 가이사랴에 도착하였는데, 거기에 일곱 집사 중 하나로 사마리아와 이디오피아 내시를 전도하였던 빌립 집사와 신실한 믿음의 딸 네 명이 함께 기거하고 있어서 바울 일행이 거기에 여러 날 동안 머물렀다.

그런데 두로에서 가이사랴까지 이르는 동안 만난 여러 사람이 바울의 예루살렘 일정을 말렸다. 두로에서 제자들이 "성령의 감동으로 바울더러 예루살렘에 들어가지 말라"(행 21 : 4) 하였고, 가이사랴 빌립 집사의 집에서도 아가보라 하는 선지자가 유대로부터 내려와서 바울의 띠를 가져다가 자신의 수족을 잡아매는 강한 시청각을 통한 예언을 하면서까지 바울이 예루살렘에서 당할 고난을 일러주었다(행 21 : 11). 이 말씀을 언뜻 보면 성령의 지시가 서로 모순되는 듯한 느낌을 받는다. 밀레도에서 에베소 장로들에게 바울이 고별 설교를 할 때 그는 분명히 말하기를, 자신이 '성령에 매임을 받아' (compelled by the Spirit, 행 20 : 22) 예루살렘으로 간다고 하였는데, 두로에서의 제자들 역시 '성령의 감동으로'(through the Spirit, 행 21 : 4) 바울의 예루살렘 행을 막았고, 아가보 역시 '성령이 말씀하시되'(the Holy Spirit says, 행 21 : 11)라는 말로 바울의 예루살렘 행이 위험함을 예언하였다. 그러나 바울은 성령을 통한 예언과 권면을 받지 않고 예루살렘 행을 강하게 밀고 나갔다(행 21 : 14~15).

이같이 모순되는 것 같은 성령의 지시를 어떻게 이해해야 할까? 이에 대한 바른 이해를 위해서는 성령으로 인한 예언과 성도들의 만류를 구분지어 생각하는 것이 좋을 것이다. 바울이 예루살렘에서 수족이 결박되어 이방인의 손에 넘겨질 거라는(행 21 : 11) 아가보의 예언은 확실히 성령에 의한 것이었다. 그러나 뒤따라 나오는 사람들의 만류는 그들의 감정에서 나온 것이라 할 수 있다. 사실 바울이 성도들의 만류를 들었다면 성령에 의한 예언은 이루어지지 않았을 것이다. 그렇다면 사도행전 21장 4절의 '성령의 감동으로 바울더러 예루살렘으로 올라가지 말라 하더니' 라는 말씀은 어떻게 해석해야 할까? 이것은 아마도 성령의 경고와 인간의 만류가 함께 섞여 표현된 것이라 할 수 있겠다.[10] 결국 예루살렘 행에 대한 성령의 음성은 위험이 있을 것이라는 예언과 그럼에도 불구하고 올라가라는 명령으로 요약해 볼 수 있겠다.

4. 왜 꼭 예루살렘에 가야만 했나?

바울의 예루살렘 여행을 생각하면 잘 이해가 안 되는 부분이 있다. 예루살렘에 올라가면 결박과 환난이 있다는 예언의 음성을 수차례 들었다. 심지어 그 자신이 목숨을 잃을 수도 있는 상황임을 바울 자신도 잘 알았다. 또한 그 자신이 로마서에서 밝힌 것처럼 이제 동방

---

10) John Stott, op. cit., p. 333.

에서의 사역을 마치고 로마와 서바나를 포함한 서방으로의 사역을 펼치려는 단계에 있었다. 그렇다면 예루살렘을 거치지 말고 그냥 서방으로 나아가서 열심히 선교 사역을 감당하면 될 것인데, 왜 굳이 죽음의 덫이 도사리고 있는 예루살렘에 기어코 가야만 했는가? 헌금을 전달하는 일이야 대표를 뽑아서 그냥 전달하면 될 것이 아니었던가?

그런데 바울이 예루살렘을 방문코자 하는 데는 몇 가지 이유가 있었다. 첫째 목적은 이방 교회들로부터 걷은 헌금을 직접 전달하고자 하는 것이었다. 이 헌금은 가난한 예루살렘 교회를 구제하고자 하는 목적만 있었던 것이 아니었다. 그것은 이방인 교회와 예루살렘 교회가 하나됨을 나타내는 중요한 의미를 내포하는 것이었다. 즉 예루살렘 교회가 이방인 교회로부터 온 헌금을 받는다는 것은 곧 이방인 교회를 자신들과 똑같은 형제 교회로 인정한다는 의미가 있는 것이다. 만약 그 헌금을 받지 않는다면 예루살렘 교회는 바울이 이방에 다니면서 선교한 결과로 세워진 교회들을 인정하지 않는다는 표시가 되는 것이다. 이런 의미에서 바울은 예루살렘에 그 헌금을 가져다 주면서 지중해 동쪽 지역에 세워진 교회들을 예루살렘 모교회와 연결지어 주고 지중해 서쪽의 새로운 선교 지역을 향해 나아가고자 하였다.

둘째, 바울은 자신이 이방에 전한 복음을 다시 한번 예루살렘 교회에서 인정받고자 하였다. 물론 사도행전 15장에 나오는 예루살렘 총회에서 바울이 말하는 은혜에 의한 구원을 말하는 복음이 인정되었다. 그럼에도 불구하고 바울은 자신이 전하는 복음이 틀렸다는 비난을 많이 들었다. 심지어 자신의 사도직이 가짜라는 소리까지 들어야 했다. 이 사람들은 예루살렘 지도자들로부터 파송되었다고 주장하고, 그들의 추천장까지 가지고 왔다고 주장하면서 바울의 복음이 틀렸다고 주장했던 것이다. 이런 상황에서 바울은 다시 한번 본래의 예루살렘 총회의 결정을 재확인해야 할 필요를 느꼈던 것이다. 그이 이러한 생각은 갈라디아 인들에게 보낸 편지 중 "……내가 이방 가운데서 전파하는 복음을 저희에게 제출하되 유명한 자들에게 사사로이 한 것은 내가 달음질하는 것이나 달음질한 것이 헛되지 않게 하려 함이라"(갈 2 : 2)라는 말에서 잘 나타난다. 즉 바울은 지금까지 자신이 전한 복음을 모 교회인 예루살렘 교회의 지도자들로부터 인정받아 지금까지의 선교 사역을 일단 매듭지을 뿐 아니라 후에도 더 이상 자신이 전하는 복음이나 그의 선교 사역에 시비가 없도록 하려는 목적을 가지고 예루살렘을 향하여 올라갔던 것이다.

셋째, 이방 교회의 수용 문제를 확인하고자 함이었다. 바울은 자신이 개척한 이방 교회가 합법적인 교회로 용인되느냐 안 되느냐의 중대한 문제 앞에 놓이게 되었다. 바울은 유대인과 이방인으로 구성된 하나의 교회를 중시했고, 이런 점에서 복음의 진리 안에서 하나되는 교회가 아니고는 자신의 선교가 결코 성공적일 수 없다고 여겼다. 즉 이방 기독교회가 합법적인 교회로 받아들여지지 않을 경우 바울이 세운 모든 교회는 모 교회와 연결되지 않는 교회가 되어 버리는 것이다.[11] 바울은 이런 중대한 문제를 결정짓고 자신의 선교 사역을 지속하기 위해 비장한 각오를 가지고 예루살렘으로 올라갔던 것이었다. 결국 바울은 본래 사도들과 했던 교제의 악수, 복음의 상호 인정, 선교지의 분할 등에 관하여 재확인하여 이후의 선교 사역을 더 원활히 하기 위하여 죽음의 위협을 무릅쓰고 예루살렘 행을 택한 것이었다.

5. 바울의 동역자들

바울은 접두사 '신(syn, '함께' 라는 뜻)'으로 시작되는 복합어를

---

11) J. Christiaan Beker, *Paul the Apostle : The Triumph of God in Life and Thought*(Philadelphia : Fortress Press, 1980), p. 108.

좋아하였다. 이 복합어에는 주로 두 가지 기능이 있는데, 하나는 바울이 십자가에서 죽으시고 부활하신 그리스도와 연합되었음을 강조하는 것이고, 다른 하나는 복음 전파를 위해 동역하였던 사람들과의 교제를 강조하는 것이다. 그는 시너고스(synergos) 즉 '동역자들' 혹은 '동료 일꾼'이라는 말을 매우 많이 사용하였고,[12] 실제로 그는 선교를 다니면서 혼자 다닌 적이 거의 없다. 혼자 있었을 경우 그는 동행자를 매우 그리워하였는데, 아테네에서(행 17 : 15 ; 살전 3 : 1, 5), 그리고 로마 감옥에서(딤후 4 : 9, 21) 그는 깊은 외로움을 느꼈다. 1차 선교 여행에서 그는 바나바와 마가와 동행하였고, 2차 여행에서는 실라와 동행하였고, 후에 디모데와(행 16 : 1~3) 누가가(행 16 : 17) 동참하였다. 마지막 3차 여행을 마치면서 예루살렘으로 올라갈 때는 소바더(베뢰아 사람 부로의 아들, 롬 16 : 21의 소시바더와 동일 인물로 추정됨), 아리스다고(행 19 : 29, 27 : 2)와 세군도(데살로니가 사람), 가이오(더베 사람, 행 19 : 29), 디모데, 두기고와 드로비모(아시아 사람, 행 21 : 29 ; 딤후 4 : 20) 등이 동행하였다(행 20 : 4). 이들은 다양한 지역 출신들이었고, 모금에 동참한 각각의 지역을 대표하는 인물들이었다. 즉 마케도니아는 소바더(베뢰아), 아리스다고와 세군도(데살로니가), 그리고 누가(빌립보)에 의해 대표되었고, 갈라디아는 가이오(더베)와 디모데(루스드라)에 의해 대표되었으며, 소아시아는 두기고와 드로비모(에베소)에 의해 대표되었다. 그리고 아가야 지방은 디도에 의해 대표되었다. 결국 바울의 동역자 일행은 적어도 아홉 명이 되었다는 것을 알 수 있다.[13]

이들은 적어도 다음의 네 가지를 드러내 주는 증인들이었다. 첫째, 이들은 교회의 성장과 단일성을 보여 주었다. 이들은 소아시아, 에게

---

12) F. F. Bruce, 『바울 곁의 사람들』, p. 87.
13) John Stott, op. cit., p. 317~318.

해 양쪽 지역, 그리고 그리스의 남쪽과 북쪽의 교회들이 그리스도의 복음에 근거한 단일 교회에 속해 있다는 사실을 보여 주며, 각 교회에서 걷은 헌금을 예루살렘 교회 지도자들에게 전해 주려는 같은 목적을 두고 상호 협력하는 것이다.[14]

둘째, 이들은 바울의 선교 열매들을 나타내고 있다. 당시에는 카메라가 없으니 이방 지역에서 바울의 선교로 누가 얼마나 그리스도인이 되었는지 보여 주기가 참으로 어려웠다. 이런 상황에서 이들이 직접 바울과 동행하는 것보다 더 확실한 증거가 어디 있겠는가? 바울은 각 선교 여행 때 얻은 열매 즉 동역자들과 동행하여 예루살렘으로 올라갔는데, 더베와 루스드라는 바울의 1차 선교 지역이고, 베뢰아와 데살로니가는 2차 선교 지역이고, 에베소는 3차 선교 지역이었다.

셋째, 이들은 종말에 이루어질 예언의 실현을 나타내는 징표였다. 이사야 66장 20절에 의하면 종말에 열방에서 형제들을[15] 데려다가 여호와께 예물로 드릴 것이라고 기록되어 있다. 바울이 로마서 11장 25절에 말한 대로 '이방인의 충만한 수'가 차면 재림의 날이 임하는 것이다. 이사야 66장 19절에는 다시스가 나타나는데 이것은 분명히 서바나 즉 스페인을 의미하며, 당시의 땅 끝으로서 이곳에까지 복음이 전해지면 재림의 날이 임하는 것이다. 바울은 그와 함께 온 동역자들을 통해서 종말이 이루어지고 있음을 보여 주고 있는 것이다.[16]

마지막으로, 이들은 바울 선교의 열매일 뿐 아니라 한 걸음 더 나아가서 이제는 그 자신들이 선교의 역군들이 되었다. 이로써 이들은

---

14) F. F. Bruce, op. cit., p. 41.
15) 본래 이사야에서는 형제들 즉 디아스포라 유대인들이 세계 도처에서부터 오는 것으로 말하고 있다. 그러나 바울은 이것을 디아스포라 유대인이 아니라 이방인 중에 구원 얻은 자로 완전히 바꾸어 해석한다. David J. Bosch, op. cit., p. 146.
16) Ibid.

바울의 선교를 통해 태어난 신생 교회들의 선교적 헌신을 보여 주는 증인들이었던 것이다.[17]

바울의 동역자들은 참으로 다양한 배경을 지닌 사람들이었는데, 그들은 바울이 다양한 배경을 지닌 사람들을 향하여 나가는 데 말할 수 없이 귀한 도움들을 주었다. 이들을 대략 살펴보면, 레위인(바나바), 반 유대인(디모데), 헬라인(디도), 이방인 의사(누가), 회당장(소스데네), 선지자(실라), 교법사(세나, 딛 3 : 13), 알렉산드리아 출신 유대인(아볼로), 마케도니아인(가이오와 아리스다고, 행 19 : 29), 아시아 사람(두기고와 드로비모, 행 20 : 4), 기타 많은 여성들(루디아, 유오디아, 순두게)이 있었다.

이 외에도 많은 바울의 동역자들이 있었는데, 이들을 대략 세 부류로 구분한다면, 첫째는 '가장 친밀한 관계를 가진 동역자 그룹'으로서 일정 기간 동안 지속적으로 함께 동행한 가장 가까운 동역자들이다. 여기에는 바나바, 실라, 디모데와 같은 사람이 해당된다. 둘째는 '독립적인 동역자 그룹'으로서 아굴라, 브리스길라, 디도, 루디아, 유오디아, 순두게 같이 일정 지역에 머물러 있으면서 바울과 정기적으로 교류를 나눈 동역자들이 있고, 셋째는 에바브로디도, 에바브라, 아리스다고, 가이오, 야손 같은 지역 교회의 대표들이다. 각 교회들은 일정 기간 동안 바울과 함께 사역할 수 있도록 이들을 파송하고 지원하여 주었던 것 같다. 이러한 지역 교회들의 대표인 동역자들로 인해 교회들은 바울의 선교 사역에 동참하게 되었던 것이다.[18]

바울은 대부분 한 선교지에 오래 머물지 못하였다. 유대인들 혹은 현지인들의 반대와 핍박으로 인해 몇 개월 이내에 쫓겨나게 되었다. 이 때에 바울은 자신의 동역자들을 자신을 대신하여 그곳에 놓아 두

---

17) John Stott, loc. cit.
18) David J. Bosch, op. cit., p. 132.

고 사역지를 떠났다. 예를 들어 바울이 빌립보를 떠날 때 누가가 빌립보에 남게 되었다. 또한 바울이 데살로니가를 떠날 때에는 디도와 디모데를 그곳에 남겨 두고 떠났다.

아울러 바울은 선교지를 다니면서도 항상 개척했던 교회들과의 연결을 유지하고 있었다. 이 일은 동역자들을 통해서도 이루어졌고, 사업차 혹은 선물을 전달키 위해 왕래하는 성도들을 통해서도 이루어졌던 것 같다. 특별히 선교지의 교회에 어떤 문제가 발생했거나 헌금 모금 같은 일을 이루어야 할 때 바울은 이 일을 위해 동역자들을 보내었고, 일의 원활한 진행을 위해 서신들을 함께 보내기도 하였다. 앞에서 살펴본 대로 데살로니가 교회를 위하여 디모데와 서신들을 보내었다. 후에 바울이 에베소에서 사역하던 도중 바울은 고린도 교회의 어린 신자들로부터 날아온 시끄러운 소식들로 인하여 마음에 많은 괴로움을 겪게 되었다. 그때도 바울은 서신을 보내어 문제를 해결하고자 하였다.

동시에 바울은 자신이 신임하는 동역자 디모데를 에베소에서 고린도로 보내어 편지에서 강조한 몇 가지 교훈들을 직접 전하게 하였다(고전 4 : 17). 디모데는 편지보다 일찍 떠났으나 고린도 도착은 편지보다 늦었던 것 같다. 아마도 중간에 다른 곳들을 들렀기 때문인 것으로 보이며, 이 방문이 사도행전 19장 22절에 기록된 방문일 가능성이 높으며, 이 순회 여행에 마케도니아도 포함되어 있었던 것으로 보인다.[19] 어찌 되었든 바울의 동역자들의 희생적인 도움이 아니었다면 바울의 사역은 실제보다 훨씬 못한 결과를 낳았으리라는 것은 누구나 쉽게 짐작할 수 있는 일이다.

---

19) F. F. Bruce, op. cit., pp. 34~35.

6. 외로운 짝사랑

바울 사역을 가장 어렵게 만드는 방해 거리가 있었다. 그것은 건강의 문제가 아니었다. 물질의 부족도 아니었다. 자신과 혈통이 다른 이방인도 아니었다. 바로 자신의 혈족이며 동족인 유대인이었다. 유대인들은 바울 선교 여행에 있어서 처음부터 끝까지 끈질기게 그를 쫓아다니면서 그의 사역을 방해하였다. 자기들이 살고 있는 도시에서 바울의 사역을 반대하는 것은 물론이고, 바울이 다른 도시에 가서 전도하면 거기까지 쫓아가서 바울의 사역을 방해하고 바울을 죽이려고 하였다. 안디옥과 이고니온에서 루스드라까지 와서 바울을 돌로 쳐죽이도록 유도한 것이 바로 유대인들이었다(행 14 : 19). 데살로니가의 유대인들은 베뢰아까지 와서 바울의 선교 사역을 방해하였다(행 17 : 13).

바울에 대한 유대인들의 반대가 가장 강하게 나타난 것은 그가 예루살렘에 도착하였을 때였다. 천부장의 허락하에 말을 하고 있는 바울을 향하여 "이러한 놈은 세상에서 없이 하자 살려둘 자가 아니라" (행 22 : 22)라는 험악한 말을 하면서 바울을 죽이고자 하였고, 사십여 명이나 되는 사람들이 바울을 죽이기 전에는 먹고 마시지도 않겠다고 맹세할 정도였다(행 23 : 12~13). 바울은 이 모든 사실을 몸소 체험하였다.

이 정도 되면 유대인들에 대해 정이 떨어질 만도 했다. 유대인들을 향하여 강한 증오의 감정을 갖지는 않는다 해도 적어도 더 이상 만나고 싶지 않은 마음이 들었을 법하다. 그런데 바울은 결코 유대인을 향하여 등을 돌리지 않았다. 유대인들의 회당에서 쫓겨나 발에서 티끌을 털어 버리고(행 13 : 51) "이방인에게로 향하노라"(행 13 : 46), 그리고 "너희 피가 너희 머리로 돌아갈 것이요 나는 깨끗하니라 이후에는 이방인에게로 가리라"(행 18 : 6)라고 말하면서도 또 유대인들을 찾았다. 자신은 이방인의 사도로 부름을 받았다고 말하면서도 유대인들에게 먼저 나아갔다.

바울은 왜 이토록 강한 반대를 받으면서도 유대인들에게 먼저 나아갔을까? 무엇보다도 그는 유대인들을 사랑했다. 그들은 자신의 동족이었다. 그 자신이 말한 것처럼 그 자신이 저주를 받아 그리스도에게서 끊어질지라도 자신의 동족인 유대인이 구원 얻는 것을 원하였다(롬 9 : 3). 그런데 유대인들은 더 강퍅하여 그리스도의 복음을 받아들이지 않고 자신의 사역을 지속적으로 방해하므로 바울의 마음 속에는 자신의 동족으로 인한 '큰 근심'과 '마음에 그치지 않는 고통'(롬 9 : 1~2)이 있었던 것이다. 또한 구원의 순서로 볼 때에도 유대인이 이방인에 우선하는 것이었다. 모든 믿는 자에게 구원을 주시는 능력이 되는 복음이 먼저는 유대인에게요 그 다음에 헬라인에게 주어진 것이었다(롬 1 : 16). 즉 복음이 먼저 유대인에게 선포되어져야 하는 것이었고, 이런 점에서 그는 항상 먼저 회당에 가서 복음을 전하고 회당에서 거절을 당하면 이방인들에게 나아가는 선교 방식을 채택하였다. 그는 자신을 '이방인의 사도'라고 스스로 자처하면서도 이방인을 위한 구원의 사역이 긍극적으로 유대인을 시기나게 하여서 그들 중 얼마만이라도 구원코자 하는 데 있다고 말하고 있다(롬 11 : 13~14). 즉 그는 자신이 이방인의 사도로 부름을 받았다는 확신을 지니고 있었지만 자신의 사역을 통해서 유대인들의 구원에까지 결정적인 영향을 미치도록 의도하고 있는 것이다.[20]

그가 가는 곳마다 우선적으로 유대인을 먼저 찾은 데는 또한 전략적인 이유도 있었다. 바울이 교회를 설립한 지역은 거의 다 유대인이 많은 지역이었다. 바울은 유대인으로서 유대인 거주 지역에 익숙해 있었고, 그가 유대인 지역에 들어설 때에 그는 나그네로 들어선 것이

---

20) 김세윤, op. cit., pp. 395~396.

아니라 유대인의 일원으로 들어갔다. 유대인 거주 지역에 들어간 바울은 항상 회당을 찾았다. 거기에서 기독교에 관한 근원적 원리를 이해하고 그의 논거에 토대를 이루는 말씀에 익숙한 청중들을 만날 수 있었기 때문이었다.

뿐만 아니라 회당은 예루살렘 성전과는 달리 이방인의 출입도 허용이 되어 있었기에 많은 이방인들도 함께 회당 예배에 참여하였다. 회당에 참여한 이방인들을 크게 두 가지로 분류할 수 있는데 하나는 '하나님을 경외하는 자들(God-Fearers)'이고, 다른 하나는 '개종자들(Proselytes)'이었다. '개종자들(Proselytes)'이란 유대교를 믿기 위해 아예 할례를 받아 유대인으로 개종한 사람들인 반면에, '하나님을 경외하는 자들(God-Fearers)'이란 할례를 받고 유대인으로 개종을 하지는 못하지만 유대교를 좋아하여 계속 회당에 나와서 유대교의 가르침을 따라 신앙 생활을 하는 무리들을 일컫는다. 이들은 참으로 하나님을 믿고 싶었지만 할례를 받고 유대교의 모든 율법과 정결례를 지키는 것까지는 할 수 없어서 늘 마음에 안타까움이 있었는데, 이들에게 이러한 예식을 지키지 않아도 하나님을 믿을 수 있는 길이 열렸다는 바울의 가르침은 참으로 복음이 되었다. 바울은 이들을 만나기 위해 먼저 회당으로 찾아갔던 것이다.

어찌 되었든 바울에게 있어서 유대인들은 결코 미워할 수 없는, 아니 무관심할 수 없는 선교 대상이었다. 그들이 아무리 바울을 미워하고 핍박하고 죽이려고까지 해도, 그는 결코 그들로부터 등을 돌릴 수 없었다. 오히려 자신이 구원의 대열에서 떨어지는 한이 있어도 그들의 구원을 위해 모든 것을 주고자 한 것이 바울의 마음이었다. 어떠한 어려움 가운데서도 선교 대상인 유대인들을 끝없이 품어 주는 선교사 바울의 자세는 선교지 사람들로부터 받은 상처로 인해 마음에 고통을 당하고 있는 선교사들에게 큰 위로가 된다.

XIII. 예루살렘으로 올라가면서 **221**

7. 바울의 선교 사역에서 배우는 지혜

바울은 현대의 선교사들처럼 치밀한 선교 여정을 짜고 그 계획에 따라서 교회를 개척하고 일꾼을 세우지는 않았다. 이런 점에서 그에게는 오늘날의 우리가 생각하는 개념의 전략은 없었다고 할 수 있다. 그러나 그가 아무런 전략도 없이 그냥 되는 대로 선교를 수행하였다고 하는 것은 옳은 판단이 아니다. 그는 기본적으로 성령의 인도하심을 따라 선교를 수행하는 기본 전략이 있었고, 또한 그 외에도 바울에게는 나름의 어떤 기본적인 전략이 있었다고 할 수 있다. 이러한 전략들은 단순히 그 당시에만 적용된 것이 아니라, 오늘의 상황에도 많은 빛을 던져 주는 선교에의 지혜들이다. 그의 전략이 보여 주는 선교에의 지혜를 찾아보자.

1) 네 개 지역에 대한 집중적·지속적 선교 활동

바울은 당시 가장 인구가 많고 번성하는 네 개의 지역 즉 아시아 대륙에 속한 갈라디아와 소아시아, 그리고 유럽 대륙에 속한 마케도니아와 아가야 지역에 집중적인 전도 활동을 전개하였다. 그는 선교지를 계속 옮겨다녔으므로 언뜻 보기에는 순회 전도자와 유사한 면이 있는 것처럼 보이고, 이곳 저곳 여러 곳을 다니면서 복음의 씨앗을 헤프게 뿌리는 듯한 느낌을 주기도 한다. 그러나 사실 바울은 4개의 지역에 자신의 선교 활동을 제한하고, 그 지역에 집중적으로 복음의 씨앗을 뿌렸다. 그는 자신에게 주어진 시간과 에너지가 제한되어 있다는 사실을 잘 알았고, 그러기에 선교 범위를 횡적으로만 확산시킴으로써 그 깊이를 상실하는 실수를 범하지 않았다. 그의 선교 활동은 10~12년 정도로 추정되는데, 이 짧은 기간에 그토록 힘있게 성장해 가는 자립 교회들을 세울 수 있었던 것은 바로 제한된 지역에 선교의 열정을 투자한 때문이었다.[21] 그는 일정 지역에 제한된 선교를 할 뿐 아니라 지속적인 선교를 수행하였다. 그는 이미 사역하고 그 결과로 교회를 세운 지역에 지속적으로 재차 방문하였으며, 긴 서신을 수차에 걸쳐서 보냈고, 동역자들을 보내어 교회가 스스로 잘 성장해 갈 수 있도록 도왔다.[22] 또한 어떤 문제가 발생하면 그 문제에 대한 구체적인 지침을 주어서 문제를 해결할 수 있도록 도왔다. 그는 어디에 가 있든지 자신이 세운 교회들과의 연결을 지속적으로 가졌고 그로 말미암아 그 교회들이 성장할 수 있도록 도움을 줄 수 있었다. 그는 성도들이 영적으로 능력 있게 성장하여 그들 주변에 복음의 빛을 발할 수 있을 정도로 자랄 때까지 인내로써 기다리고 곁에서 도와주었다.

2) 거점 도시 중심의 선교 활동

당시 로마 제국의 도시들은 제국 내의 주요 도로들을 따라 위치해 있었고, 이 도시들은 로마의 행정과 헬라 문명의 중심지로서의 역할을 감당하고 있었다. 바울은 전략적 거점이 될 수 있는 중요 도시들, 즉 로마 제국의 신속한 복음화를 위해 필수적이라고 생각되어지는 도시들을 선별하여 복음을 전했다. 그래서 그가 빌립보에서 데살로니가로 옮기는 도상에 있었던 암비볼리와 아볼로니아는 그저 통과하였을 뿐 복음을 전하지 아니하였다(행 17 : 1). 바울이 선교 활동을 펼쳤던 도시들은 대부분 통신, 문화, 상업, 정치, 종교 등의 중심지가 되는 도시들이었다. 예를 들어 빌립보 같은 도시는 마케도니아 지역의 행정 중심지였으며, 데살로니가는 마케도니아의 수도였고, 고린도는 아가야 지방의 수도로서 상업상 매우 중요한 위치에 놓여 있

---

21) Herbert Kane, 『선교 신학의 성서적 기초』, 이재범 역(서울 : 도서출판 나단, 1988), pp. 110~112.
22) David J. Bosch, op. cit., p. 131.

었다. 에베소 역시 소아시아 최대의 상업 도시로서 로마에서 동방에 이르는 중요한 통로가 되는 도시였다. 이같은 도시들은 물자와 지식의 풍요가 교차되는 거대한 시장을 이루고 있었다. 이 도시들은 제국의 관문으로서 대로들로 얽혀져 있었다.

이같은 여건으로 인해 이 도시들에는 많은 인구가 밀집되어 있었을 뿐 아니라 계속해서 인구의 유동이 많으므로 자연히 주변 도시에 있는 것들이 도시로 밀려 들어오고, 동시에 도시의 것들이 주변 지역으로 흘러 들어가게 되었다. 이런 현상을 이용하여 바울은 일단 전략적 도시들에 기독교 공동체를 위한 기초를 놓고 복음이 이 전략적 중심지들로부터 그 주변 도시들과 지방으로 퍼져나가 결국 로마 제국의 광활한 지역에 복음이 퍼져 나가도록 하였다.[23]

바울이 데살로니가 교회에 편지를 쓰면서, "주의 말씀이 너희에게로부터 마게도냐와 아가야에만 들릴 뿐 아니라 하나님을 향하는 너희 믿음의 소문이 각처에 퍼진 고로 우리는 아무 말도 할 것이 없노라"(살전 1:8)라고 말한 것에서 우리는 바울의 거점 도시 전략으로 인해 복음이 주변의 작은 도시들로 잘 퍼져 갔음을 짐작할 수 있다. 이런 점에서 베네트(Bennett)는 바울을 가리켜 '대도시 설교가'라고 불렀다.[24]

3) 자립 교회 설립을 통한 선교

바울 선교의 핵심 전략은 '교회 설립'이었다. 바울에게 있어서 교회란 지나간 옛 이스라엘을 대신하는 '새 이스라엘'이었다. 이제 참된 이스라엘은 그리스도 안에 믿음을 지닌 사람들이었다.[25] 이 사람

---

23) John Stott, op. cit., p. 293.
24) Charles T. Bennett, "Paul the Pragmatist : Another Look at His Missionary Methods", *Evangelical Missions Quarterly*, Vol. 16, No. 3. pp. 133~138.
25) Dean S. Gilliland, op. cit., p. 52.

들은 그리스도 안에 속함으로 인해 아브라함의 자손이 되며 하나님이 약속하신 모든 것을 받게 되는 것이다(갈 3 : 29). 이런 점에서 교회 설립은 바울의 선교에 있어서 아주 핵심적인 사역이었다. 좀더 실제적인 측면에서 교회가 바울에게 중요했던 이유는 신앙 생활이란 홀로 할 수 없는 것이기 때문이었다. 하나님의 나라에는 스스로 고립된 개인만을 위한 공간이 있을 수 없다. 누군가가 하나님의 의를 체험했다면 당연히 그는 믿는 자들의 공동체 안으로 들어와야 하는 것이다.[26] 이런 중요한 이유들 때문에 바울은 다른 것을 하지 않고 교회를 세웠다. 특별히 스스로 서 갈 수 있는 자립 교회를 세웠다. 그리고 이러한 자립 교회를 위하여 바울은 속한 시일 내에 현지 지도력을 훈련하여 세웠고, 전적으로 그들에게 자율권을 주었다. 이같이 교회가 세워지고 세워진 교회들이 든든히 서 가며 주위에 복음 전파의 사명을 감당한 결과 바울은 로마의 동쪽을 10여 년 정도 선교한 후에 "예루살렘으로부터 두루 행하여 일루리곤까지 그리스도의 복음을 편만히 전하였노라"(롬 15 : 19)는 말을 할 수 있게 되었다.

    교회는 세상 안에 있는 것이며, 동시에 세상의 구원을 위하여 있는 것이다. 이 말은 교회가 세상 안에서 사람들과 새로운 관계들을 창조해 나가야 하며, 그들에게 그리스도의 주님 되심을 증거하는 사람들의 모임임을 의미한다. 주님은 교회의 선교를 통하여 교회 안의 주님만이 아니라 온 우주의 주님이 되시는 것이다. 즉 교회는 현재 이 땅위에 있는 종말적인 하나님의 백성이며 다가올 나라에 대한 증인의 공동체이다. 교회가 이처럼 선교 사역에 있어서 중요하기에 바울은 교회를 세우고 세워진 교회를 키워 나가는 일에 혼신의 정열을 쏟아 부었다. 교회 안에서 문제가 발생하고 별별 안 좋은 소문을 다 듣고, 교회로 인해 온갖 수모를 당하고, 핍박을 당해도 바울은 교회를 사랑

---

26) David J. Bosch, op. cit., p. 166.

하고 그 교회의 문제를 해결하기 위해 편지를 보내고, 사자들을 보내고, 자신이 직접 방문하기도 했다.

바울은 자신이 당한 고난의 목록을 죽 나열한 후에 "이 외의 일은 고사하고 오히려 날마다 내 속에 눌리는 일이 있으니 곧 모든 교회를 위하여 염려하는 것이라"(고후 11 : 28)라고 말하고 있다. 바울에게 있어서 가장 힘든 고통 중의 하나는 바로 교회들로 인한 염려였다. 그러나 바울의 선교 사역에 있어서 가장 핵심적인 사역은 바로 교회 사역이고, 오늘날도 이것은 여전히 동일하다.

어느 사역을 하든지 그 사역이 종국적으로 교회를 세우고 능력 있게 만드는 일과 연결이 되어야 한다. 교회를 세우는 것이 하나님 나라 확장에 가장 효과적인 길이기 때문이다. 그런데 이 교회를 세우는 데 있어서 대부분 회당을 거점으로 삼았다. 회당이 있는 곳이면 반드시 회당에 먼저 가서 복음에 수용성이 높은 사람들을 찾아 복음을 전하였다. 회당이 없는 오늘날에는 선교지에 들어가서 먼저 복음에 수용성이 높은 사람들을 찾아내야 하고, 그들이 많이 모인 곳을 향하여 전략적으로 나아가야 한다는 지혜를 바울이 주고 있는 것이다.

4) 상류층(부유층)도 포함하는 선교

바울은 고린도 교회에 보내는 서한 가운데서 "형제들아 너희를 부르심을 보라 육체를 따라 지혜 있는 자가 많지 아니하며 능한 자가 많지 아니하며 문벌 좋은 자가 많지 아니하도다"(고전 1 : 26)라고 말하고 있다. 이 말씀을 보면 바울의 선교 대상은 주로 하층민에 속하는 사람들이었다는 생각을 가질 수 있고, 실제로 그리스도교를 하나의 하층 계급의 현상으로 생각한 사람들이 있었다.[27] 이 말은 어느 정도 사실일 수 있다. 그러나 그렇다고 해서 바울의 선교 대상이 모두 하층민에게만 제한되었다고 생각하는 것은 잘못이다.

유럽 대륙에서 처음 회심자가 되고 바울의 적극적인 후원자가 된 루디아는 아시아로부터 호화로운 옷감을 수입하여 장사하는 거상이었으며 큰 집을 소유한 부자였다(행 16 : 14~15). 또한 데살로니가에서 바울을 적대한 사람들은 하층 계급 사람들인 반면 바울의 복음을 받아들일 뿐 아니라 그를 후원하고 보호한 사람들은 바울을 위하여 보석금을 내어 놓을 정도로 부자인 야손과 귀부인들이었다(행 17 : 9). 베뢰아에서도 바울은 남자들뿐 아니라 그리스의 귀부인들 몇 명으로부터 지지를 받았다(행 17 : 12). 에베소에서 바울을 대신하여 잡혔던 가이오와 아리스다고는 상당한 지위를 지닌 상류층의 사람들로 알려지고 있다(행 19 : 29). 특별히 바울이 극장 안으로 들어가지 못하도록 말린 아시아의 관원은 바울의 친구로 기록되어 있는데, 이 지위에 오른 사람은 최고의 귀족 가문과 가장 부유한 가문 출신이었다(행 19 : 31). 또 고린도 교회에는 '그리스보'(행 18 : 8)라는 사람이 나오는데, 그는 회당장이었는데 당시의 회당장은 대부분 부유한 사람들이었다. 또 '디도 유스도'(행 18 : 7)라는 사람이 나오는데, 그는 로마서 16장 23절의 가이오와 같은 인물로 추정되며, 그는 그의 집을 예배 처소로 내놓을 뿐 아니라 온 교회의 식사를 담당할 정도로 부자였다. 또한 '에라스도'(롬 16 : 23)라는 사람은 로마시의 재정관이었다.[28] 즉 바울의 선교는 결코 상류층이나 부유층

---

27) 이같은 견해를 주장하는 대표적인 사람은 엥겔스인데, 그는 다음과 같이 말하고 있다. "초대 그리스도교의 역사는 현대의 노동 계급 운동과 주목할 만한 유사점들을 가지고 있다. 후자와 같이 그리스도교는 본래 억눌린 사람들의 운동이었다. 그것은 처음에는 노예들과 해방된 노예들, 모든 권리를 빼앗긴 가난한 사람들, 로마 제국으로 말미암아 정복당하거나 흩어진 사람들의 종교로서 나타났다" R. Niebuhr(ed.), F. Engels, "On the History of Early Christianity", *Marx and Engels on Religion*, 데릭 티드볼, "바울 공동체의 사회적 지위" 김재성 편, op. cit., p. 424 재인용.

28) 데릭 티드볼, op. cit., pp. 432~438.

을 제외하지 않았다. 오히려 그들에게 적극적으로 복음을 증거하였고, 그들의 놀라운 헌신으로 바울의 선교는 능력 있게 펼쳐지게 되었다. 바울의 이같은 포괄적인 선교는 하층민이나 빈민층 기타 물질적 도움을 필요로 하는 자들을 위한 선교에 지나치게 편중된 선교 사역에 경종을 주고 있다고 하겠다.

5) 성령의 인도와 능력 주심에 의한 선교

바울의 2, 3차 선교 여행에서 가장 두드러지게 나타나는 것은 성령의 인도를 따른 선교 여행이라는 사실이다. 그가 2차 여정을 시작할 때 가지고 있었던 한 가지 분명한 목적이 있었다면, 길리기아와 남 갈라디아 지역을 통과하여 에베소로 가려는 것이었다. 그래서 그는 아시아로 가려 하였는데, 성령에 의해서 제지되었고, 후에 다시 비두니아로 가려 하였는데, 그것 역시 성령에 의해 저지되었다(행 16 : 6~7). 그는 드로아에서 어디로 갈지 모르고 머물러 있다가 마케도니아 사람의 환상을 본 후에야 마케도니아로 가게 되었다.

바울이 이처럼 성령의 인도하심을 받았다는 것은 그가 성령과 항상 깊은 교제를 유지하고 있었다는 것을 의미한다. 또한 바울은 철저히 성령의 인도와 감독에 민감하게 순종하였다. 그는 성령의 인도하심과 반대될 만한 일은 아무리 성공할 것처럼 보이는 일이라 할지라도 시행하지 않았다. 그는 성령의 인도하심에 잘 따르기 위하여 유연성을 지녔다. 선교에서 성령의 음성을 따르기 위하여 유연성을 지니지 않은 전략은 잎만 무성한 전략이 되기 쉽다는 사실을 바울은 잘 인식하였다.[29]

이처럼 성령의 인도와 능력 주심에 의한 선교를 감당하기 위한 필

---

29) Herbert Kane, *Christian Missions in Biblical Perspective*(Grand Rapids, MI : Baker Book House, 1976), p. 73.

수 조건은 바로 기도하는 것이었다. 기도야말로 성령의 음성을 인지할 수 있는 유일한 길이었고, 그 음성을 따라 순종할 수 있는 능력을 공급받는 길이었다. 선교 사역이란 하나님 나라 확장을 방해하는 사탄의 세력과의 투쟁을 가져올 수밖에 없는 것임을 바울은 한순간도 잊은 적이 없었다. 그래서 그는 자신이 늘 기도에 힘쓸 뿐 아니라 다른 성도들에게 늘 기도 부탁하는 것을 잊지 않았다. 즉 '종말로 형제들아 너희는 우리를 위하여 기도하기를 주의 말씀이 너희 가운데서와 같이 달음질하여 영광스럽게'(살후 3 : 1) 되기를 위하여 간구하라고 하였으며, 계속해서 자신과 다른 동역자들이 '무리하고 악한 사람들로부터' 건짐을 받을 수 있도록 데살로니가 교인들에게 기도를 부탁하였다(살후 3 : 2).

바울이 이처럼 기도로 성령과 긴밀하게 교제할 때에 성령께서는 많은 이적과 기사를 내어서 바울의 선교 사역에 큰 열매를 더하셨다. 그에게 얼마나 성령의 역사가 강하게 나타났는지 그의 손수건이나 앞치마만 갖다 대어도 병자들이 낫는 역사가 일어나면서, 제사장 스게와의 일곱 아들들이 바울을 흉내내려다가 오히려 망신을 당하면서 바울에게 역사하신 성령이 어떤 분인지가 더욱 명확히 알려지게 되었다. 또한 이 결과로 복음이 에베소 전체와 그 주변 지역까지 능력 있게 퍼지게 되었다. 바울은 아마도 이런 이적과 기사를 선교의 전략으로 세우고 일하지는 않았을 것이다. 다만 그가 성령의 인도하심에 예민하고 그 인도하심에 전적으로 순종할 때에 성령께서 그런 역사를 필요에 따라 일으켜 주셨던 것이다. 바울의 선교가 이처럼 성령에 민감하여 성령의 뜻을 좇고 성령의 능력으로 진행되었기에, 위원회, 컨퍼런스, 워크숍, 세미나 등에는 많이 의존하는 반면 성령에 대하여는 둔감한 경향이 농후한 오늘의 선교를 바울은 그리 좋게 여기지 않을 것이다.

6) 동역자들을 통한 선교

바울은 고독한 독수리가 아니었다. 그는 단단히 결속된 동역의 필요성과 가치를 누구보다 잘 인식했던 인물이었다. 그가 철저하게 동역자들과 함께 일을 한 것은 '지혜로운 건축자'(고전 3 : 10)로서 그의 선교 전략의 일환이었다. 그는 '너희 다섯이 백을 쫓고 너희 백이 만을 쫓을 것'(레위기 26 : 8)이라는 구약의 말씀을 잘 이해하고 있었으며, 예수께서 제자들을 둘씩 둘씩 짝지어 파송하신 사실을 잘 기억하고 있었다. 바울은 동역자들의 힘을 잘 모아서 선교 사역을 감당하였고, 선교 사역이 진행됨에 따라 동역자들의 수는 계속 늘어 갔다.

동역자들은 교회의 소식을 바울에게 알려 오거나(살전 3 : 6), 바울의 지시를 교회에 전하기도 하였다(골 4 : 7). 또한 바울이 급하게 교회를 떠나거나 바울이 직접 가서 교회를 지도해 줄 여건이 안 될 때는 동역자들이 대신 남거나 가서 일정 기간 동안 교회를 도움으로 교회를 세우는 데 결정적인 도움을 주었다.[30] 이런 일의 대표적인 예로서 누가가 빌립보에, 실라와 디모데가 베뢰아에, 그리고 아굴라와 브리스길라가 에베소에(행 18 : 21) 남아서 교회를 도운 일 등을 들 수가 있다. 또한 디모데와 디도가 바울 대신 고린도 교회에 가서 교회의 문제를 해결하는 일을 도운 적도 있다. 또한 이름을 알 수 없는 많은 교회의 장로들 역시 바울의 동역자들이었다(행 14 : 23, 20 : 17). 바울이 한 지역에서 사역하다가 급히 쫓겨나올 때 이들이 있었기에 그 교회들이 무너지지 않고 든든히 서 갈 수 있었던 것이다.

바울이 동역자들과 일한 것은 동역자들을 보내어 준 지역 교회들에게도 선교적인 영향을 주었다. 바울의 동역자들 가운데는 지역 교회의 보냄을 받아 일정 기간 동안 바울의 사역을 도운 사람들이 있는

---

30) Herbert Kane, 『선교 신학의 성서적 기초』, 이재범 역(서울, 도서출판 나단, 1988), p. 124.

데 에바브로 디도, 에바브라, 아리스다고, 가이오, 그리고 야손 같은 사람들이 그런 사람들이었다. 교회들이 이 사람들을 대표로 보낼 때 이들만 간 것이 아니었다. 사실은 이들을 보낸 교회의 성도들의 마음과 관심이 함께 간 것이었다. 즉 이들을 보내고 이들을 위해서 기도하면서 교회들은 이들을 통해서 바울의 선교 사역에 함께 책임을 지고 동참하는 것이었다. 이들을 통해서 전 교회가 함께 선교하는 교회로 성장하게 된 것이다. 이 동역자들을 통해서 교회들은 지속적인 선교에의 도전을 받으면서 자신들의 주어진 삶 속에서의 복음 전파에 더욱 열중하게 되었다. 바울은 선교가 교회의 가장 주된 사역임을 알았고, 동역자들을 자신의 선교 사역에 동참시킴으로써 동역자들을 보내 준 교회들 역시 선교하는 교회들이 되게 하였다.[31]

바울이 동역을 한 것은 그가 보낸 서신들에도 잘 나타난다. 그는 자신의 선교적 사명이 연합된 책임감 및 연합된 노력으로 이루어지는 것임을 알았다. 그래서 그는 자신과 자신의 동역자들이 전하는 복음을 '우리 복음'(살전 1 : 5) 이라고 표현하고 있다. 또한 '나' 혹은 '나를' 이라는 단수 표현보다는 '우리' 또는 '우리를' 이라는 복수 표현을 더 많이 사용하였는데, 데살로니가전서의 경우를 보면 단수로 자신을 표현한 곳은 네 곳밖에 안 되는 반면, 90회 이상을 복수 표현을 사용하여 자신과 동역자들을 함께 나타내고 있다. 그는 또한 편지를 쓸 때에도 자신과 자신의 동역자들이 함께 그 편지를 쓰고 있는 것으로 나타내었다(고전 1 : 1 ; 고후 1 : 1 ; 갈 1 : 1~2 ; 빌 1 : 1 ; 골 1 : 1 ; 살전 1 : 1 ; 살후 1 : 1). 데살로니가전서 4장 13절에서는 예수 그리스도의 재림에 관한 예언을 말할 때 디모데와 실루아노를 포함하여 공동된 예언으로 표현하고 있다.[32] 이처럼 바울은 철저히

---

31) David J. Bosch, op. cit., p. 132.
32) Arthur F. Glasser, op cit., p. 285.

동역자들과 함께 동역을 하면서 사역의 효과를 높였던 것이다.

7) 수용성 있는 지역에 우선적으로 선교함

복음에 대하여 모든 사람들이 동일하게 반응을 나타낸 것은 아니었다. 그리스도께서는 씨 뿌리는 비유에서(마 13장) 네 종류의 토양과 그에 따른 수확을 소개하고 있다. 좋은 밭에 뿌려야 많은 결실을 얻을 수 있는 것이다. 바울은 이 가르침을 누구보다 잘 이해한 선교사였다. 그는 자신이 전하는 복음을 잘 이해할 수 있는 사람 그리고 그 메시지를 잘 수용할 수 있는 사람들을 찾았다. 그리고 그들을 중심으로 선교 사역을 진행했다. 복음을 받아들이지 않는 사람들 가운데서는 오래 머물지 않았다. 복음의 수용성 정도는 하나님의 주권 속에서 결정되어지는 것이고, 그 수용 정도를 가장 잘 아시는 분은 바로 선교의 주역이신 성령님이시다. 그런고로 바울은 '믿음의 문'(행 14 : 27)이 순조롭게 열리는 곳이 또한 성령의 인도가 있는 곳이라고 여겼다. 바울은 유대인들에게 항상 먼저 갔지만, 그들이 바울이 전한 복음을 받아들이지 않고 오히려 바울을 핍박할 때 그는 복음을 잘 받아들이는 이방인들에게로 향하였다. 바울이 아테네에 오래 머물지 않고 고린도로 간 것도 이런 전략으로 설명할 수 있을 것이다.

그러나 바울의 이러한 전략은 결코 복음이 잘 들어가는 곳에만 복음을 전해야 한다는 것으로 이해해서는 안될 것이다. 복음은 듣든지 아니 듣든지 전해져야 한다. 모든 족속에게 전해져야 한다. 그러나 제한된 자원과 능력을 가지고 효과적으로 세계 복음화의 과제를 달성키 위해서는 우선 복음이 잘 수용되는 곳부터 전해야 한다는 것이다.

8. 수용자의 필요와 수용 상태에 민감함

모든 사람이 똑같은 필요와 관심을 가진 것은 아니다. 또한 모든 사람이 똑같은 수용 능력을 지닌 것이 아니다. 즉 똑같은 복음을 전한다 해도 받는 사람들의 관심과 수용 능력에 따라 복음의 결실은 판이하게 다르게 나타날 수 있다는 것이다. 바울은 이 사실을 누구보다 잘 알았고, 수용자들에 따라서 다른 선교 전략을 펼쳤다. 바울이 만난 사람들은 크게 세 부류로 나눠 볼 수 있는데, 첫째는 구약 성경에 밝으면서 메시아를 대망하고 있는 유대인과 하나님을 경외하는 무리들이었다. 바울이 이들에게 접근할 때는 구약 성경에서 그의 선교의 출발점을 찾아서 그 구약에 예언된 메시아가 바로 그리스도라는 사실을 알려 준다.

둘째 부류의 사람들은 이방인 중에 수준 높은 철학적인 배경을 가진 자들인데 아테네의 사람들이 그 대표적인 사람들이다. 이들에게 접근할 때 바울은 먼저 그들이 지니고 있는 창조주 신 개념 혹은 그 신에 대한 관심에 기초하여 하나님을 말하고(행 17 : 24~30), 그 하나님이 구원의 길로 보내신 이가 바로 예수 그리스도임을 소개한다(행 17 : 31).

셋째 부류의 사람들은 이방인 중에서 정령숭배자들인데, 당시 이방인들의 대부분이 이 부류에 속한다고 볼 수 있고 특별히 루스드라와 에베소의 사람들에게서 이 경향이 잘 나타난다. 이들이 관심 가지고 있는 것은 드러난 신적 능력이다. 이들에게는 철학적 논쟁이나 종교적 전통 같은 것은 그리 중요한 것이 아니었다. 이들의 최대 관심은 구체적으로 드러나는 신적 능력이었다. 바울은 이들의 관심을 따라서 에베소에서 기적적인 표적, 병 고침, 그리고 악령으로부터의 구원 등을 매개로 복음을 증거하였다(행 19 : 11~12).

결국 바울의 접근 방법은 선교 대상자들의 필요와 수용 상태에 따라 달라지는 것이었다. 그는 결코 처음부터 끝까지 동일한 하나의 전략을 가지고 선교를 수행한 것이 아니었다. 물론 그가 전한 복음의 내용과 목표는 늘 동일하였다. 그의 선교의 목직은 언제나 복음의 전달과 영혼의 구원, 그리고 그 결과로 이루어지는 교회의 설립이었다. 그러나 이 목적을 이루기 위한 접근 방법과 매개체는 늘 새롭게 바뀌고 새 여건에 적응할 준비가 되어 있었다. 많은 사람들이 변치 않는 몇 가지의 법칙이나 원리를 선호하는 것과는 달리 바울은 늘 다양한 접근 방법을 사용하였다. 이런 점에서 베네트는 바울에게는 전략이 없는 것이 전략이라고까지 표현하고 있다.[33] 그만큼 어떤 전략에 매이지 않고 성령의 음성에 민감하면서 현지의 상황에 적절한 선교 방법들을 모색하면서 나아갔다는 말이다.

---

33) Charles T. Bennett, op. cit., p. 138.

XIV. 예루살렘에서

　온갖 환난과 생명의 위협에도 굴하지 않고 10여 년의 세월 동안 주의 복음을 전했던 바울이 드디어 예루살렘에 도착하였다. 많은 경고와 만류를 무릅쓰고 바울은 마침내 예루살렘에 발을 들여놓았다. 바울의 예루살렘 방문은 그가 지금까지 선교한 성도들을 몸된 주의 교회의 일원으로 받아들여지도록 확정짓고, 동시에 그들이 드린 헌물을 주의 전에 드리기 위한 것이었다. 이런 점에서 지금까지 행한 선교를 종결짓고, 이제는 새로운 지역 즉 로마의 서부 지역을 향하여 발걸음을 내딛는 디딤돌이 되기도 하는 것이었다. 그러나 바울의 예루살렘 행은 그가 원하는 방향으로 그리 순탄하게 진행되어지지는 않고 있었다. 그의 앞에는 증오, 체포, 구타, 재판, 살인 음모 등 숱하게 많은 고난들이 진을 치고 있었던 것이다.

1. 바울이 가져온 예물에 담긴 의미

가이사랴에서 바울 일행은 가이사랴 몇 제자들의 안내를 받으면서 예루살렘으로 올라갔는데, 그 중에 키프러스 사람 나손(Mnason)이 함께 동행하였다. 그는 예루살렘에 집을 갖고 있었고 바울 일행이 그 집에 머물기로 되어 있어서 함께 동행하였다. 이들과 함께 예루살렘에 도착한 바울은 예루살렘 성도들의 영접을 받았다. 또한 예루살렘으로 돌아온 바울은 야고보의 환영을 받았다. 당시에 바울이 이방 기독교회의 대표격이었다면, 야고보는 유대 기독교회를 대표하는 인물이었다.

이 두 인물의 만남은 이때가 네 번째인 것으로 여겨지는데, 회심 후 처음 예루살렘에 올라가서 야고보를 만났고(갈 1 : 18~19), 14년 후에 다시 예루살렘에 올라가서 만남을 가졌고(갈 2 : 1, 9), 그 후 예루살렘 총회 때 서로 양쪽 입장의 대표적인 인물이었고(행 15 : 21ff), 그리고 이번 만남이었다. 이 긴 세월 동안 둘은 양쪽 진영을 크게 성장시킨 인물들이 되었다. 바울 옆에는 이방 교회들로부터 온 그의 동역자들이 있었고, 야고보의 옆에는 예루살렘 교회의 장로들이 있었다. 바울이 그의 사역을 통하여 이방인 가운데서 일어난 역사를 자세하게 말하는 것을 듣고 야고보와 장로들이 모두 하나님께 영광을 돌렸다(행 21 : 19~20). 얼른 보기에 두 진영 사이에는 별 문제가 없이 이해하고 포용하는 마음을 가지고 서로간에 만남을 갖는 것처럼 보인다. 그러나 사실 믿음으로 구원을 받는다는 바울과 율법을 지킴으로 구원을 얻는다는 입장을 대표하는 야고보 사이에는 양보하기 어려운 커다란 벽이 있었던 것이 사실이었다. 예루살렘 교회의 분위기는 바울이 처음 예루살렘 회의 때 올라왔을 때보다 훨씬 율법주의 성향이 강해졌고, 이런 교회에서 바울이 전한 복음과 그 복음으로 세워진 이방 교회를 형제 교회로 받아들이는 데는 많은 어려움이 도사리고 있었다.

바울이 예루살렘에 올라올 때에 가지고 온 것 중의 하나가 이방인 교회들로부터 걷은 헌물이었다. 이 헌물은 상당히 다양한 바울의 선교적 목적을 담고 있었다.

첫째, 그 헌물은 가난한 예루살렘 교회의 성도들을 돕고자 하는 것이었다. 처음 바울 진영과 야고보 진영이 선교지를 분할할 때에 바울에게 부탁한 것은 가난한 자들을 도와주는 것이었다(갈 2 : 9~10). 바울은 처음 약속한 대로 그 의무를 성실히 감당하였던 것이다. 따라서 그 헌물은 바울 진영과 야고보 진영 사이의 선교지 분할에 대한 처음 약속을 상기시켜 주는 좋은 매개체가 되었던 것이다.

둘째, 이 헌물은 예루살렘 교회와 이방인 교회의 하나됨을 나타내 주는 표지가 되는 것이었다. 그 예물이 예루살렘 교회에 의해 받아들여질 때 두 교회는 상호간에 한 형제로서 사랑을 받는 것을 겸손히 인식하는 것이 되었다. 이방인 교회는 예루살렘 교회의 영적인 축복에 동참하고, 예루살렘 교회는 이방인 교회의 물질적인 축복에 동참하는 의미가 되는 것이었다. 이로써 이방인 교회는 예루살렘 교회에 영적인 빚을 지고, 예루살렘 교회는 이방인 교회에 물질적인 빚을 지게 되는 것이었다. 이방인 교회가 예물을 준 것은 물론 예루살렘 교회의 형제들에 대한 사랑 때문이었지만, 동시에 예루살렘 교회로부터 받은 영적인 빚을 갚고자 함이기도 하였다. 즉 그 예물은 두 교회 간의 영적인 하나됨을 돈독히 하는 매개체였던 것이다.

마지막으로 이 헌물은 바울의 선교 사역의 결실을 나타내 주는 귀한 표지였다. 선지자들이 말한 종말의 예언을 보면, 종말에 하나님의 영광이 온 천하에 전파되어서 모든 민족들이 하나님을 알게 되고 그로 인해 자신들이 섬기던 모든 우상을 버리고 자기들의 보화를 가지고 시온으로 와서 하나님을 예배하고 그 구원에 동참한다는 '시온에 대한 종말론적 숭배 사상'이 곳곳에서 나타난다(사 66 : 18~21).[1]

이 예언대로 바울의 사역을 통해서 이방인들이 하나님께로 돌아오고 있었던 것이다. 그리고 이들이 오면서 그냥 오는 것이 아니라 헌물을 가지고 오는 것이다. 따라서 바울의 선교 사역을 통하여 선지자들의 예언이 성취되고 있는 것이었다.

결국 바울이 걷어 온 헌물은 여러 가지 선교적 목적을 함축하고 있었던 것이었다. 특별히 바울 선교 사역의 열매를 보여 주는 것이었고, 나아가서 모 교회인 예루살렘 교회의 인정을 받아 이방 선교를 더 원활히 진척시키는 데 도움을 주는 물질이었던 것이다.

2. 바울은 회색주의자(?)

바울이 목숨을 아끼지 않고 10여 년의 긴 세월을 바쳐서 복음을 전하고 예루살렘에 돌아왔을 때 그를 기다리는 것은 환영이나 따뜻한 칭찬이 아니었다. 그를 기다린 것은 그가 전한 복음을 인정하지 않고 무너뜨리려는 궤계들이었다. 나아가서 바울을 없애 버리려 하는 증오에 찬 사람들이었다. 그들은 바울이 유대인들 특히 유대인 성도들에게 권하여 그들의 자녀들에게 할례를 행하지도 말고 조상들의 전례를 지키지도 말라고 가르친 것으로 오해하였고, 그래서 바울을 이스라엘의 순결을 더럽힌 괴수로 오인하였던 것이다.

야고보는 물론 이것이 사실이 아님을 잘 알았다. 그래서 그는 문제의 해결을 위하여 바울에게 한 가지 제안을 했다. 즉 서원한 네 사람이 있는데 그들과 함께 결례에 참여해 달라는 것이었다. 그것을 통해 바울이 전도 여행을 다닐 때 가르치기를 모세를 배반하여 할례를 행하지 말고 유대 관습을 따르지 말라고 가르쳤다고 생각하고 바울에게 악감정을 가지고 있는 사람들에게 바울이 그런 사람이 아니라는

---

1) John Stott, op. cit., pp. 340~341.

사실을 보여 주고, 그들의 분을 누그러뜨리고자 하였다. 또한 결례를 행할 뿐 아니라 다른 네 명의 결례와 머리를 깎는 비용까지 부담하라고 하였다(행 21 : 24). 이러한 결례에는 제사장에게 보고를 하고, 사흘 되는 날과 이레 되는 날에 속죄의 물을 머리에 뿌리는 예식이 포함되어 있었다. 바울은 이 제안을 흔쾌히 받아들였고, 그 제안대로 모든 것을 행하였다. 결례를 시행하면서 바울은 세 차례에 걸친 선교가 성공적으로 수행된 것처럼, 스페인까지 복음화하는 것이 능력 있게 성취되어 다시금 성전을 방문하여 또 한번 예루살렘에서 하나님께 감사의 예배를 드릴 수 있게 되기를 간절히 소원하였을 것이다.

그런데 여기에서 한 가지 우리의 의문을 자아내는 부분이 있다. 바울은 가는 곳마다 예수의 사역으로 인해 더 이상 유대의 할례와 정결 예식이 의미가 없는 것이며, 구원은 더 이상 이런 것을 행하는 데서 오지 않고 오직 예수를 믿는 믿음에서 오는 것이라고 가르쳤다. 그렇게 가르치고 주장한 사람이 자신의 안전을 위하여 필요도 없는 정결 예식을 행한 것은 외식주의나 회색주의자 같은 느낌을 준다.

왜 바울은 이렇게 행동하였을까? 여기에 대하여 여러 가지 대답들이 있어 왔다. 첫째, 누가는 바울과 예루살렘 교회 지도자들간의 관계가 원만하였다는 것을 보이고자 하였다는 것이다. 그러나 바울이 예루살렘 지도자들의 권면을 실행하려고 많은 애를 쓴 것에 비하여, 정작 예루살렘 지도자들은 바울을 위하여 어떤 지속적인 지원이나 도움을 하였다는 기록이 없는 것을 보아 이것은 큰 설득력이 없는 것으로 보인다. 둘째, 바울은 실제로 결례를 행함으로 자신이 오해를 받았고 유대인들이 자신을 향하여 잘못 고소했다는 사실을 보여 주고 싶었다는 견해이다. 그러나 이 경우라면 바울이 그러한 규례를 정확히 지키면서 그의 성도들에게는 정결례의 무효를 주장하는 것은 스스로 모순되는 행동을 한 것이 된다.

바울의 이러한 행동에 대한 가장 적절한 대답은 고린도전서 9장

20~22절 말씀에서 그 실마리를 찾을 수 있다고 보여진다. 거기에서 말하기를 그는 유대인에게는 유대인처럼, 이방인에게는 이방인처럼, 약한 자에게는 약한 자처럼 되었는데, 그 이유는 어찌 하든지 몇 명이라도 더 구원하려는 것이 그의 목적이었다는 것이다. 즉 그의 최고의 관심은 영혼 구원이었지 결례나 예식의 형식이 아니었다. 그의 이해 속에서는 예배의 주된 목적 중의 하나가 영혼의 구원이다. 그러므로 영혼의 구원을 위해서라면 예배의 형태는 부차적인 문제였다.[2] 자신이 결례를 행하여 유대인들의 윤리 의식을 만족시켜 주고, 그럼으로 해서 자신에 대한 악감정을 누그러뜨려서 유대 기독교회와 이방 기독교회가 하나가 되고 유대인들이 복음을 받아들이는 일에 도움이 된다면 그는 기꺼이 그 일을 행할 수 있었던 것이다. 그는 모든 사람이 율법에 관한 자신의 견해에 동조하고 있지는 않다는 사실을 잘 알고 있었기 때문에 그들의 무지나 편견을 기꺼이 받아들이고자 하였던 것이다. 그는 복음의 핵심적인 부분이 아닌 문제들로 그리스도 안에 있는 형제들과 다툼이 일어나서 복음의 진전에 방해가 되는 것을 원치 않았다.[3]

이런 점에서 본다면 결례를 행한 것이 그의 일관된 주장과 모순되지 않는 것이다. 그는 복음 전파를 위해서라면 어떤 것도 양보할 각오가 되어 있었다. 바울은 구원에 대하여 본질적이지 않은 문제에 대하여는 많은 자유함을 지녔다. 존 뉴턴(John Newton)이 말한 것처럼, "바울은 비본질적인 것에 있어서는 갈대와 같았고, 본질적인 것에 관한 한 철 기둥 같았다."[4]

---

2) Clifton Allen, *The Broadman Bible Commentary, Acts-1 Corinthians*, p. 123.
3) Herbert Kane, op. cit., p. 126.
4) John Stott, op. cit., p. 257 재인용.

3. 체포당하는 바울

　바울이 결례를 행하는 날이 다 되어 갈 때에 아시아로부터 온 유대인들이 사람들을 선동하여 바울을 잡아 죽이고자 하였다. 그들은 바울이 율법과 성전을 훼방하였으며, 헬라인을 데리고 성전 안으로 들어가서 성전을 더럽혔다고 주장하였다. 본래 이방인들은 성전의 바깥 뜰 즉 이방인의 뜰까지만 들어갈 수 있도록 되어 있었다. 이 이방인의 뜰과 유대인 뜰의 사이에는 1.4미터 정도 높이의 돌벽으로 된 경계선이 있었는데, 이 벽에는 이방인의 출입을 금지하며 들어갈 경우에는 죽임을 당한다는 경고가 적혀 있었는데 하나뿐이 아니라 헬라어와 라틴어로 여러 곳에 적혀 있었다. 브루스에 의하면, 1871년과 1935년에 헬라어로 쓰여진 이 문구가 각각 발견되었는데, 그 정확한 문구는 다음과 같다. "이방인은 성전과 그 경내를 둘러싸고 있는 경계를 결코 넘어갈 수 없다. 누구든지 그렇게 하다 잡히면 스스로 죽음을 자초한 것으로 스스로를 원망할 수밖에 없게 될 것이다."[5] 이런 엄격한 규례를 바울이 무시하고 이방인인 드로비모를 데리고 성전 안으로 들어갔을 리는 없다. 단지 에베소 사람인 드로비모가 바울과 함께 성내에 있었던 사실을 가지고 유대인들은 성급한 결론을 내려 드로비모가 성전 안으로 들어간 것으로 생각하였다. 유대인들의 이같은 오해로 바울은 졸지에 유대인들의 손아귀에 붙잡혀 몰매를 맞았고 스데반과 같이 곧 죽임을 당할 처지에 놓이게 되었다.

　그런데 다행이 예루살렘에서 일어나는 소동을 항상 감시하고 있던 로마군 수비대 병력이 소란이 발생한 것을 보고 곧바로 출동함으

---

5) F. F. Bruce, *The Acts of the Apostles : The English Text with Introduction, Exposition and Notes*, in The New London Commentary on the New Testament(Marshall, Morgan and Scott/Eerdmans, 1954), p. 434.

로써 바람 앞에 등불 같던 바울의 목숨은 일단 건짐을 받았다. 이 수비대의 막사는 헤롯 대왕이 성전 북서쪽 코너에 지어 준 안토니아 요새에 있었으며, 주둔 병력은 1천 명 정도였다. 이 수비대의 책임자는 천부장이었으며, 그 당시 천부장은 '글라우디오 루시아'였다(행 23 : 26). 천부장이 그의 병력을 이끌고 급히 개입하자 일단 바울을 때리던 난동은 멈추어졌다. 글라우디오 루시아는 처음에 바울이 이집트의 테러리스트인 것으로 생각하였다. 요세푸스에 의하면 이 이집트의 테러리스트는 이 사건이 있기 약 3년 전에 3만 명 정도의 사람을 모아 감람 산으로 올라가서 말하기를 자신의 명령을 따라 예루살렘 성벽이 무너지면 예루살렘 성으로 들어가서 로마를 물리치자고 백성들을 선동하였었다. 그러나 당시 유대의 총독이었던 벨릭스와 그의 군대가 이 테러단을 죽이고 생포하여 살아 남은 자들은 흩어졌고 지도자였던 이집트의 테러리스트는 도망을 갔었다.[6] 바울이 성난 폭도들에게 구타를 당하고 있는 모습을 보면서 천부장은 도망갔던 이집트의 테러리스트가 나타나서 그에게 속은 군중들이 보복을 하는 것이라고 생각하였다. 그러나 바울이 교양 있는 헬라 말을 하자 내심 놀랐고, 바울이 자신을 변명할 수 있는 기회를 달라고 부탁하자 변명의 기회까지 주었다.

바울의 변명은 다음의 주제를 담고 있었다. 첫째, 자신은 유대교의 배경에서 태어나고 자랐으며 당시 가장 저명한 힐렐 학파의 가장 유명한 스승이었던 가말리엘의 문하에서 가르침을 받았다는 것을 말하였다. 즉 자신은 히브리인 중의 히브리인임을 천명하였다.[7]

---

6) Flavius Josephus, *The Antiquities of the Jews*, c. AD 93~94, translated by William Whiston, 1737 ; from Josephus : Complete Works(Pickering & Inglis, 1981), XX. 8.6 ; *The Wars of the Jews*, c. 78~79, translated , II. 3.5. translated by William Whiston, 1737 ; from Josephus : Complete Works (Pickering & Inglis, 1981), II. 13.5.

둘째, 하나님을 향한 자신의 열심을 말하였다. 그는 예수의 도를 좇는 사람들을 다 잡아죽일 정도로 열심 있는 사람이었으며, 이 사실은 바울에게 이 일을 하도록 허가증을 발급해 준 산헤드린이 더 잘 아는 일이었다. 하나님을 위한 열심을 가지고 말한다면 바울은 자신을 잡아죽이려고 모인 유대 군중 그 어느 누구보다 뛰어난 사람이었다.

셋째, 그는 그의 삶의 이정표가 갑자기 바뀌게 된 배경을 설명하였다. 그는 자신의 회심이 결코 자신의 결정이 아니라 전적인 하나님의 주도하에 이루어진 일임을 강조하였다.

넷째, 다마스커스에서 율법으로 흠이 없고 모든 유대인들로부터 칭찬을 듣던 아나니아에게서 자신이 안수를 받아서 시력을 다시 회복하고 세례를 받았다는 사실을 말하였다.

마지막으로, 바울은 예루살렘 성전으로 돌아와서 기도하던 중 멀리 이방인에게 보낸다는 주님의 음성을 듣게 되었다고 말한다. 결국 바울은 자신이 철저히 하나님의 율법에 충실한 사람이었으며, 그 하나님의 명을 받아 현재도 사역하고 있음을 주장한 것이었다.

그러나 편견으로 마음 문이 굳게 닫혀진 유대인들의 귀에 이런 소리가 들릴 리가 없었다. 그들은 이런 놈은 더 이상 살려둘 가치가 없는 놈이기에 세상에서 없애 버려야 한다고 소리를 지르며 옷을 벗어 던지고 티끌을 공중에 날리면서 바울을 죽여 버리고자 하였다. 유대인들이 옷을 벗어던지고 티끌을 공중에 날리는 행동을 하는 것은 신성 모독을 행했다고 여겨지는 행동에 대한 전형적인 반응이었다.[8] 유대인들이 보기에 바울은 유대인과 이방인이 동등하게 하나님 나라의 백성이 될 수 있다고 가르치는 자이며 이것은 유대인과 그들의

---

7) 빌 3 : 5.
8) John Stott, op. cit., p. 349.

종교를 반역하는 행위로 비쳐졌다.[9]

이 상황에서 천부장은 일단 바울을 군영 안으로 데려가서 채찍질을(flogging) 하도록 명하였다. 당시의 채찍질은 죄수로부터 죄를 자백받아내는 한 수단이었는데, 이 채찍은 아주 무서운 심문 도구로서 아주 강한 나무에 가죽 줄을 매달고 그 끝에 쇠조각이나 동물의 뼈 조각을 붙인 것이었다. 이 심문 도구가 얼마나 무서운 것이었는지 이 책찍을 맞는 도중에 죽는 사람이 있었고, 죽지 않는다 해도 평생 불구자로 남는 경우가 허다하였다.[10] 천부장의 명에 따라 군사들은 바울을 가죽줄로 묶었다. 이제 곧 바울은 무서운 채찍에 맞아 골병이 들 상황이 되었다. 바울은 이때 자신이 로마 시민임을 말하였고, 시민권이 확실히 효력을 발휘하여 일단 급한 위기는 모면하였다.[11] 아울러 바울이 로마 시민인 것을 발견하고 로마 시민을 결박한 것을 인하여 천부장과 신문하려던 병사들이 두려워하였다. 그러나 그를 결박에서 풀어 자유를 주지는 않았다.[12] 당시에 죄수를 결박하는 도구는 아주 무거워서 그 자체가 하나의 고통인 무거운 체인과 죄수의 도망을 막는 가벼운 체인이 있었던 것으로 보이며,[13] 바울이 로마 시민권자인 고로 무거운 체인은 벗기고, 가벼운 체인을 차게 하였다. 어찌 되었든 로마 군대의 개입으로 바울이 위기를 모면한 것을 보면서 인간의 제도나 지위가 선교 사역을 위해 유용하게 쓰이는 것을 느끼게 된다.

---

9) Weldon Viertel, op. cit., p. 138.
10) F. F. Bruce, *Paul : The Apostle of the Heart Set Free*(Grand Rapids, MI : Eerdmans, 1977), p. 445.
11) 그러나 당시에 로마 시민의 경우에는 심문을 받을 때 채찍질을 면제한다는 것이 어느 정도 인정되기는 하였지만, 지역 재판 상황에서 로마 시민의 정확한 권리가 명문화되어 있지는 않았다.
12) 행 22 : 30, 23 : 18, 24 : 27, 26 : 29.
13) cf. 행 21 : 33.

4. 살인 음모

천부장은 바울이 왜 유대인들에게 잡혔는지를 알기 위하여 유대인들에게 물었지만 그들이 서로 일치되지 않는 대답을 하므로 그들을 신뢰할 수가 없었다(행 21 : 34). 한편 죄수인 바울 자신을 채찍질하여 그 죄를 알아내려 하였지만, 그가 로마 시민권자이므로 심문을 강행할 수 없는 형편이었다. 이제 유대의 합법적인 공식 기관인 산헤드린에 의뢰하는 것이 가장 현명한 것으로 보였다. 천부장은 바울의 심문을 위하여 산헤드린을 불러 모았다.

바울은 이스라엘의 온 공회가 모인 것을 보고, 예수 믿는 도를 변증하고 인정받을 수 있는 좋은 계기가 되기를 기도하면서 입을 열기를, "여러분 형제들아 오늘날까지 내가 범사에 양심을 따라 하나님을 섬겼노라"(행 23 : 1)라는 말로 자신의 변명을 시작하였다. 이 말을 듣고 대제사장 아나니아가 바울의 곁에 있는 사람에게 명하기를 "그 입을 치라"(행 23 : 2)고 하였다. 아나니아의 생각에 바울이란 자는 완전히 배교의 길을 걸어가고 있는 자인데, 스스로 말하기를 자신은 그 말하는 순간까지 양심을 따라 바르게 하나님을 섬겨 왔다고 주장하니, 그것은 신성 모독이라는 생각이 들었던 것이다.

이에 대하여 바울은 다소 격정적인 어투로 대답을 하였다. "회칠한 담이여 하나님이 너를 치시리로다 네가 나를 율법대로 판단한다고 앉아서 율법을 어기고 나를 치라 하느냐"(행 23 : 3)라고 하였다. 이에 옆에 있는 사람들이 "하나님의 대제사장을 네가 욕하느냐"라고 공박하자, 바울은 "형제들아 나는 그가 대제사장인 줄 알지 못하였느니라 기록하였으되 너의 백성의 관원을 비방치 말라 하였느니라"(행 23 : 5)라고 대답하여 위기를 모면하였다.

바울이 왜 이같이 말하였을까? 그 모임이 공식적인 모임이 아니어서 아나니아가 공식적인 의복을 입지 않았고, 또한 사회를 보지 않았기에 바울이 그를 대제사장인 줄 알지 못하였다고 생각할 수 있다. 한편으로는 그 법정이 어수선하였으므로 바울은 누가 자신을 치라 하였는지 확실히 알지 못하였다고도 할 수 있다. 또는 약간의 비난조의 말로서, "너 같은 사람이 대제사장인 줄은 알지 못하였다."라는 의미를 지닌 말로 볼 수도 있다. 또 다른 가능성은 바울이 약한 시력을 가지고서 그가 누구인지 실제로 알지 못하였다고도 할 수 있다.[14] 어찌 되었든지, 바울은 그가 대제사장인 줄 알았다면 그렇게 말하지 아니하였을 것이라는 것을 스스로 말한 것이므로 잠시 침착성을 잃었던 것은 사실이라 할 수 있다.

비슷한 상황에서 주님께서는 침착성을 잃지 아니하시고 왜 자신을 치는지 이유를 대라고 말씀하신 반면에(요 18 : 23), 바울은 다소 과격한 발언을 한 느낌이 든다. 이것은 바울의 인격에 흠이 있었다는 것을 보여 주기보다는 바울 역시 연약한 인간이라는 사실을 보여 주는 한 예이며, 이로써 우리에게 보다 친근감을 주며, 우리가 바울을 뒤따라 사는 것을 아예 포기하지 않도록 도와준다.

어찌 되었든 바울은 위기를 모면하였고, 그 자리에 모인 사람들이 바리새인과 사두개인으로 구성된 것을 알고, 자신이 바리새인이며 바리새인의 아들이라는 사실과 죽은 자의 소망 곧 부활 때문에 현재 이런 심문을 받는다는 사실을 천명하였다(행 23 : 6). 바울이 이 말을 하자 부활에 관한 견해를 달리하는 바리새인과 사두개인간에 큰 분쟁이 일어나게 되었고 결국 바리새인 측에서는 바울에게 아무런 잘못이 없다고 주장하기에까지 이르렀다. 이로 인해 두 파 간에 큰 쟁론이 일어나게 되자 천부장은 두 파 사이의 쟁론 와중에서 바울이 어떤 해를 입지나 않을까 하여 그를 빼내서 영문으로 데리고 들어가라 하였고, 이로 인해 바울에 대한 기소는 아무런 효험 없이 그냥 끝

---

14) John Stott, op. cit., p. 352.

나 버리고 말았다.

이 상황을 보면서 혹자는 생각하기를 바울이 위기를 모면하기 위하여 괜히 바리새인과 사두개인간의 논쟁에 불을 당기었다는 생각을 하는 경우도 있다. 그러나 사실 바울에게 있어서 부활은 자신이 믿는 가장 핵심적인 교리였고, 이것을 증거하다 이런 재판의 자리까지 오게 된 것은 사실이었던 것이다.

어찌 되었든 바울에 대한 기소가 이처럼 무산되자 유대인들은 참을 수가 없었다. 자신들의 계획이 수포로 돌아가는 것을 그냥 보고만 있을 그들이 아니었다. 그들은 바울을 죽이기 위한 치밀한 음모를 짰다. 그들은 대제사장을 통하여 산헤드린으로 하여금 천부장에게 청원을 내어서 바울을 공회 모임 장소로 데려오도록 하고 바울과 그 호위 병력이 좁은 길을 통과할 때에 그들을 덮쳐서 죽여 버릴 것을 계획하였다. 이것은 단순한 계획이 아니었다. 40명이나 되는 사람들이 이 일을 이루기까지는 먹지도 않고 마시지도 않겠다고 목숨 걸고 맹세할 정도로 철저하고도 무서운 음모였다. 그러나 아무리 치밀하고 강력한 인간의 음모라 할지라도 하나님의 허락이 없이는 결코 빛을 보지 못하며, 하나님의 뜻을 거스리는 인간의 그 어떤 계략도 성공할 수가 없는 것이다.[15] 하나님께서는 바울의 생질 즉 누님의 아들[16]을 준비하시고 그로 하여금 이 모든 음모를 알아낼 수 있게 하시어, 이로써 유대인들의 음모를 수포로 돌아가게 만드셨다. 이 조카가 어떤 직책에 있었는지, 또 어떻게 이런 기밀을 알아낼 수 있었는지 참으로 궁금하기 그지없다.

---

15) 사 54 : 17.
16) 바울의 조카가 어떻게 예루살렘에 살게 되었는지는 확실히 알 길이 없지만, 아마도 바울이 어린 시절에 예루살렘에 갈 때에 누이도 함께 갔을 것으로 보이며, 그의 친척 중 몇이 바울보다 먼저 기독교를 믿었던 것으로 보인다(롬 16 : 17). Oswald J. Sanders, 『지도자 바울』(서울 : 네비게이토 출판사, 1987), p. 16.

여하튼 천부장은 그 조카로부터 음모의 전모를 알게 되었고, 바울이 로마 시민권자임을 감안하여 그를 철저히 지켜서 안전하게 총독에게 보내는 것이 옳다고 판단하여 이를 실행하였다. 여기에서 놀라운 것은 천부장이 일을 실행하는 신속성과 호송 부대의 규모이다. 먼저 신속성을 생각해 보면, 천부장은 바울의 생질로부터 정보를 입수받은 뒤 바로 그날 밤에 그 일을 처리하였다. 또 그 호송 병력을 보면 죄인 하나를 호송하기 위한 병력치고는 좀 과한 듯한 느낌을 줄 정도의 규모였다. 즉 200명의 보병과 70명의 마병과 창을 든 군인들 200명을 파병하였는데, 이것은 예루살렘 수비대의 병력이 1천 명이라 생각할 때 거의 반에 해당되는 병력이다. F. J. Foakes-Jackson과 Kirsopp Lake와 같은 학자들은 뒤의 창군 200명은 사람이 아니라 짐을 실은 말과 40마일이나 되는 먼 거리를 오가기 위한 예비 당나귀들이라고 해석하기도 한다. 이러한 해석을 받아들인다 해도 여전히 천부장이 파병한 호송 병력은 크며, 이것은 바울의 중요성을 암시해 주는 것이라 할 수 있다.[17]

천부장은 바울에 대한 유대인들의 살인 의지가 워낙 강하기에 선불리 호송하였다가는 큰 사고가 날 것으로 짐작하였다. 이런 상황에서 만일 중간에 무슨 사고가 발생하면 천부장 자신도 책임을 져야 하기에 천부장은 아예 바울 처형 결사대가 엄두도 못 내도록 엄청난 병력을 투입한 것이다. 어찌 되었거나 바울은 덕분에 아주 안전하게 가이사랴로 호송이 되어 또 다른 몇 번의 심문을 받게 되었다.

---

17) F. J. Foakes-Jackson and Kirsopp Lake, eds, *The Beginnings of Christianity*, Part I : The Acts of the Apostles, Vol. 4(Grand Rapids, MI : Baker Book House, 1979), p. 462.

XV. 재판의 연속

바울이 예루살렘으로의 여행을 생각하면서 로마의 성도들에게 '나로 유대에 순종치 아니하는 자들에게서 구원을 받게 하고'(롬 15:31)라고 기도 부탁을 하였는데, 이 기도대로 바울은 40명의 바울 처형 결사대로부터 안전하게 벗어났다. 그러나 그가 완전히 자유의 몸이 된 것은 아니었다. 그는 수갑을 차고 차갑고 음습한 감방에서 수년의 세월을 보내야 했다. 죄인이 아닌 그가 죄인 취급을 받아가면서 보낸 그 시간들은 그에게 참으로 수치스럽고 괴로운 생활이었음에 틀림없다. 그러나 이런 열악한 상황 속에서도 그의 믿음과 복음에 대한 열정은 결코 약해지지 않았다. 또한 그는 그 무의미한 것처럼 보이는 긴 시간을 잘 인내하였다. 그는 사슬에 매인 3여 년의 세월을 나름대로 주어진 상황에서 최선을 다하여 복음을 증거하는 시간으로 선용하였다. 그는 말했다. "오늘 내 말을 듣는 모든 사람도 다

이렇게 결박한 것 외에는 나와 같이 되기를 하나님께 원하노이다."
(행 26 : 29) 누가 이같은 최악의 상황 속에서 이처럼 최상의 확신을
가지고 담대하게 복음을 증거할 수 있었겠는가?

1. 벨릭스의 고민

바울을 처음 재판한 유대의 총독은 A.D. 52년부터 7~8년간 유대의 총독으로 재임했던 벨릭스(Felix)였다. 그는 본래 노예 출신이었는데 황제 글라우디오와 네로의 특별한 신임을 받았던 그의 형 팔래스(Pallas)의 공으로 유대의 총독으로 임명되었다. 그가 총독으로 임명된 데는 또 한 사람의 공이 있었다. 벨릭스는 전임 총독인 쿠마누스(Cumanus) 치하에서 사마리아의 어떤 행정직에 있었는데, 로마에 파견된 유대인 대표단의 책임자였던 요나단이란 사람이 벨릭스의 품행에 크게 감동받아서 글라우디오 황제에게 쿠마누스를 뒤이어 벨릭스를 유대의 총독으로 보내 달라고 특별한 간청을 하였다. 그리고 요나단의 부탁대로 벨릭스가 유대 총독이 되었지만, 후에 요나단이 벨릭스에게 온유한 정치를 펴 달라고 지속적으로 권고하자 벨릭스는 요나단을 암살해 버렸다. 이처럼 벨릭스는 배은망덕한 사람이었다. 그는 또한 매우 잔인한 사람으로 알려져 있는데, 본래 노예였다가 자유인이 되고 총독의 자리에까지 오른 후에도 그에게는 여전히 노예적인 근성이 남아 있어서 유대인들의 민란을 제압하는 데 매우 잔인하였다. 역사가 타키투스는 그를 가리켜 말하기를, "그는 노예의 마음을 가지고 왕의 권세를 행하였다."고 하였고, "지각 없는 징계의 방법으로 폭동을 자극하였다."고 하였다.[1] 그의 부인은 드루실라라는 유대 여인이었는데, 이 여자는 야고보를 죽이고, 마지막에

---

1) Tacitus, op. cit., V. 9, Bruce, op. cit., p. 462 재인용.

갑자기 충이 먹어 죽은 헤롯 아그립바 1세의 막내딸이었으며(눅 12 : 1~23), 헤롯 아그립바 2세와 버니게의 누이이다. 이 드루실라는 아주 매혹적인 미를 소유한 여인이었다. 벨릭스는 그 미모에 반하여 마술사 아트모스(Atmos)라는 사람을 시켜서 드루실라가 본래의 남편인 아지주스를 떠나 자신과 결혼하면 모든 행복을 보장하겠노라고 꼬드겨서 이 여인을 자신의 세 번째 부인으로 만들었다.[2]

벨릭스는 천부장 글라우디오 루시아로부터 온 편지를 받고서 바울을 일단 헤롯 궁에 감금하여 두었다. 5일 후에 대제사장 아나니아와 장로들 그리고 전문 변호사 더둘로라는 사람이 내려와서 바울을 기소하기 시작하였다. 더둘로는 먼저 벨릭스에 대한 찬사를 늘어놓았다. 재판관에게 어느 정도의 찬사를 보내는 것은 예의에 속하지만 더둘로의 찬사는 참으로 구역질 나는 것이었다. 왜냐하면, 더둘로는 벨릭스의 통치로 인해 백성이 태평을 누리고 그의 선견을 인하여 민족이 개량되었다고 하였는데, 실제로는 벨릭스의 잔악한 폭정으로 인해 백성들은 공포에 시달리고 있었다. 재판관인 벨릭스를 역겹도록 칭찬한 더둘로는 이제 바울을 기소하기 시작하였다. 그의 기소는 다음과 같았다.

첫째, 염병같이 천하에 흩어진 유대인들을 소요케 하는 사람이라는 것이었다. 둘째, 나사렛 이단 운동의 괴수라는 것이었다. 셋째, 그는 성전을 더럽게 하였다는 것이었다(행 24 : 5~6). 이 세 가지 모두 본질적으로는 종교적인 문제이지만 동시에 정치적인 의미를 내포하는 표현이었다. 즉 바울이 유대인 민란 운동가이고, 유대 정통 교리를 따르지 않는 나사렛 이단 운동을 이끌며, 유대 교권자들에게 주어

---

2) F. F. Bruce, 『신약사』, p. 401. 당시 드루실라는 16세였으며, 벨릭스의 말에 속아서 결혼을 하고 후에 아그립바라는 아들을 낳았는데, 후에 이 아들은 베스비아 화산이 폭발하였을 때(A.D. 79년) 그의 아내와 함께 매몰되어 죽었다.

진 성전 관리 권위에 도전하는 사람이라는 것이었다.[3]

이같은 기소에 대하여 바울은 다음과 같이 자신을 변호하였다. 첫째, 자신은 결코 반란을 일으킬 의도도 없었고, 시간도 없었다는 것이었다. 그는 단지 예루살렘에 예배하러 올라갔고 12일밖에 되지 아니하였으며, 자신이 반란을 일으켰다는 것은 아무 근거가 없는 말이라는 것이었다. 둘째, 자신을 나사렛 이단의 괴수라고 하지만, 정작 자신은 똑같은 하나님 즉 조상들의 하나님을 섬기고, 율법과 선지서에 기록된 것을 모두 믿으며, 악인과 의인의 부활에 대한 소망을 간직하고 있으며, 양심에 거리낌이 없는 삶을 살기 위하여 늘 애쓴다는 사실을 천명하였다. 셋째, 성전을 더럽게 하였다는 기소에 대하여 바울은 자신이 구호물과 제물을 가지고 성전에 와서 결례를 행한 것밖에 없음을 말하였다. 바울은 덧붙여 말하기를 만약 자신이 잘못한 것이 있다면 자신을 잡았던 아시아로부터 온 유대인들이 당연히 그 재판 자리에 나와서 증인으로 자신의 잘못을 증거해야 한다고 주장했다(행 24 : 10~20).

벨릭스는 입장이 난처하게 되었다. 천부장 루시아가 보낸 편지에도 바울에게서 죄를 찾지 못하였다고 기록되어 있고(행 23 : 29), 산헤드린도 바리새인들을 중심으로 죄가 없다고 하였으며(행 23 : 9), 바울을 송사하기 위해 온 전문 변호사 더둘로 역시 바울의 죄를 입증하지 못하였다. 이같은 일련의 재판 과정을 보면서 벨릭스는 바울에게 죄가 없다고 내심 판단했던 것 같다. 그래서 벨릭스는 판결을 내리지 않았고, 바울을 담당하는 백부장에게 바울에게 자유를 주며 수종받는 것을 허락해 주라고 하였다(행 24 : 23). 그러나 벨릭스로서는 바울을 그냥 놓아 줄 수가 없었는데, 그 이유는 이 일로 인해 가뜩이나 떨어진 자신의 인기가 더 떨어질 것을 두려워하였기 때문이었

---

3) John Stott, op. cit., p. 360.

다.[4] 벨릭스는 예수가 무죄라는 것을 알면서도 백성들의 강압에 못 이겨 예수를 십자가에 내어줄 때 빌라도가 가졌던 양심의 갈등과 유사한 갈등 속에서 고민하고 있었다.

한편 벨릭스는 바울이 소유한 돈에 많은 관심을 가졌다(행 24 : 26). 벨릭스는 참으로 돈을 매우 밝히는 사람이었다. 벨릭스는 바울이 마케도니아와 아가야에서 상당한 액수의 헌금을 걷어 온 것을 알았고 그만한 재정적 기반을 가진 사람이라면 자신의 석방을 위해 뇌물을 쓰는 데 별 어려움이 없을 것이라고 생각하였다.[5] 이리하여 벨릭스는 바울이 가진 돈을 바라면서 바울을 자주 불러 대화를 나누었다. 바울은 이 만남을 벨릭스에게 복음을 증거하는 기회로 삼았고, 기독교 복음 진리를 세 가지로 요약하여 의와 절제와 장차 오는 심판에 대하여 말해 주었다. 벨릭스는 이 세 가지 기준에서 모두 미달인 사람이었다. 그는 의롭게 살지 않았고, 부인을 셋이나 얻을 정도로 절제하는 삶을 살지 못했고, 그런고로 심판 날에 떳떳이 설 수 없는 사람이었다. 그래서 그는 바울의 말을 들으면서 두려움을 느꼈다(행 24 : 25). 벨릭스는 바울의 이야기를 들으면서도 그것을 포기하고 바른 삶을 살 용기가 없어서 고민하면서도, 지금은 시간이 없으니 후에 시간이 나면 다시 부르겠다는 옹색한 변명을 하면서 바울의 말 듣기를 회피하고 회개하기를 거절하였다(행 24 : 25). 결국 재물과 색을

---

4) 행 24 : 27.
5) 바울이 어느 정도의 돈을 소지하고 있었다는 근거로 다음과 같은 사항들을 들고 있다. 바울은 정결례를 행할 때에 다른 네 명의 비용까지 부담하였고(행 21 : 24), 오랜 법정 싸움을 할 수 있었고, 가이사에 호소하였고, 로마에서 셋집을 자신의 비용으로 얻을 수 있었다는 점 등을 감안할 때에 재정적인 능력을 상당히 가지고 있었다고 볼 수 있으며, 그 자금의 출처는 부모로부터 받은 유산 혹은 성도들이 바울의 쓸 것을 위하여 걷어 준 물질 등이라고 볼 수 있다. W. M. Ramsay, op. cit., pp. 310-313. Roland Allen, op. cit., p. 51.

밝히고 잔악 무도하기로 유명한 벨릭스는 2년 후에 로마로 소환되었는데, 유대인과 시리아인들이 가이사랴 안에서의 권리 문제로 분쟁을 일으켰을 때 그것을 무자비하게 진압하여 물의를 일으켰기 때문이었다. 다행히 그의 형 팔래스가 네로 황제에게 간청하여 가혹한 처벌은 받지 않고, 총독 자리에서 면직되는 정도로 그쳤다.[6] 벨릭스는 복음을 듣고도 갈등하면서 결단을 내리지 못하고 기회를 놓쳤던 한 사람의 종말을 보여 주고 있다.

2. 결론 없는 베스도의 재판

갑자기 면직된 벨릭스의 후임으로 베스도가 임명되었다. 베스도에 대하여는 알려진 바가 많지 않은데, 그 이유는 그가 2년 후 총독 재임 중에 죽었기 때문이었다. 다만 그는 그의 전후의 총독들보다 비교적 공정하고 온후하였다는 평을 들었다. 그가 도임한 지 3일 만에 예루살렘으로 올라갔을 때에 대제사장들과 유대인들이 바울을 고소하여 가로되 예루살렘으로 바울을 옮겨 줄 것을 간청하였다. 그들은 베스도의 전임자가 식민지 사람들에게 무자비하여 쫓겨난 일이 있으므로 베스도는 좀더 호의적인 자세를 가질 것이고 특히 처음 부임하였으므로 이 시기에 간청을 하면 베스도가 들어줄 것이라는 계산을 가지고 그런 부탁을 하였다.[7] 물론 이것은 바울을 예루살렘으로

---

6) Josephus, Antiquities of the Jews, XX.8.7,9 ; Wars, II.13.7. 이 때는 7년 전만 해도 로마 궁중에서 강력한 권력을 행사하던 형 팔래스가 이미 그 권력을 잃고 있었다. 물론 그가 비록 해임은 되었으나 그의 세도는 아직도 대단해서 그의 공적인 행동은 조사를 받지 않았으며, 그의 말은 정중한 처우를 받고 있었다. 그래서 동생 벨릭스가 처벌되는 것만은 막을 수 있었지만, 동생이 총독직에서 쫓겨나는 것까지는 막을 수 없었다. F. F. Bruce, op. cit., p. 403.

7) Weldon Viertel, op. cit., p. 146.

옮기는 중에 죽여 버리고자 하는 음모를 꽐고 있었던 것이었다. 베스도가 유대인들의 간계를 눈치챘었는지는 확실치 않은데, 어찌 되었든 베스도는 피고가 고소 사건에 대하여 변명할 기회가 있기 전에 피고를 내어 주는 것은 법에 어긋나는 것임을 말하고(행 25 : 16), 가이사랴에 내려와서 송사할 것을 권하였다. 베스도는 모든 일을 법대로 신중하게 처리하는 자세를 보여 주었다.

신임 총독 베스도가 자신들의 청을 거절하자 대제사장들과 유대인들은 어쩔 수 없이 가이사랴로 내려가서 베스도가 베푼 법정에서 바울을 고소하였다. 이들은 바울이 율법과 성전 그리고 가이사에 대하여 죄를 범하였다고 주장하였다(행 25 : 7). 특별히 이번 고소에는 가이사에 대한 죄목이 더해진 것으로 보인다(행 25 : 8). 즉 바울의 죄는 종교적인 것이지만 종국적으로 정치적인 영향력을 미치므로 정치적인 죄, 즉 가이사에 대한 죄가 된다는 것이었다. 그리고 그것이 가이사에 대한 죄라면 로마 총독 역시 그냥 넘어가서는 안 되는 것이었다. 유대인들은 순수한 종교적인 죄에 대하여 로마 총독이 벌을 내리지 않을 것을 알았기에 종교적인 죄를 정치적인 죄로 왜곡하고자 애를 썼다. 결국 유대인들의 고소의 근원은 종교적인데, 고소의 내용은 정치적인 것이어서 베스도로서는 참으로 판결을 짓기가 어려웠다.[8]

결국 판결을 짓기가 곤란해지자 베스도는 유대인들의 환심을 사고자 하여, 처음에 유대인들이 요구하였던 대로 예루살렘에 올라가서 재판을 받을 것인가를 물었다.

그러나 바울의 생각에는 유대인들이 거짓된 증거를 가지고 종교적인 문제를 정치적인 것으로 왜곡하는 한 예루살렘에 올라간들 해

---

8) A. N. Sherwin-White, *Roman Society and Roman Law in the New Testament*(Oxford : Oxford University Press, 1963), pp. 51.

결의 가능성이 없었다. 그들은 처음부터 감정과 편견을 가지고 바울을 처형하려고 마음먹고 있었다. 그런 상황에서 예루살렘에 올라가 봐야 결과는 아주 자명하였다. 또한 예루살렘에 올라가는 도중에 어떤 죽음을 당할는지도 알 수 없는 일이었다. 또한 베스도 역시 벨릭스처럼 판결을 내리지 못할 것을 바울은 너무도 잘 알았다. 벨릭스 치하에서 이미 2년 이상의 세월을 낭비하지 않았던가. 그런데 바울은 갈리오의 법정에서 로마법의 호의적인 중립성을 체험하였기에, 로마의 최고 법정에서도 유사한 결정이 나올 것을 나름대로 기대하였다. 이런 이유로 바울은 가이사에게 상소를 하게 되었고, 이것은 바울의 사건을 어떻게 처리해야 할지 몰라 갈등하던 베스도에게도 하나의 해결책이 되었다. 즉 베스도로서도 구체적인 증거도 없이 바울에게 실형을 내린다면 로마법을 어기는 것이 되고, 그렇다고 바울을 놓아 주는 것은 유대인들을 격동케 하는 일이 되는 것이었으므로 어떤 판결도 내리기가 곤란한 입장이었다. 이러한 상황에서 한 가지 해결책은 더 높은 자에게 재판을 받는 것이었으므로, 바울이 가이사에게 심문을 받고 싶다는 청원을 내었을 때 베스도는 배석자들과 상의하고 바울의 청대로 가이사에게 보낼 것을 결정하였다. 바울이 가이사에 청원한 것은 상급 재판 기관에 상소하는 제도에 근거한 것이 아니라(이 법은 후대에 만들어졌음), 당시 로마 시민권자가 이탈리아 본토 밖에서 바른 재판 없이 징벌이나 처벌을 받지 않도록 시민권자를 보호하기 위하여 만들어진 제도에 근거한 것이었다.[9] 결국 베스도 역시 아무런 결론을 내리지 못하고, 바울의 청대로 바울을 가이사에게 보내기로 결정하였다.

---

9) 특히 성문법에 명시되지 않은 어떤 범죄 혐의를 받는 시민은 자신이 가이사에게 상소하지 않아도 자동적으로 로마로 보내졌다고 한다. 그러나 2세기에 시민권을 가진 사람들의 수효가 급증하면서 이 특권이 정지된 것 같다. F. F. Bruce, op. cit., p. 417.

3. 헤롯 아그립바 2세 앞에서

헤롯 왕가는 대대로 하나님의 의와 구속사에 정면으로 도전한 역사를 가지고 있다. 헤롯 대왕은 아기 예수를 없애 버리려 하였고(마 2 : 1~18), 그의 아들로서 갈릴리의 분봉왕이었던 안디바스는 세례 요한의 목을 벤 장본인으로서 예수로부터 '여우'라는 별명을 들은 사람이었다(마 14 : 1~12).[10] 헤롯 대왕의 손자인 아그립바 1세는 예수의 열두 제자 중 하나였던 야고보를 죽였고(행 12 : 1~2), 이제 그의 아들 아그립바 2세는 바울을 심문하고 있는 것이었다(행 25 : 13~27).[11] 아그립바 2세는 아버지인 헤롯 아그립바 1세가 죽을 때 17세밖에 되지 않아 유대 왕국을 통치하기에 너무 어리다고 여겨졌다. 그리하여 유대 나라는 총독에 의해 다스려졌고, 아그립바 2세는 북쪽의 쓸모없는 조그만 땅, 지금의 레바논 지역을 다스리게 되었다. 오랜 세월 후 그는 갈릴리 땅까지 지배하게 되었고, 글라우디오 황제로부터 왕의 칭호를 받아 레바논과 레바논 반대편 사이의 평원에 있던 헤롯의 갈기스 왕국도 다스리게 되었다. 거기다가 글라우디오 황제가 성전의 책임과 대제사장 임명권을 그에게 주면서 아그립바 2세의 세력은 점차로 확장되고 있었다.[12]

---

10) 헤롯 1세가 죽은 후 그의 유언에 따라 세 아들이 나라를 나누어 통치하였다. 아켈라오는 사마리아와 유대 그리고 이두메 지역을 다스렸고, 빌립은 유대의 북동쪽을 다스렸고, 안디바는 갈릴리와 베뢰아 지역을 다스리게 되었다. 그런데 아구스도 황제는 아켈라오에게만 지배자(Ethnarch)의 칭호를 주었고, 빌립과 안디바에게는 분봉왕(Tetrarch)의 칭호 즉 4분의 1만을 다스리는 통치자의 칭호를 주었다. 그러나 후에 아켈라오는 너무 강압적인 통치를 한 9년 후 아구스도에 의해 면직 추방당하였고, 그 후 안디바가 정치적으로 가장 유력한 통치자가 되었다. 신약에서는 이 안디바를 그냥 헤롯이라고 부르기에 헤롯 1세와 혼동되는 면이 있다. 신성종, op. cit., p. 18.
11) John Stott, op. cit., p. 370.

그는 새로운 총독 베스도에게 인사를 하기 위하여 가이사랴에 왔을 때 버니게(Bernice)라는 여자를 데리고 왔다. 이 여인은 아그립바의 여동생으로 근친상간 소문이 자자했다.[13] 아그립바 왕은 로마 제국 총독의 지배를 받는 왕이었기에 새로운 총독이 부임하였을 때 예를 갖추고자 베스도를 방문하였다. 이 자리에서 베스도는 바울의 사건을 언급하였고, 아그립바는 그 사람을 만나 보고 싶다고 하였다. 마치 그의 숙조부였던 헤롯 안디바스가 예수를 만나 보기를 원하였던 것처럼 아그립바 역시 바울을 만나 보기를 원하였고, 베스도 역시 가이사에게 상소할 자료를 얻고자 하여 기꺼이 이 청원에 응하였다. 베스도가 받은 상소는 증거가 불충분해 바울에게 유죄 판결을 내리기에 합당한 것이 아니었다. 아니 정직하게 말하자면 바울은 무죄였다. 그러나 베스도는 그런 양심의 소리를 들을 만큼 용기 있는 사람이 아니었다. 어찌 되었든 베스도는 아그립바 왕과 대화를 나눈 뒤에 무언가를 얻을 수 있을까 해서 바로 다음날 아그립바 왕과 함께 바울을 재판하기 위한 자리를 열었다. 아그립바 왕은 그 상황에서 실제적인 권한도 없는 사람이었지만 왕의 화려한 복장을 입고 온갖 허세를 다 부리며 부인 버니게와 함께 재판장에 입장했다. 아마도 베스도 총독이 아그립바의 권위를 좀 세워 주려고 예의상 자신의 자리를 아그립바 왕에게 내어 준 것으로 보인다.[14] 마지막으로 총독의 명에 따라 죄수 바울이 입장하고 바울에 대한 심문이 시작되었다.

바울은 아그립바 왕 앞에서 자신의 회심 사건을 포함한 긴 변명을

---

12) F. F. Bruce, op. cit., p. 397.
13) 아그립바 2세의 여자 형제는 드루실라, 미리암네, 그리고 버니게였다. 드루실라는 복잡한 과정을 거쳐 벨릭스 총독의 세 번째 아내가 된 여자였고, 버니게 역시 복잡한 과정을 거쳐서 자신의 형제인 아그립바 2세의 부인이 되었는데, 둘 다 정숙하지 못한 여인들이었다. Josephus, op. cit., XX.9.4.7.
14) Weldon Viertel, op. cit., p. 148.

하였다. 이 내용을 요약해 보면, 첫째, 자신은 철저한 바리새인이었다는 사실을 밝혔다(행 26 : 4~8). 둘째, 자신이 나사렛 예수를 좇는 자들을 극렬하게 핍박하였다는 것을 밝혔다(행 26 : 9~11). 마지막으로, 자신의 회심과 사도로서 부름받은 사실을 말하였다(행 26 : 12~18).

바울이 여기까지 말하자 베스도가 바울을 향하여 소리치기를 "네 많은 학문이 너를 미치게 하였다"(행 26 : 24)라고 하였다. 이방인이었던 베스도에게 하나님의 기름부음받은 왕이 고난과 수치를 통하여 승리를 얻게 되었다는 바울의 말은(행 26 : 23) 도저히 이해가 되지 않는 말이었을 것이다. 이에 대해 바울은 자신이 결코 미치지 않았다는 것을 주장하면서 자신이 말한 모든 것이 하나도 은밀하게 되어진 일이 아니고 바로 앞에 있는 아그립바 왕도 다 아는 일이라는 것을 강조하였다. 그러면서 아그립바 왕을 향하여 질문하기를 "아그립바 왕이시여 선지자를 믿으시나이까 믿으시는 줄 아나이다"(행 26 : 27)라고 하였다. 심문을 받는 죄수로서 왕을 향하여 이런 질문을 한다는 것은 무례한 행동으로 여겨지기에 충분한 것이었고, 이로 인해 법정에는 순간 무거운 침묵이 흘렀다. 피고의 예상치 못한 직설적이고도 무례한 질문에 왕이 어떻게 반응할 것인가 모두들 상당히 당황하였다. 아그립바 왕 자신도 그같은 예상치 못한 질문을 받자 당황스럽기도 하고, 한편으로는 그런 주제를 가지고 바울로부터 질문을 받은 것이 불쾌했을 수도 있었을 것이다. 그러나 그는 화를 내지는 않고 우회적으로 말을 돌렸다. "네가 적은 말로 나를 권하여 그리스도인이 되게 하려 하는도다"(행 26 : 28) 이에 대해 바울은 자신처럼 사슬에 매이는 것 외에는 왕뿐 아니라 그 자리에 있는 모든 사람들이 다 자신처럼 되기를 원한다고 말하였다(행 26 : 29). 이 말을 하면서 그는 수갑이 채워진 그의 팔을 번쩍 들어 흔들었을 것이다. 그는 참으로 진지하였고, 그의 말은 참으로 설득력이 있었다. 그의 그

마지막 말 한마디가 재판에 종지부를 찍는 말이 되었다. 이 말을 듣고 왕과 총독과 버니게, 그리고 재판석에 앉았던 모든 사람들이 일어나 나가서 이구동성으로 말하기를, 그가 가이사에게 호소하지만 않았어도 놓아 줄 수 있었을 것이라고 하였다. 그는 복음에 미쳤을 뿐 사형이나 결박을 당할 죄인은 아니었다. 그는 확실히 무죄였다.

4. 바울과 재판

예루살렘에 올라간 바울은 다섯 번씩이나 심문을 받게 되었다. 처음엔 예루살렘 성전의 북서쪽 부근 유대 군중들 앞에서였고(행 22 : 1 ff), 두 번째는 유대 공회의 앞에서(행 23 : 1ff), 세 번째와 네 번째는 유대 총독이었던 벨릭스와 베스도 앞에서 이루어졌고(행 24 : 1ff, 25 : 1ff), 그리고 다섯 번째는 가이사랴에 온 유대 왕 헤롯 아그립바 2세 앞에서였다(행 26 : 1 ff). 이 다섯 번의 심문은 사도행전에 장장 200구절 다섯 장에 걸쳐서 소개되어 있다.[15]

바울이 예루살렘에 올라가서 죄수의 몸으로 로마로 향할 때까지 3년 정도의 시간은 한마디로 재판과 감옥 생활로 집약될 수 있다. 그 시간들은 그에게 참으로 수치스럽고 괴로운 생활이었음에 틀림없다. 그 자신이 스스로 말하기를, "오늘 내 말을 듣는 모든 사람도 다 이렇게 결박한 것 외에는 나와 같이 되기를 하나님께 원하노이다" (행 26 : 29)라고 말한 것처럼 사슬에 매인 것은 분명히 수치스럽고

---

15) 누가가 이처럼 방대한 분량을 바울의 심문 기록에 할애한 이유는 무엇일까? 그는 메시아 공동체 내에서 유대인과 이방인 관계의 발전에 깊은 관심이 있었다. 그는 비시디아 안디옥, 고린도, 그리고 에베소에서 왜 바울이 유대인 전도의 기수를 돌려 이방인에게로 향하였는지를 보여 주고 있다(행 13 : 46, 18 : 6, 19 : 8~9). 또한 바울의 회심이 바른 것이며, 하나님의 역사로 이루어진 것임을 보여 주고 있다.

불명예스러운 모습이었는데, 그는 이런 모습으로 3년여 세월을 보내었다.

그러나 그는 그 수치스러운 시간들을 수동적으로만 받아들이지 않았다. 사실 재판정에서의 그의 변호는 매우 성공적이었다. 천부장 루시아는 총독에게 써 보내는 편지에 바울에 대하여 "죽이거나 결박할 사건이 없음을 별견하였다"(행 23:29)라고 하였다. 그리고 벨릭스도, 베스도도, 그리고 아그립바 왕도 그의 죄를 찾지 못하였다. 오히려 그들은 바울이 결박당할 이유가 없다는 것을 인정하였다(행 24:22ff, 25:25, 26:31~32). 그러나 바울은 자신을 성공적으로 변호하는 데에만 목적을 두지 않았다. 그는 자신을 위한 변호로 만족하지 않고 많은 사람들, 특히 당시 사회의 지도급에 있는 사람들에게 자신이 다메섹 도상에서 만난 예수 그리스도를 증거하는 일에 또한 그의 목적을 두었다. 그래서 바울에게 있어서 재판의 성격은 변증적이기도 하였지만, 동시에 전도적이기도 하였다.

심문을 받을 때마다 그는 자신을 세상으로 파송하신 그리스도에 대하여 말하였다(행 26:18). 또한 그는 자신이 그 명령에 순종하였다는 것을 말하면서 모든 사람들이 회개하고 하나님께 돌아와 선한 일을 해야 함을 천명하였다(행 26:20). 그리고 성경이 예언한 대로 그리스도는 십자가에 못박혔지만 부활하여 메시아가 되셨다는 사실을 확실하게 전하였다(행 26:23). 그는 매번 재판을 받을 때마다 복음을 요약하였는데, 실제적으로 복음의 핵심을 담은 설교를 한 셈이었다. 베스도는 바울을 향하여 '미쳤다' 라고까지 말하였지만 사실 바울은 바로 복음의 핵심을 선언하였던 것이다. 이런 바울의 전도적 변증으로 인해 아그립바는 "네가 짧은 말로 나를 그리스도인 되게 하려 하는도다"(행 26:28)라고 말할 정도였다. 물론 바울의 전도가 그 즉석에서 효과를 거두었다고 말하기는 어려울 것이다. 그러나 천부장, 대제사장, 왕, 유대 총독 등 최고의 지도지들 앞에서 선포된 복음의 씨앗은 결코 헛되지 않았음이 분명하다. 그는 가장 수치스러운 죄수의 자리에서도 복음 증거의 기회를 잡았다. 그는 참으로 선교사였다.

바울에게 재판은 참으로 수치스러운 것이었지만 그것은 동시에 바울의 생명을 지켜주고 그의 선교 사역을 원활케 해 준 좋은 제도이기도 하였다. 바울에게 로마의 법정이 없었다면 바울은 벌써 유대 극렬주의자들이나 이익에 눈이 어두운 이방인들의 손아귀에 잡혀서 비명 한번 제대로 지르지 못하고 사라졌을지도 모른다. 아니 예루살렘에 올라오기도 전에 벌써 죽었을지도 모른다.

로마의 법정은 나름대로 어느 정도의 공정성을 지니고 있었던 것으로 보인다. 에베소에서 데메드리오를 중심으로 온 시가 들썩거릴 정도로 많은 사람들이 모여서 바울 일행을 고소하였지만 에베소 시의 서기장은 결코 군중 심리에 부화뇌동하지 않고 차분히 그리고 합리적으로 그 사건을 처리하였다(행 19 : 35~41). 천부장 루시아가 40명 결사대에 관한 정보를 듣고 바울로 하여금 정식으로 재판을 받도록 하기 위해 밤중에 엄청난 규모의 군대를 투입하여 바울을 가이사랴로 옮긴 것을 보면 로마의 공정한 행정력에 감사한 마음이 들기까지 한다. 벨릭스와 베스도도 이스라엘 사람들로부터의 인기만을 생각했다면 바울을 어떤 식으로든 처리하였을 것이다. 그러나 로마의 법정이 그래도 어느 정도 공의가 살아 있었기에 바울은 로마에까지 가서 재판을 받으면서 복음을 증거할 수 있었다.

특별히 고린도에서 갈리오의 재판은 바울 사역에 있어서 중요한 의미를 지닌다. 고린도 이전에는 로마의 행정 당국이 바울이 전하는 도에 관하여 어떤 구체적인 입장을 갖지 못하였다. 그래서 빌립보의 경우는 어찌 처리할 줄 모르고 뒤늦게 바울이 로마 시민권자임을 알게 되자 바울 일행을 그냥 빌립보에서 내보내는 것으로 문제를 적당히 마무리하였다(행 16 : 39). 그러나 갈리오는 바울이 전하는 도를 당시 어느 정도 특혜를 인정받고 있는 유대교의 일종으로 인정하고 어떤 처벌도 하지 않고 유대인들의 고발을 그냥 기각시켜 버렸다. 갈리오의 이 기각은 기독교를 합법화시켜 주는 좋은 판례가 되어서 기독교 선교에 날개를 달아 주는 역할을 하였던 것이다.[16]

5. 담대함

예루살렘 성전으로 올라가는 층대 위에서 바울이 한 설교를 듣고 유대인들은 감동을 받은 것이 아니라, 옷을 벗어 던지고 티끌을 공중에 날리면서 "저런 놈은 세상에서 없애 버려야 한다"(행 22 : 22)고 말하며 바울을 죽이려고 달려들었다. 또한 바울을 없애려는 재판에 성공하지 못하자 납치극을 벌여서라도 바울을 없애 버리기 전에는 아무것도 먹지 않겠다는 바울 처형 결사대를 조직하기도 하였다. 그러나 바울은 그런 소식을 듣고도 결코 그 믿음이 약하여지거나 복음 전파의 열정이 식지 않았다.

그는 로마 정부가 그에 대하여 적의를 가질 이유가 없을 것으로 확신하였고, 이것은 이미 고린도의 총독 갈리오의 재판에서 이미 판례가 나온 일이었다. 또한 자신이 가진 신앙이 바로 그의 조상들의 신앙이고, 복음은 율법을 완성하는 것이므로 유대인 역시 그에 대하여 악감정을 가질 이유가 없다고 확신하였다. 즉 자신이 하는 선교 사역에 대하여 분명한 확신을 갖고 있었다. 이 모든 것 위에 그를 그토록 담대한 증인이 되도록 만든 것은 그 자신이 믿고 있는 진리에 대한 확신이었으며, 무엇보다도 그리스도가 그와 함께 계시며 로마에서 그의 증인이 되게 하시겠다고 하신 그 약속이었다.

이런 확신 때문에 그는 어떤 사람 앞에서도 결코 담대함을 잃지 않

---

16) John Stott, op. cit., p. 311.

앉다. 그를 심문한 사람들이 누구였던가? 천 명의 군대를 거느린 천부장, 유대 종교의 대표자인 대제사장, 유대의 실권자인 총독 벨릭스와 베스도, 유대의 정치 지도자인 아그립바 왕 등이었다. 이런 큰 인물들 앞에서 바울의 위치는 초라하기 그지없는 죄수의 몸이었다. 그러나 그 엄청난 세력자들 앞에서도 그는 결코 비굴하게 행동하지 않았다. 그 높은 분들에게 어떻게든 잘 보여서 죄수의 수치스럽고 불편한 신분을 벗어나고자 애쓰지도 않았다. 인간적으로 자신을 지켜 줄 배경이 전혀 없는 것처럼 보이는 상황에서도 그는 결코 풀이 죽지 않았다. 또한 벨릭스가 몇 번이나 눈치를 주면서 돈을 좀 주면 놓아 줄 수 있다는 신호를 주었지만 그것에도 개의치 않았다. 오히려 그는 벨릭스에게 의와 절제와 장차 오는 심판을 이야기함으로써 복음의 핵심을 전하였다(행 24 : 25). 즉 예수 그리스도를 믿음으로 얻는 의와, 의를 얻은 사람들이 취해야 하는 절제의 삶과, 자신들의 선택과 삶에 따라 훗날에 모든 사람이 맞게 되는 심판에 대해 말하였고, 이것은 돈과 여자 문제로 문란했던 벨릭스의 양심을 자극했음이 틀림없다.[17]

그는 총독 앞에서 입에 발린 적당한 아첨이나 위로의 말을 해서 호의를 사려 하지 않고 오히려 복음의 소식을 분명하게 전하였다. 즉 그는 자신의 목숨을 쥐고 있는 실권자였던 총독 앞에서도 결코 그 담대함을 잃지 않았다. 그는 욕먹는 것을 두려워하지 않았다. '죽일 놈'이란 소리를 듣는 것을 개의치 않았다. '미친 놈'이란 소리를 듣는 것도 마다하지 않았다. 점잖게 대접받으면서 선교 사역을 감당할 수 없는 것으로 인해 낙담하지 않았다. 어떤 비난과 핍박, 그리고 어떤 권세자도 그의 복음 전파를 향한 담대함을 빼앗을 수 없었다.

---

17) 행 24 : 25.

6. 기다림

바울은 로마를 거쳐 스페인까지 가서 선교를 하고자 하는 원대한 비전을 실천하기 전에 유대의 가난한 형제들을 도울 구제금을 가지고 먼저 예루살렘에 들렀다가 아시아로부터 온 유대인들에게 붙들려 폭행을 당하였지만, 다행히 천부장 루시아의 개입으로 구출되어 재판을 받는 과정에서 오랜 세월을 감옥에서 기다리게 되었다. 재판을 맡은 벨릭스는 유대인들의 눈치를 살피면서 또 한편으로는 바울로부터 보석금 같은 뇌물을 받을 것을 기대하면서 재판을 차일 피일 미루어서 결국 2년이 넘는 세월을 보내게 했다. 본래 2년은 예비 수감을 할 수 있는 가장 긴 기간이었다. 벨릭스가 개인적으로 심문을 수차에 걸쳐서 하였다는 사실을 감안하고 2년 후에 벨릭스의 후임으로 베스도가 왔다는 것은 실제로 바울이 가이사랴 감옥에 2년보다 오랜 기간 구금되어 있었다는 사실을 보여 준다.

호랑이는 정글과 산야에서 뛰어다녀야 제격이듯이 바울 같은 위대한 선교사는 선교지를 누비면서 복음을 전할 때에 진면모가 드러나는 것이다. 그런데 호랑이처럼 정글을 누벼야 할 바울을 쇠창살 속에 가두어 두었으니 얼마나 답답한 일이었겠는가? 물론 감옥에 있는 것 자체는 그렇게 불편하지 않았을지 모른다. 벨릭스가 백부장에게 명하여 바울을 지키되 자유를 주며 지인들의 방문이나 수종도 금하지 말도록 명했기 때문이다.[18]

그러나 광활한 로마 서부 지역의 죽어 가는 영혼들을 생각할 때 한시 바삐 전해져야 하는 복음이 자신의 수감으로 인해 전해지지 못한다는 사실이 참으로 안타까울 뿐이었다. 특히 야비한 지도자 벨릭스의 돈 욕심과 유대인들의 환심을 사고자 하는 명예욕으로 인해 자신

---

[18] 행 24 : 23.

의 재판이 끝없이 지연되고 있다는 사실을 인식하면서 더더욱 울화가 치밀어 올랐을지 모른다. 왜 하나님께서는 그토록 불의한 죄인을 가만두시면서 재판이 연기되도록 허락하시는지 하나님에 대하여 은근히 원망의 마음을 품게 되었을지도 모른다.

  2년 이상의 긴 세월을 아무런 결과 없이 그냥 허송케 하신 하나님의 의도는 무엇일까? 아무도 알 수 없다. 그러나 몇 가지 짐작은 해 볼 수 있다. 바울의 불 같은 성격, 그리고 대쪽 같은 성격이 이 기간에 단련되어져서 보다 많은 사람을 포용할 수 있는 너그러운 성품의 소유자로 바뀌지 않았을까 싶다. 후에 그가 마가를 다시 품을 수 있게 되고, 오네시모같이 도망나온 노예를 감옥에서 낳은 아들로 만들 수 있게 되는 너그러운 성품이 바로 이 감옥에서의 긴 세월 동안 다듬어진 것이라 할 수 있을 것이다. 또한 감옥 속에서 어떤 상황 중에서라도 하나님을 신뢰하고 그에게만 소망을 두는 인내의 훈련을 받았을 것이다. 사역이 자신의 생각처럼 진행되지 않는다 해도 그것이 결코 하나님 나라 사역의 중단을 의미하지는 않는다는 사실을 더 깊이 실감하게 되었을 것이다. 또 확인된 바는 없지만 옥중서신의 일부를 이 시기에 썼을 수도 있다.[19] 또 옥중서신의 일부를 이때 쓰지 않았다 해도 그에 대한 영감을 이때 상당 부분 얻었다는 것은 충분히 짐작할 수 있는 일이다. 하여간 가이사랴에서의 바울의 덧없는 감옥 생활은 선교지에서 도저히 이해할 수 없는 일을 당하고 억울한 일을 당해 고통하는 사람들, 혹은 알 수 없는 미로 같은 시간을 지나면서 괴로워하는 이들에게 특별한 위로의 빛을 던져 주는 부분이라 여겨진다.

---

19) F. F. Bruce, *Paul : The Apostle of the Heart Set Free*, p. 360.

XVI 죄수의 여행

　드디어 바울의 로마 행이 시작되었다. 물론 결코 쉬운 여정은 아니었다. 풍랑을 만나서 사경을 헤맨 시간만 2주 이상 되었다. 배가 지속적으로 흔들리니 속이 울렁거리고 머리가 흔들려서 단 하루를 견디는 것도 고통스러웠다. 뿐만 아니라 배멀미로 인해 속에 있는 것을 다 토해내도 시원치가 않고 속이 쓰려대는 고통이 있었다. 밤잠을 제대로 잘 수가 없었던 것은 너무나 당연한 일이었다. 미친 듯이 뛰노는 풍랑 속에서 2주 정도 잠을 못 자고 나니 제정신을 유지하는 것마저 어려웠다. 거기다가 계속적으로 죽음에 대한 불안이 엄습해 오는 것도 부인할 수 없는 고통이었다. 바울에게는 이 모든 것 위에 하나의 고통을 더 더해야 했다. 사슬에 매인 죄수의 신분이라는 고통이었다. 그러나 이같은 처참한 처지에 있었음에도 불구하고 바울은 예언자적인 역할을 감당하였다. 그는 단순한 죄수가 아니라 영적인 지도

자의 역할을 감당한 참 선교사로서 여행을 하였던 것이다.

1. 죄수의 몸으로

당시의 도시 가운데 가장 장엄하고 컸던 로마는 로마 제국의 수도 요 상징으로서 역사상 이루어진 가장 위대한 정치적 업적 가운데 하나였다. 로마 제국은 식민지의 국민에게 어느 정도의 자유를 주면서 로마인, 헬라인, 유대인, 야만인을 잘 융합시켰다. 특별히 헬라의 문화와 언어를 보호하였고, 법 준수를 중시하였으며, 탁월한 행정과 우편 통신 업무, 도로와 항만의 정비로 교통과 의사소통이 원활하였고, 군대를 통하여 치안을 철저히 유지하였다. 그리고 이 모든 요소들이 합력하여 오랫동안 '팍스 로마나(Pax-Romana, 로마의 평화)'가 유지되었다.[1]

로마! 얼마나 그리던 땅이었던가? 바울은 랍비 수업을 받기 위해 그의 고향 다소를 떠나 예루살렘으로 갔지만, 그의 아버지로부터 로마 시민권을 물려받았기에 어린 시절부터 로마에 대하여 많은 이야기를 들었고, 그곳에 한번 가 보기를 꿈꾸었다. 로마 동부 지역에서의 그의 사역이 마무리될 무렵 그는 로마로의 여정을 생각하며 로마서를 써 보냈다. 예루살렘에 와서 잡혀 죽을 뻔한 고비가 수없이 많았지만, 하나님의 은혜로 그 고비들을 넘기고, 드디어 로마로 향하는 배에 오르게 되었던 것이다. 그러나 그의 로마 행은 한가한 여행객이나, 해외로 파견되는 외교관이나 지사장의 모습이 아니고, 파송 교회의 축복 가운데 떠나는 선교사의 모습도 아니었다. 그는 분명 선교사였지만, 남루한 죄수복에 수갑을 찬 죄수의 모습으로 로마 행 배를 탔던 것이다.

---

1) John Stott, op. cit., p. 383

바울 일행이 탄 배는 아드라뭇데노(Adramyttium), 즉 에게 해의 동북쪽 즉 드로아에서 약간 남쪽에 위치한 도시에서 온 배로 아시아 해안을 거쳐서 다시 본래의 항구로 돌아가는 배였다. 그 배에는 의사 누가와 데살로니가에서부터 바울을 따라왔던 아리스다고가 동승하였다. 그들이 어떤 자격으로 어떻게 그 배에 함께 탔을까? 그들은 아마도 바울의 노예의 신분을 취하여서 동승한 것으로 보인다. 누가는 배의 담당 의사로 등록되었을 가능성이 있다 해도 아리스다고는 실제로 바울의 종으로 등록이 되었을 가능성이 높으며, 이들로 인해 백부장 율리오가 바울을 어느 정도 인정해 주었던 것으로 보인다.[2] 자신들을 종으로까지 등록해 가면서 바울과 동행해 그를 섬긴 사람들이 있었다는 사실에서 바울의 인물됨을 추측해 볼 수 있다. 그가 주님을 위해 철저히 자신을 종으로 낮추고 섬길 때 그의 주위에 있던 사람들도 그를 섬기게 된 것이 아닌가 싶다. 가이사랴 항을 떠난 배가 다음날 시돈 항구에 도착하였을 때 백부장 율리오가 바울로 하여금 친구들을 만날 수 있도록 허락해 준 것도 바울의 동행자들로 인함뿐 아니라 바울의 됨됨이에 많은 감명을 받았기 때문으로 보인다.[3]

그 배에는 또한 몇 명의 죄수들이 함께 탔다. 이 죄수들은 사형이 벌써 확정된 죄수들로서 로마 본토에 가서 본토 백성들에게 구경 거리를 제공하는(예, 원형경기장에서 사자 밥이 되는 것) 용도로 쓰이기 위해 끌려가는 죄수들이었을 것으로 짐작된다.[4]

시돈에서 잠시 머문 후에 배는 루기아의 무라(Myra) 성을 향하여 출발하였다. 배는 키프러스 섬의 위쪽을 지나서 바울의 고향 다소가 있는 길리기아와 처음 선교 여정지였던 버가가 있는 밤빌리아 지역

---

2) W. M. Ramsay, op. cit., p. 316.
3) 행 27 : 3.
4) Ramsay, op. cit., p. 314.

의 바다를 지나 무라 성에 도착하였고, 여기에서 백부장은 로마로 가는 알렉산드리아 배를 만나서 바울 일행 등을 그 배로 갈아타게 하였다.

2. 풍랑 속에서

알렉산드리아 배는 알렉산드리아에서 이탈리아로 밀을 싣고 가는 배였다.[5] 당시 이집트가 로마의 주요 곡창 지대였다는 사실을 생각하면 이 배의 항로를 쉽게 이해할 수 있을 것이다. 이 배는 로마에 식량을 실어 나르는 양곡선이었고, 백부장 율리오는 식량 공급의 책임을 맡은 양곡 보급 부대의 한 장교였던 것으로 보인다. 이 사실은 그가 이용한 배들이 다 알렉산드리아와 로마 본토 사이를 정기적으로 운행하는 양곡선이었고, 그가 배에서 상당한 권세를 행사한 사실을 통해서 짐작할 수 있다(행 27 : 6, 43).[6] 배가 본토와 로도(Rhodes) 섬 사이를 지나가는데, 역풍이 불어와서 오랜 시일이 걸려서 겨우 소아시아의 남서쪽 끝부분에 위치한 니도(Cnidus)에 도착하였다. 거기서부터는 역풍으로 인해 더 이상 서쪽으로 나아가지 아니하고, 기수를 남쪽으로 돌려서 니도의 남쪽에 있는 크레데 섬으로 나아가서, 크레데 섬의 동쪽 끝부분인 살모네(Salmone)를 지나서 크레데 섬의 남쪽 해안 가까이 행선하여 겨우 미항(Fair Havens)이라는 항에 도착하였다. 이때는 이미 금식하는 절기(Day of Atonement)가 지난 때였고, 이 기간이 지나면 배 여행은 매우 위험하였다. 이제 이대로 로마까지 갈 수 없다는 것은 모두 다 공감하는 일이었다. 이제 미항에서 그냥 겨울을 날 것인지 아니면 크레데 섬에서 좀더 나은 항구를

---

5) 행 27 : 38.
6) F. F. Bruce, 『신약사』, pp. 419~420.

찾아서 거기서 월동할 것인지를 결정하는 것이 관건이었다. 지중해를 많이 다녀서 지중해의 풍세에 익숙했던 바울은 더 이상 배 여행을 하지 않는 것이 좋다는 의견을 내놓으며, 이번 항해가 화물과 배 그리고 생명까지 손상을 줄 수 있다고 경고하였다(행 27 : 10). 그러나 선장은 서쪽으로 64킬로미터만 더 가면 뵈닉스(Phoenix)라는 항구가 있는데 거기에서 월동하기가 좋다고 하였고, 백부장도 그 의견을 좋게 여겼다(행 27 : 11). 크레데 섬의 해안가로만 살살 가면 설사 태풍이 인다 해도 금방 육지에 대면 된다고 생각하였을 것이다.

뵈닉스 항구를 향하여 출발하고 처음에는 부드러운 남풍이 불어서 배가 해안을 따라 64킬로미터 정도는 충분히 갈 수 있을 것처럼 보였고, 그래서 선장과 백부장은 떠나기 참 잘했다라고 생각하였다. 그런데 갑자기 상황이 급반전되기 시작했다. 크레데의 산악지대로부터 '유라굴로'라는 강하고 큰 바람이 불어와서 배를 해안으로부터 떨어뜨려 버렸다. '유라굴로(Eurakylon)'라는 말은 '유로스(Euros, 동풍)'라는 말과 '아퀼로(Aquilo, 북풍)'라는 말의 합성어로 '동북풍'이라는 뜻을 지니는데, 이 풍랑으로 인해 배는 방향을 잃고 폭풍이 몰아치는 대로 그냥 떠밀려 가면서 크레데 섬으로부터 점점 멀어지게 되었다. 이런 상황 중에 다행히 가우다(Cauda)라는 작은 섬의 아래 쪽을 지나치게 되어 풍세가 좀 약화되는 기회를 이용하여 거루(배 옆에 달아 놓은 작은 구조선들)를 갑판 위로 끌어올려 안전하게 하고(행 27 : 16), 풍랑에 배가 깨어지는 것을 막기 위해 밧줄로 선체를 감고(행 27 : 17), 스르디스(Syrtis) 즉 모래 언덕에 걸리는 것을 방지하기 위하여 닻을 내리고 폭풍이 치는 대로 배를 맡겨 두었다(행 27 : 17).

그래도 별 효험이 없자 사공들은 짐을 바다에 던졌고(행 27 : 18), 다음날에는 이제 더 이상 자신들이 할 수 있는 일이 없다는 생각에서 배에서 쓰는 기구들까지 다 버렸나(행 27 : 19). 밤낮으로 시꺼먼 구름이 하늘을 가리어서 낮의 태양과 밤의 별을 볼 수 없는 날이 2주 가까이 지속되었다. 폭풍과 싸우느라 밥을 먹는 것은 생각도 못하였다. 또 밥을 좀 먹었다 해도 배멀미로 다 토해 버릴 수밖에 없었다. 배가 곧 뒤집어질듯이 요동을 쳐서 잠을 자는 것 역시 불가능하였다. 못 먹고 못 자서 온몸이 축 늘어진 데다가 살 수 있는 가망성이 갈수록 희미해지면서 사람들은 완전히 기진맥진한 상태가 되었다.

바울 역시 예외는 아니었다. 2년 이상 재판을 받은 후 바로 로마 행을 시작하였는데, 이같은 심한 풍랑을 지나면서 바울 역시 심신이 녹아 내리는 상태였다. 고린도후서에서 바울이 그의 고생 목록에 나열하고 있는 모든 고생을 한꺼번에 몰아서 당하는 것 같았다.[7] 10년 이상 주의 나라를 위해 혼신의 정열을 바친 선교사 바울이 가는 길을 위한 하나님의 배려 치고는 너무 가혹한 것이 아니었을까? 그러나 그것이 바로 선교사의 가는 길이었다.

3. 위로자가 된 죄수

배에 올라탄 바울은 더 이상 세 차례에 걸쳐서 광활한 이방 땅을 주께로 돌아오게 한 능력 있는 선교사가 아니었다. 그는 270여 명 가까운 군중들 속에 낀 평범한 한 사람에 불과하였다. 아니 초라하고 수치스럽기 그지없는 죄수의 몸이었다. 거기에는 군인들, 상인들, 승무원들, 약간 명의 죄수들, 기타 여행객 등 많은 사람이 타고 있었는데, 인간적으로 보면 바울은 남을 위로할 사람이 아니라 오히려 가장 위로가 필요한 사람이었다. 그런 사람이 다른 사람을 위로한다면 다른 이들은 위로를 받기는커녕 '너나 잘 해라' 라는 식의 비난과 냉소를 보내기 쉬웠다. 그러나 위로를 받아야 할 바울은 하나님의 음성을

---

7) 고후 11 : 27.

듣고 다른 이들을 위로하는 선교사의 모습을 보여 주었다.

바울은 배가 미항을 떠날 때부터 화물과 배와 생명까지 손해와 타격을 입을 것을 백부장에게 말하였다(27 : 10). 과연 그의 말대로 큰 풍랑을 만나 많은 것을 잃었고, 이제 이 바다에서 살아남을 수 있을지 없을지 모르는 불안감에 시달리는 사람들을 향하여 자신의 말을 듣고 떠나지 아니하였다면 아무 문제가 없었을 것이라는 사실을 지적하였다(행 27 : 21). 이것은 자신의 말을 듣지 아니한 것을 원망하는 것이 아니라, 자신의 말이 신빙성이 있음을 보이고자 함이었다. 그는 계속하여 말하기를, 자신이 믿는 하나님의 사자가 어젯밤 곁에 서서 자신이 가이사 앞에 설 것과 자신과 함께한 모든 사람이 다 살 것이며, 한 섬에 걸리리라고 말하였으므로 안심하라고 권하였다(행 27 : 22～25).

과연 그의 말대로 바다의 깊이가 얕아지면서 배가 어떤 섬에 가까이 이르게 되었다. 사공들은 암초에 걸리지 않기 위해 고물 즉 배의 뒷 부분에 닻 네 개를 내려 놓고 날이 새기를 기다렸다가 날이 새자 이물 즉 배의 앞머리에 닻을 내리는 척하면서 배에서 도망가려 하였다(행 27 : 30). 바울은 이것을 얼른 눈치채고 백부장에게 권하여 구조선을 아예 떼어 바다에 버리게 하였다. 바울이 아니었다면 배에 남아 있던 사람들은 사공도 없는 배 위에 남아 영원한 미아가 되었을지도 모른다. 이 사건 후에 바울은 사람들에게 "너희 중에 머리터럭 하나라도 잃을 자가 없느니라"(행 27 : 34)라고 위로하면서 음식을 먹도록 하였다. 이 위로로 인해 사람들도 힘을 얻고 음식을 배불리 먹게 되었다(행 27 : 36～38). 그는 그 절박한 죽음의 문턱에서도 다른 이들을 위로하고 그들에게 음식을 권하였다.

바울이 어떻게 이처럼 적극적으로 다른 이들을 위로하고 문제를 미연에 방지하는 능력을 보일 수 있었을까? 이런 지도력의 배경에는 그의 오랜 바다 여행의 경험이 있었다. 그는 사실 로마로의 항해를 하기 전에 지중해에서 적어도 열한 번 이상 배를 탔으며, 그 거리는 자그마치 5,600킬로미터가 넘는 거리였다. 그는 이미 항해에 관한 한 상당한 전문적인 식견을 지니고 있었던 것이다.[8]

그런데 그가 위로할 수 없는 형편에 위로자가 된 것은 단지 그의 바다에 대한 지식 때문만은 아니었다. 오히려 한 영혼을 천하보다 귀하게 여기는 하나님의 사랑이 그를 휩싸고 있었기 때문이었다. 그의 눈에는 모든 사람이 하나님의 애틋한 사랑을 받는 대상이었다. 그 귀한 존재들이 죽음의 공포에 휩싸여서 밥도 못 먹고 잠도 못 자고 절망하는 모습을 보고도 그냥 가만히 있을 만큼 그의 가슴은 차갑지 않았다. 더더구나 하나님의 사자를 통해서 그 배에 탄 모든 사람들이 다 생명을 보존할 것이라는 기쁜 소식을 듣고도 가만히 있을 수는 없었다.

'누가 이런 말을 한들 믿어 줄까? 괜히 체면 손상시키지 말고 가만히 있자.' 라든지 '내가 말하지 않아도 어차피 다 구원을 얻을 텐데 뭘.' 또는 '나 한 몸도 가누기 어려운 상황에서 지금은 좀 조용히 있자.' 라고 얼마든지 핑계를 만들 수 있었음에도 불구하고 그는 가만히 있지 않고 사람들을 섬겼다.

그의 적극적인 위로와 섬김으로 그 배에 탄 많은 사람들이 바울이 믿는 하나님을 느낄 수 있었을 것이다. 끔찍한 풍랑 때문에, 그리고 바울이 그 곳에 섬기는 모습으로 함께 있었기 때문에, 그들은 하나님을 느끼게 되는 복된 경험을 하였다. 그들 중에 상당수의 사람들이 후에 자신들이 사는 곳으로 가서 그리스도의 사람들이 되었으리라.

---

8) Ernest Haenchen, *The Acts of the Apostles : A Commentary*, pp. 702~703. John Stott, op. cit., p. 390 재인용.

4. 또 한 번의 죽음의 덫

바울이 말한 대로 배는 얼마 후에 한 섬을 만났다. 그러나 아직 안심하기에는 좀 일렀다. 바울이 가이사 앞에 서기까지는 아직도 넘어야 할 산들이 많이 있었다. 그 배가 섬으로 입항하려 한 곳은 멜리데(Malta) 섬의 북동쪽 해안으로서 전통적으로 '바울 만(St. Paul s Bay)'이라고 알려진 곳으로, 바위들과 모래 언덕(sand-bar, shoal)이 함께 있는 곳이었다.[9] 배가 들어간 곳은 두 물결이 세차게 흐르는 곳으로서 바닥이 모래 언덕이었는데, 이 언덕에 배의 앞 바닥이 콱 박혀서 꼼짝을 하지 않았고, 배의 뒷부분은 세차게 흐르는 물살로 인해 깨어져 나가게 되었다. 이처럼 혼란스런 상황이 되자 군사들은 죄수들의 도주를 염려하여, 백부장에게 죄수들을 죽여 버릴 것을 제안하였다. 당시에는 죄수가 도망을 치게 되면 그 죄수를 지켰던 군사가 그 생명을 대신해야 하는 것이 관례였으므로 죄수가 도망칠 수 있는 위기 상황에서는 죄수를 죽여 버리기도 하였다.[10] 실제로 그 상황은 모두에게 낯선 환경이었으며 위기 상황이었으므로 군사들이 우왕좌왕할 때 죄수들이 도망칠 우려가 있었다. 군사들의 조언을 백부장이 따른다면 바울은 이제 졸지에 다른 죄수들과 함께 죽을 상황에 놓이게 되었다. 그러나 이 결정적인 순간에 백부장은 바울을 생각하여 이 제안을 거절하였다. 바울은 배에 탄 모든 사람을 위로하여 한 명도 기진하여 쓰러지지 않도록 힘을 북돋운 장본인이었다. 또한 사공들이 자기들끼리만 살려고 도망치려 한 것을 알아채서 사건을 미리 방지한 사람이기도 하였다. 즉 바울은 자기 혼자 편하자고 가만히 앉아

---

9) James Smith, *The Voyage and Shipwreck of St. Paul*, revised and corrected by Walter E. Smith, 4th edition, p. 141 ; John Stott, op. cit., p. 391 재인용.
10) John Stott, op. cit., p. 393.

있지 않고 최선을 다해 남을 섬겼다. 백부장은 이런 바울을 죽이고 싶지 않았다. 바울은 남을 살리려 애썼고, 이것이 결국 자신의 목숨도 살리는 결과를 가져왔다.

5. 또 한 번의 기회

뭍이 가까워지자 백부장은 수영할 줄 아는 사람들을 먼저 건너가도록 하고, 수영하지 못하는 사람들은 나무 조각 같은 것을 의지하여 나가도록 명하였다. 하나님께서 약속하신 대로(행 27 : 24), 배에 탔던 사람들이 다 무사히 상륙하였다(행 27 : 44). 그런데 그들은 상륙하면서 온몸이 완전히 바닷물에 젖었다. 이 젖은 사람들을 맞은 것은 따뜻한 태양이 아니라 차가운 비였다. 거기다가 겨울 지중해의 차가운 바람까지 불어댔다. 276명이나 되는 큰 무리가 물에 빠진 생쥐 꼴이 되어 가지고 마땅히 어디 피할 곳도 없이 오들오들 떨고 있었다. 그때 마침 그 섬의 주민들이 그들을 따뜻하게 영접하여 주었고, 큰 불을 피워서 그들의 얼어 붙은 몸을 녹여 주었다. 여기에서도 바울은 뒷전에 가만히 앉아 있지 않고, 나뭇가지를 집어다가 불에 던져 넣는 적극성을 보였다. 그 순간 나뭇가지에 숨어 있다가 튀어나온 독사가 바울을 물었고, 섬 주민들은 바울이 틀림없이 살인자였기에 독사에게 물리게 되었고, 이제 곧 죽을 것이라고 생각하였다(행 28 : 4). 그러나 그들의 생각과 달리 바울이 태연하게 독사를 털어 버리고 여전히 건장하게 살아 있자 사람들은 그를 신으로 생각하게 되었고, 그를 극진하게 대접하였다.

그 바닷가 지역의 추장은 '보블리오' 라는 사람이었는데, 이 사람은 바울 일행을 자기 집에 모시고 극진히 대접하였다. 그런데 그 추장의 부친이 지독한 열병에 걸렸는데, 이 열병은 '멜리데 열병' 이라는 것으로서 열이 보통 넉 달 동안이나 지속되었고, 심한 경우에는 2

~3년 지속되기도 하였다.[11] 이같이 심한 열병에 걸린 보블리오의 부친이 바울의 기도로 깨끗하게 치유함을 입었고, 이런 소문이 퍼지자 섬의 각처에서 많은 병자들이 와서 고침을 받게 되었다. 바울과 배에 있던 다른 사람들은 그 섬에 3개월을 머물게 되었으니, 그 사이에 바울을 통하여 고침받고 복음을 받아들인 사람들이 얼마나 많았겠는가? 하나님께서는 재판받으러 가는 죄수를 통해서도 그의 살아 계심을 증거케 하셨다.

---

11) Richard N. Longenecker, op. cit., p. 565.

XVII 선교사의 마지막 시간들

　수많은 역경을 헤치고 바울은 드디어 그토록 그리던 로마에 발을 내딛었다. 이것은 "내가 거기 갔다가 후에 로마도 보아야 하리라"(행 19 : 21)라는 자신의 의지 때문이었다기보다는 "네가 예루살렘에서 나의 일을 증거한 것같이 로마에서도 증거하여야 하리라"(행 23 : 11)라고 하신 주님의 뜻 때문에 이루어진 일이었다. 로마에 도착해서도 화려한 선교 사역이 펼쳐진 것은 아니었다. 그곳에서도 여전히 그는 감옥에서 삶을 시작해야 했다. 그러나 그의 감옥 생활은 결코 무의미한 것이 아니었다. 그는 감옥에 있으면서 선교 사역을 감당해 낼 또 하나의 귀한 아들 오네시모를 탄생시켰다. 또한 그리스도의 위대하심을 그린 주옥 같은 서신들을 기록하였다. 그리고 누가가 그리고 있는 것처럼 죽는 그 순간까지도 담대히 복음을 증거하였다. 그의 복음 증거를 막을 수 있는 것은 아무것도 없었다. 그는 끝까지 선교

사로 살다가 그토록 사모하던 주님의 부르심을 받았다.

1. 드디어 로마에

멜리데 섬에서 겨울을 과동한 바울과 나머지 사람들은 이제 세 번째 배를 타고 로마 본토로의 나머지 여행을 시작하게 되었다. 마침 멜리데 섬에서 겨울을 보낸 다른 알렉산드리아 배가 있어서 그 배를 타게 되었는데, 뱃머리에 붙인 상징이 '디오스쿠로이(Dioskouroi)'였다. 그것은 '쌍둥이'란 뜻으로서, 그리스 로마 신화에 나오는 뱃사람을 위한 신(Castor, 카스토르)과 제우스의 아들(Pollux, 폴룩스)에서 연유된 이름이었다.[1] 멜리데를 떠난 배는 먼저 북동쪽으로 항해하여 이탈리아 반도 남쪽에 붙어 있는 시실리(Sicily)라는 큰 섬의 수도 시라쿠사(Syracuse)라는 곳에 정박하여 삼 일을 머물렀고, 거기서 다시 북쪽으로 올라가 이탈리아 반도의 발가락 부분에 해당되는 레기온(Regium)에서 하루를 머문 후, 다시 남풍의 덕분으로 순조롭게 북쪽으로 320킬로미터 정도 올라가 나플레스 만(the Gulf of Naples)에 있는 보디올(Puteoli)에 도착하여 1주일을 거기에서 머물며 그리스도인 형제들의 환영을 받았다. 아마도 이 기간에 백부장 율리오는 죄수들을 어떻게 처리할 것인지에 대한 지침을 받았던 것으로 보인다.[2]

일주일 후에 이제는 바다가 아니라 육로로 여행을 계속하였는데, 로마 도로 가운데서도 가장 유서가 깊고, 가장 반듯하고 완벽하게 건설된 아피아 가도(Appian Way)를 타고 로마로 올라갔다.[3] 드디어

---

1) Weldon Viertel, op. cit., p. 153.
2) John Stott, op. cit., p. 396.
3) Richard N. Longenecker, op. cit., p. 568.

그가 그렇게도 오랫동안 그리며 기도해 오던 로마에 도착한 것이었다.

바울이 로마로 오늘 길에 얼마나 많은 장애들을 만났던가. 바울이 로마 방문의 비전을 받고 로마 교회에 편지를 쓴 후에 실제로 로마를 방문한 것은 자그마치 3년의 세월이 흐른 후였다.[4)]

그 3년 동안 바울은 로마 방문은커녕 목숨도 부지하기 어려울 정도의 위험 천만한 일을 수없이 당하였다. 예루살렘에서 유대인들에게 잡혀서 돌에 맞아 죽을 뻔하였고, 천부장에 의해 겨우 살아났지만 '바울 사형 결사대'에 의해 길거리에서 객사당할 뻔하였고, 재판 몇 번 받기 위해 감옥에서 기나긴 세월을 보낸 후에 또다시 재판을 받기 위해 머나먼 뱃길을 떠나서 오다가 지중해 속에 장사될 뻔하였고, 막판에 도망칠 수 있다는 의심을 받으면서 다른 죄수들과 함께 순식간에 죽을 뻔하였고, 겨우 섬에 살아 올라가서도 독사에 물려 죽을 뻔하였다. 바울이 가이사 앞에 서기까지 전개된 죽음의 위협은 참으로 숨가쁜 것이었다. 더 이상 소망이 없이 모든 것이 완전히 끝난 것처럼 보이는 때가 수없이 많았다. 그러나 그 어떤 죽음의 위협도 가이사 앞으로 가는 그의 길을 막을 수는 없었다. 그것은 주께서 친히 인도하신 길이었기 때문이었다.

2. 극진한 환영, 썰렁한 반응

엄청난 장애와 고난의 질곡을 넘어서 드디어 로마에 도착한 바울 일행의 소식을 듣고 로마에 있던 그리스도인들이 바울 일행을 영접하러 왔다. 그들은 48킬로미터나 떨어진 '삼관(Three Taverns)'과 거기서부터 또 16킬로미터 더 떨어진 시장 지역인 '압비오 광장(the

---

4) F. F. Bruce, op. cit., p. 462.

Forum of Appius)'에까지 바울을 환영하러 마중을 나왔다. 이것은 참으로 큰 환영이 아닐 수 없었고, 이런 극진한 대접에 바울 역시 하나님께 감사하고 큰 용기를 얻었다(행 28 : 15). 오랜 여행에 지친 그에게 성도들의 환영이 큰 힘을 불어넣어 주었다는 것은 지극히 당연한 것이었다. 그도 역시 인간이었던 것이다.

드디어 로마에 도착하여 바울은 재판 대기 상태에 들어가게 되었다. 특별히 바울은 군인의 경비 아래 자신이 스스로 얻은 셋집에서 재판을 기다릴 수 있었다. 재판을 기다리면서 그는 여행에서 지친 자신의 몸을 회복하기도 전에 먼저 유대인들을 만났다. 그것은 모든 믿는 자에게 능력을 주시는 하나님의 복음이 먼저는 유대인에게 전해져야 한다는 바울 나름대로의 믿음 때문이었다(롬 1 : 16). 그는 유대인 지도자들을 모셔서 자신의 상황을 설명하고 복음을 전하였다. 먼저 자신은 유대인이나 유대인의 규례에 대하여 잘못한 것이 없는데 유대인들에 의해 로마인의 손에 넘겨졌음을 말하고(행 28 : 17), 로마인들이 자신을 심문하여 보았지만 아무런 죄도 찾지 못하였다는 것을 말하였다(행 28 : 18). 그럼에도 불구하고 유대인들이 자신의 석방을 계속 반대하므로 어찌할 수 없이 가이사에게 호소한 것일 뿐 결코 자신의 민족인 유대인에게 어떤 해를 입히기 위한 것은 아니라는 사실을 말하고(행 28 : 19), 이스라엘의 소망 즉 메시아가 오셨다는 사실을 전하므로 자신이 쇠사슬에 매였다는 사실을 강조하였다(행 28 : 20).

이에 대하여 유대인 지도자들은 말하기를 자신들은 아무런 연락도 받은 것이 없으며, 다만 나사렛 교파가 가는 곳마다 반대를 받는다는 사실은 알고 있기에 도대체 어떤 것인지 듣기를 원한다고 하였고(행 28 : 21~22), 실제로 많은 이들이 와서 바울의 말씀을 들었다. 바울은 이들에게 하나님 나라의 성격과 임하심에 대하여 설명하였고, 율법과 선지자 즉 구약으로부터 예수를 증명하였다(행 28 : 23).

그러나 바울의 말을 받아들인 소수를 제외하고는 대부분의 유대인들은 바울의 말에 대하여 마음 문을 닫아 걸었다. 바울은 이사야의 예언을 가지고 예수께서 한탄하신 말씀을 그대로 읊조릴 수밖에 없었다. "일렀으되 이 백성에게 가서 말하기를 너희가 듣기는 들어도 도무지 깨닫지 못하며 보기는 보아도 도무지 알지 못하는도다 이 백성들의 마음이 완악하여져서 그 귀로는 둔하게 듣고 그 눈을 감았으니 이는 눈으로 보고 귀로 듣고 마음으로 깨달아 돌아와 나의 고침을 받을까 함이라 하였으니"(행 28 : 26~27) 항상 그래왔듯이 그는 슬픈 마음을 안고 이방인을 향하여 돌아설 수밖에 없었다.

3. 감옥에서 낳은 아들

바울은 감옥에서 아들을 낳았다. 그 이름은 오네시모였다. 그는 본래 빌레몬서의 수신인인 빌레몬의 노예였다. 그는 우리가 알지 못하는 어떤 사건으로 인해 주인의 집을 도망쳐 나왔다. 그가 단순한 탈주의 기회를 잡은 것인지 아니면 어떤 일로 심부름을 갔다가 그냥 돌아가지 않고 눌러앉아 버렸는지 알 수 없다. 하여간 오네시모는 탈주한 죄에 더하여 주인의 돈까지 훔쳐 달아났을 가능성이 높다(몬 1 : 18). 오네시모는 바울을 만난 후[5] 예수님을 믿는 신실한 신자가 되었을 뿐 아니라, 바울의 심부름꾼으로, 시중드는 사람으로 바울에게 아주 요긴한 도움을 주게 되었다. 바울은 오네시모를 곁에 두고 도움을 받아야 할 상황에 있었고, 오네시모 역시 그것을 기꺼이 원했다. 그

---

5) 오네시모가 어떻게 바울을 만나게 되었을까? 아마도 리쿠스(Lycus) 계곡에서 사역한 전도자, 골로새의 에바브라가―그는 당시 바울을 방문중이었다(골 1 : 7, 4 : 9)―로마에서 우연히 오네시모를 만나 알아보고, 혹 바울에게 데려가면 그가 처한 곤궁에 대해 어떤 도움을 얻을 수 있지나 않을까 싶어서 데리고 갔을 가능성이 높다. F. F. Bruce, 『바울 곁의 사람들』, p. 73.

러나 오네시모가 탈주한 노예라는 사실을 안 이상 그냥 그를 곁에 둘
수는 없었다.

　그러나 오네시모를 주인에게 돌려보내서 자유민의 신분을 확보해
주는 것은 그리 간단한 문제가 아니었다. 오네시모의 주인인 빌레몬
은 오네시모에 대하여 큰 분노를 가지고 있을 가능성이 컸다. 당시의
법으로 보면 탈주한 노예는 죽임을 받아 마땅하였다. 이런 상황에서
오네시모를 돌려보내는 것은 여러 가지 위험 변수를 지닌 일이 아닐
수 없었다. 바울은 빌레몬에게 오네시모를 용서하라고 강요할 수 없
었고, 또한 오네시모에게도 빌레몬에게 가라고 강요할 수 없었다. 바
울은 이 일을 은혜롭게 잘 처리할 수 있도록 빌레몬에게 간곡한 편지
를 써서 오네시모의 손에 들려 보내었다. 특별히 오네시모가 빌레몬
의 승낙하에 로마로 돌아오게 된다면, 오네시모는 빌레몬을 대신하
여 바울 자신을 섬기게 되는 것과 마찬가지라는 사실을 바울은 강조
하였다(몬 1 : 13~14).

　특별히 바울은 이 편지의 수신자를 빌레몬으로만 제한하지 않고
자매 압비아와 함께 군사된 아킵보와 그 교회도 수신자로 규정하고
있다. 압비아는 빌레몬의 아내였고, 아킵보는 골로새 교회 혹은 라오
디게아 교회의 목회자였던 것으로 보인다. 그런데 골로새 4장 13
~17절의 말씀에 의하면 아킵보는 라오디게아에 있었던 것이 분명
하다. 당시에 골로새, 라오디게아, 그리고 히에라볼리 세 도시는 매
우 가까워 거의 한 도시처럼 왕래할 수 있는 형편이었다. 바울이 오
네시모의 문제를 가지고 빌레몬에게 편지를 보내면서 라오디게아
교회의 목회자에게도 알게 한 것은 오네시모의 문제가 빌레몬 한 사
람의 감정에 의해 선불리 처리되지 않고, 그 지역 교회들이 신중한
지혜를 모아 은혜 가운데 결정토록 하기 위한 바울의 지혜로 보인
다.[6] 바울은 심지어 빌레몬의 아내까지도 이 결정에 동참하도록 만
들고 있는 것이다. 바울의 이같은 신중한 배려로 오네시모는 빌레몬

의 용서를 받게 되었고, 용서받은 오네시모는 후에 에베소의 감독이 되어서 바울 서신을 처음 모으는 작업에 참여하여 자신이 용서받은 자유의 헌장과 같은 그 서신을 바울 서신에 넣었다는 이야기가 전해져 내려온다.[7] 과연 바울은 자신을 대신하여 선교 사역을 감당할 훌륭한 아들을 감옥 안에서 탄생시켰던 것이다.

4. 모든 것을 초월하여

바울은 감옥에 있는 동안 그가 세운 교회들을 향하여 자신의 몸이 가지 못하는 대신 글을 써서 보내기 시작했다. 물론 그가 쓴 모든 편지들이 다 감옥에서 쓴 것은 아니었다. 데살로니가 인들에게 쓴 그의 두 편지는 그가 그 도시에서 사역하고 나온 지 얼마 되지 아니한 때에 썼다. 또한 아주 바쁜 사역의 와중에서도 그는 고린도 전후서와 로마서 등을 썼다. 그러나 바울이 옥중에서 쓴 서신들은 앞의 서신들과는 좀 다른 차원이 있다. 이것은 그가 좀더 생각할 여유를 지니고 썼기 때문만은 아니었다. 그것은 그의 감옥 생활의 경험에 기인하는 것이라 할 수 있다. 그는 죽음에 직면하고 있었다. 그러나 그의 운명을 결정짓는 것은 가이사 황제가 아니라 그리스도라는 사실을 그는 잘 알았다. 죽음과 관계없이 그는 이미 그리스도와 함께 있었던 것이다. 이런 이유로 해서 그의 옥중서신인 에베소서, 빌립보서, 그리고 골로새서에는 다른 어느 서신에서보다 그리스도의 숭고하고 장엄하며 우주적인 주되심이 잘 드러나 있다. 그리스도는 하나님의 모든 창조 사역과 구속 사역의 대리자이셨지만, 자기 자신을 낮추어 십자가

---

6) William Barclay, *The Letters to Timothy, Titus, and Philemon*, Revised Edition(Philadelphia : The Westminster Press, 1975), pp. 273~275.
7) Ibid., p. 275.

를 지셨다. 그러나 하나님은 그를 높이시고 모든 이름 위에 뛰어난 이름과 지위를 주셨다(빌 2 : 9 ; 엡 1 : 22). 하나님은 그가 만물의 으뜸이 되는 것을 원하셨다(골 1 : 18). 바울은 그의 감옥 생활을 통하여 그리스도의 승리와 위대하심을 보면서 모든 이에게 능력과 자유를 주시는 그리스도를 보는 안목이 더욱 크게 열려지게 된 것이었다. 감옥 생활에서 그의 시야는 더욱 그리스도를 향하여 조절되었고, 그의 신학적 지평이 넓어지며, 비전이 명확해졌으며, 그의 증거는 보다 풍성해지게 된 것이다. 이러한 경험들을 뚫고 나온 그의 서신들은 그가 직접 가서 사역을 하는 것과 다른 차원에서 효과적이고 지속적인 선교 사역을 감당하도록 도와주었던 것이다.

5. 계속되는 바울의 선교

빌립보에서 시작되었던 바울의 감옥살이는 고린도, 에베소, 가이사랴까지 계속되었다. 그리고 결국 그의 마지막 역시 감옥에서 맞이하게 된다. 평생을 복음을 위하여 사역한 선교사의 마지막이 감옥생활이라는 것이 인간적으로는 서글픈 일일 수 있지만, 하나님께서는 그 고난을 통하여서도 계속 그의 선교 사역을 이루어 가셨다. 그는 감옥에 있으면서 많은 경비 군인들과 만나게 되었다. 당시의 죄수를 지키는 군인은 수갑으로 자신의 팔과 죄수의 팔을 하나로 묶어 지냈다. 하루에 3교대로 지켰다 해도 한 군인이 적어도 바울과 8시간을 함께 있었다는 말이 된다. 가장 위대한 선교사 바울과 함께 8시간을 있으면서, 그것도 한 번이 아니라 오랜 기간 즉 길게는 2년까지 함께 있으면서 그들 중 상당수가 복음을 받아들였을 것이 틀림없다. 나아가서 그들은 당시 사회에서 비교적 확실한 신분을 가진 사람들로서 분명히 많은 사람들에게 복음으로 영향력을 미쳤을 것이 틀림없다. 아울러 바울이 황제 앞에서도 재판을 받게 되었을 때,[8] 그것은 당시 세계에서 가장 최고의 재판정이었고, 재판관 역시 전 세계를 호령하던 사람이었는데, 바로 그 앞에서 바울은 그리스도의 이름을 선포하였던 것이다. 물론 네로가 그 이름에 주의를 기울였다고 보는 것은 다소 회의적이지만, 어찌 되었든 예술적이면서도 야비하기로 악명 높은 네로 황제가 바울의 입에서 흘러나오는 복음을 들은 것이다. 그가 죄수의 신분이 아니었던들 어찌 그런 기회를 잡을 수 있었겠는가?

그의 감옥 생활은 또한 다른 그리스도인들을 강한 증인으로 만드는 데 크게 기여하였다. 자신이 믿는 바를 위하여 고난을 당하는 것은 그 믿는 바를 가장 강하게 증거하는 것이 되는 것이다. 이런 점에서 메시아는 고난받는 종으로 예언되어졌고, '말터스(martys)' 라는 말은 증거와 순교의 의미를 동시에 지니고 있다. 한 알의 밀은 썩어져야 많은 열매를 맺는 것이다. 바울은 자신이 전하는 복음을 위하여 어떤 고난, 심지어 죽음까지도 받을 각오가 되어 있었다. 그가 복음을 위하여 당하는 그 모든 고난으로 인해 바울을 보는 모든 성도들은 매임과 고통 그리고 심지어 죽음까지 초월하는 복음의 능력을 실감하게 되었다. 또한 감옥 안에서도 계속해서 기뻐하라고 권하는 바울의 권면을 들으면서(빌 3 : 1, 4 : 4) 성도들은 복음의 능력이 환경을 뛰어넘는 것임을 절감하게 된 것이다. 이런 점에서 바울은 자신의 감옥생활의 고난을 '너희를 위한 고난'(엡 3 : 13 ; 골 1 : 24) 이라고

---

8) 바울이 황제 앞에서 재판을 받지 못하였을 것이라는 견해도 있다. 네로 황제는 아주 특별한 경우를 제외하고는 개인적으로 재판하는 것을 거절하고, 하부의 재판관들에게 맡겼고 후에 자신이 재판 결과를 검토하였다고 한다. 그렇다면 바울의 경우는 바로 이 특별한 예외적인 경우에 해당되었던 것이라 할 수 있을 것이다. 모든 폭풍과 죽음을 넘어 바울을 로마에 당도케 하신 하나님께서 "바울아 두려워 말라 네가 가이사 앞에 서야 하겠고"(행 27 : 24)라고 말씀하셨다면 그 분이 약속하신 대로 바울을 가이사 앞에 서게 하셨으리라고 확신한다. A. N. Sherwin-White, op. cit., pp. 110~111.

말하고 있다. 그 고난이야말로 성도들의 믿음을 굳세게 해 주는 최고의 보약이 되었던 것이다. 그래서 바울은 말한다. "형제들아 나의 당한 일이 도리어 복음의 진보가 된 줄을 너희가 알기를 원하노라"(빌 1 : 12)

감옥에 있던 바울이 과연 어떻게 되었을까 하는 것은 참으로 궁금한 일이 아닐 수 없다. 바울이 로마의 감옥에 만 2년 정도의 긴 세월을 갇혀 있었던 것은 당시 법정 업무의 폭주로 그의 사건에 대한 판결을 하지 못했던 것으로 추측된다. 2년 후에 바울은 어찌 되었는지 사도행전은 입을 다물고 있다. 바울은 2년의 유예 기간 후에 재판을 받고 무죄로 석방이 되었거나, 유죄 선고를 받고 처형이 되었거나, 판결 유예 판정을 받고 다시 감옥에 들어가서 상당 기간 더 감옥에 있다가 처형되었을 것이다. 믿을 만한 전승들에 의하면 바울은 2년의 감옥 생활 후에 재판을 받고 무죄로 판결을 받아 석방되었고, 서바나까지 가서 선교 활동을 하다가 기독교를 박해한 네로 황제 때에 로마에서 참수형을 당해 순교당하였다고 한다.[9]

이 견해에 의하면 바울이 처음 로마 감옥에 갇혔을 당시만 해도 기

---

9) 물론 바울이 처음 로마 감옥에 갇힌 후 석방되지 못하고 얼마 후에 참수형을 당했을 것이라는 견해도 매우 신빙성 있는 자료를 근거로 하여 주장되고 있다. 이 견해에 의하면, 바울은 로마 감옥에 2년 있은 후 재판을 받았으나 이때 확정적인 판결이 내려지지 않았고, 좀더 정확한 심문 준비를 위하여 다시 감옥에 들어가게 되었다. 이때 바울은 잠시나마 네로의 무자비한 형 집행에서 벗어났으며, 바울은 이것을 "주께서 내 곁에 서서 나를 강건케 하심은 나로 말미암아 전도의 말씀이 온전히 전파되어 이방인으로 듣게 하려 하심이니 내가 사자의 입에서 건지웠느니라"(딤후 4 : 17)라고 표현하고 있는 것 같다. 결국 바울은 얼마 후에 진행된 두 번째 재판에서 기독교 운동의 지도자로서 로마의 질서를 어지럽힌다는 죄목으로 참수형을 당하였다. F. F. Bruce, 『사도행전 하』, p. 307. 바울의 마지막에 대한 논의들에 대하여는 브루스의 책 *Paul : The Apostle of the Heart Set Free* 등의 책이나 기타 바울의 생애를 다룬 책들을 참고히기 비린다.

독교는 유대교의 일파로 생각되어졌고, 갈리오가 고린도의 총독으로 있을 때에 기독교에 대하여 호의적인 판결을 내린 것과 같은 견해가 그대로 유지되었다. 그러나 A.D. 62년경을 전후하여 기독교인들에 대한 로마 당국의 정책이 완전히 변한 것으로 보인다. 이 해는 네로의 생애에 있어서 전환기이기도 하였다. 네로는 옥타비아(Octavia)와 이혼하고 포파에아 사비나(Poppaea Sabina)와 결혼하였는데, 포파에아는 유대인의 절친한 친구일 뿐 아니라 '하나님을 경외하는 자(God-Fearer)'였기 때문에 그녀가 황후가 된 것은 기독교에 불리한 영향을 미쳤다. 또한 기독교도들은 로마인들의 부도덕한 삶을 멀리하였기 때문에 자연히 반사회적인 태도를 보였고 그 결과 '인류를 미워하는 사람들'이라는 굴절된 평판을 받았다. 이런 요인들로 인해 기독교는 제국의 정책에 의해 억압을 받았으며, 이러한 반기독교적 경향이 점차 강해져서 64년 로마의 화재가 기독교인들에 의해 저질러졌다는 누명을 받아 심한 박해를 받게 되었다. 그들은 대중의 즐거움을 위한 희생물들이 되어졌다. 어떤 이는 십자가에 처형되었고, 어떤 이는 동물 가죽 속에 꿰매어져 개에게 사냥되었으며, 어떤 이는 송진으로 덮인 후 밤에 횃불이 되어 점점 타죽어 갔다.[10] 이들은 참으로 말로 표현하기 어려운 극심한 고난을 겪으면서 죽어 갔다.

    바울도 이 즈음에 다시 감옥에 갇히게 되었는데, 새롭고 부정한 종교의 전파를 금하는 법을 어긴 죄목으로 잡힌 것으로 보인다. 특별히 로마의 대화재 사건을 선동하였다는 누명을 쓰고 투옥된 것으로 보인다. 이 일과 관련하여 특별히 '구리 장색 알렉산더'가(딤후 4 : 14) 바울을 고소하였거나 그러한 죄목에 대한 증인이 되어졌을 가능성이 높다.[11] 바울이 두 번째 투옥되었을 때는 첫번 감옥 생활과는 달리

---

10) F. F. Bruce, 『신약사』, p. 466.

아주 삼엄하고 자유가 없는 감옥에 갇혔고, 사람들이 쉽게 바울의 감옥을 찾거나 면회하기도 어려운 여건 속에 있었다. 감옥에 있는 바울을 찾아가 위로한다는 것은 매우 위험한 일이 아닐 수 없었는데, 혹 바울과 같은 종류의 사람으로 오인되어 함께 감옥에 갇힐 가능성이 높았기 때문이었다. 이같은 생명의 위험을 무릅쓰고 감옥에 있는 바울을 자주 찾아와서 그에게 위로를 더해 준 사람이 있었는데, 그가 바로 오네시보로였다.

쓸쓸한 감옥에서의 시간이 어느 정도 지난 후 바울은 기독교 운동의 지도자로서 로마의 평화 유지에 방해를 가져온다는 죄목으로 참수형을 선고받았다. 이같은 형이 확정되어지고 그 형의 집행을 기다리고 있는 상황에서 바울은 사랑하는 믿음의 아들 디모데에게 다음과 같은 말을 남겼다.

"관제와 같이 벌써 내가 부음이 되고 나의 떠날 기약이 가까웠도다 내가 선한 싸움을 싸우고 나의 달려갈 길을 마치고 믿음을 지켰으니 이제 후로는 나를 위하여 의의 면류관이 예비되었으므로 주 곧 의로우신 재판장이 그날에 내게 주실 것이니 내게만 아니라 주의 나타나심을 사모하는 모든 자에게니라"(딤후 4 : 6~8)

바울은 영원한 승리를 바라보고 있었다. 의의 면류관을 받을 날을 기다리고 있었다. 로마의 칙칙한 감옥도, 번뜩이는 형리의 칼도 바울이 갖고 있던 그 영원한 기쁨을 빼앗을 수는 없었다. 바울은 이제 그가 그렇게도 열심히 증거했던 그 주님을 얼굴로 대하고 만날 순간을 목전에 두고 있었던 것이다. 누가가 그리고 있는 것처럼 바울은 죽는 그 순간까지도 담대히 복음을 증거하였다. 그리고 그의 선교는 위대한 선교사를 흠모하며 그 선교적 삶을 따르기를 원하는 사람들에 의해 여전히 지속되고 있다.

---

11) Frank J. Goodwin, op. cit., p. 227

부 록

1. 바울의 생애 연표

A.D. 10년경 다소에서 출생
20~30　예루살렘 가말리엘 문하에서 율법 수학
30~33　고향 다소에서 천막 기술을 배우면서 랍비 수업을 함
33　　　예루살렘으로 돌아와 율법 교사가 됨
34　　　나사렛당을 핍박하다가 다마스커스 체험 속에서 선교사로 부름받음
34~36　아라비아 광야, 다마스커스, 예루살렘 등지에 머물면서 선교사 훈련
36~46　고향 다소에 머묾
46　　　안디옥에서 사역 시작
47~48　바나바와 함께 첫 선교 여행

49(?)	이신칭의의 진리를 확정짓기 위한 갈라디아서 기록
49	예루살렘 총회
49~52	두 번째 선교 여행
50~51	고린도 사역
50	데살로니가 전후서 기록
52~56	세 번째 선교 여행
52~55	에베소 사역
53~55	고린도 전후서 기록
55~56	고린도에서 겨울을 보냄
55~56	로마서 기록
57	예루살렘에서 체포됨
57~59	가이사랴 감옥에서
60~62	로마 감옥에서
60~62	빌립보서, 골로새서, 빌레몬서 기록
64~65(?)	서바나 방문
65(?)	바울의 죽음

2. 선교사로서의 바울의 자세

성령의 인도하심에 순종(IX-3. 성령의 인도를 따라 : p.131)

융통성 있는 선교의 자세(VIII-4. 바울의 상황화 원리 : p.120, XIV-2. 바울은 회색주의자(?) : p.238)

사사로운 관계에 매이지 않음(VIII-2. 바울은 강경파(?) : p.114, IX-1. 결별로 시작된 두 번째 선교 여행 : p.125)

철저한 모범(XIII-2. 바울의 고별 설교에 나타난 선교사의 삶 : p.207)

복음 전파의 절대성과 긴박성을 견지함(IV-1. 아라비아 광야에서 : p.53 ; 2. 모든 것이 은혜 : p.56, XI-3. 데살로니가 전후서를 쓰면서 : p.162)

불굴의 정신(VI-2. 떠나간 동역자 : p.81 ; 3. 비시디아 안디옥 : 갈라디아 지역 선교의 첫 열매 : p.84, VI-6. 핍박 속에 이어진 선교 여행 : p.91, VII-3. 첫 선교 여행을 성공적으로 만든 요인들 : p.104, XIII-2. 바울의 고별 설교에 나타난 선교사의 삶 : p.207)

영혼의 고귀함에 대한 인식(XIII-2. 바울의 고별 설교에 나타난 선교사의 삶 : p.207)

복음을 분명히 가르침(XIII-2. 바울의 고별 설교에 나타난 선교사의 삶 · p.207)

남의 터 위에 세우지 아니함(XII-8. 왜 서바나인가?: p.200)

3. 바울이 받은 선교 훈련

가정에서의 신앙 훈련(I-4. 바울 가문의 가풍 및 가정 교육 : p.28)
랍비 훈련(II-1. 가말리엘의 제자가 되다 : p.33)
헬라 문화 습득(I-3. 바울의 고향 다소 : p.25, II-1. 가말리엘의 제자가 되다 : p.33)
노동/기술 훈련(II-2. 가말리엘 문하에서 하산한 후 : p.35)
신학 훈련(IV-1. 아라비아 광야에서 : p.53)
선교의 동력을 얻는 훈련(IV-2. 모든 것이 은혜 : p.56)
핍박 훈련(IV-3. 다마스커스와 예루살렘에서 : p.58)
영성 훈련(IV-4. 낙향 : p.60)
인격 훈련(IV-5. 바나바와의 만남 : p.62)

4. 바울의 선교를 강하게 만든 요인들

분명한 소명감(III-3. 180도 방향 전환 : p.45 ; 4. 아나니아를 통한 부르심의 확증 : p.47)
복음을 위한 절대 헌신(VI-6. 핍박 속에 이어진 선교 여행 : p.91, XII-2. 두란노 서원 사역에 나타난 바울의 선교적 열정과 지혜 : p.182)
성령과의 긴밀한 교제와 능력 주심(IX-3. 성령의 인도를 따라 : p.131, XIII-7. 바울의 선교 사역에서 배우는 지혜 : p.222)
역경 앞에서의 담대함(XV-5. 담대함 : p.263)
강력한 영혼 사랑(XIII-6. 외로운 짝사랑 : p.219)
철저한 은혜 의식(IV-2. 모든 것이 은혜 : p.56)
긴박한 종말 신앙(XI-3. 데살로니가 전후서를 쓰면서 : p.162)

5. 바울의 선교 지혜

열린 문의 선교 원리(VI-6. 핍박 속에 이어진 선교 여행 : p.91, XIII-7. 바울의 선교 사역에서 배우는 지혜 : p.222)
자립 교회 설립(VII-4. 자립 교회 설립의 지혜 : p.108, XIII-7. 바울의 선교 사역에서 배우는 지혜 : p.222)

거점 도시 중심 선교(XIII-7. 바울의 선교 사역에서 배우는 지혜 : p.222)
회당을 이용한 선교 거점 확보(VI-5. 바울과 회당 : p.89, XIII-6. 외로운 짝사랑 : p.219)
세속 사회로 들어가는 선교(XII-2. 두란노 서원 사역에 나타난 바울의 선교적 열정과 지혜 : p.182)
네 개 지역에 대한 집중적 · 지속적 선교 활동(XIII-7. 바울의 선교 사역에서 배우는 지혜 : p.222)
동역자를 통한 선교(XIII-7. 바울의 선교 사역에서 배우는 지혜 : p.222)
상류층도 포함하는 선교(XIII-7. 바울의 선교 사역에서 배우는 지혜 : p.222)
성령의 인도와 능력 주심에 의한 선교(XIII-7. 바울의 선교 사역에서 배우는 지혜 : p.222)
옥토에 우선 투자하는 선교(XIII-7. 바울의 선교 사역에서 배우는 지혜 : p.222)
수용자의 필요와 수용 상태에 민감함(IX-1. 잘난 사람들 : p.153, XIII-7. 바울의 선교 사역에서 배우는 지혜 : p.222)
지속적 지원(VII-1. 왔던 길로 다시 돌아 : p.100, XIII-5. 바울의 동역자들 : p.214, XIII-7. 바울의 선교 사역에서 배우는 지혜 : p.222)
상황화(VIII-4. 바울의 상황화 원리 : p.120, XIV-2. 바울은 회색주의자(?) : p.238)
신속한 시간 내에 현지 지도력을 세움(VII-3. 첫 선교 여행을 성공적으로 만든 요인들 : p.104)

6. 바울과 그의 동역자들이 받은 재판과 심문

빌립보의 치안 판사 앞에서(X-2. 화가 변하여 복으로 : p.140)
데살로니가 읍장들 앞에서(X-4. 한 달 만에 세워진 교회 : p.146)
고린도의 갈리오 총독 앞에서(XI-5. 고린도 사역의 열매들과 방해 공작들 : p.168)
에베소의 서기장 앞에서(XII-6. 에베소 사역의 절정과 종결 : p.192)
예루살렘의 공회 앞에서(XIV-4. 살인 음모 : p.245)
가이사랴 벨릭스 총독 앞에서(XV-1. 벨릭스의 고민 : p.250)
가이사랴 베스도 총독 앞에서(XV-2. 결론 없는 베스도의 재판 : p.254)
아그립바 왕 앞에서(XV-3. 헤롯 아그립바 2세 앞에서 : p.257)

7. 바울이 당한 고난들

선교 사역을 위하여 자신이 쌓은 생의 기반들을 버림(Ⅲ-4. 아나니아를 통한
부르심의 확증 : p.47)
유대인들의 갖가지 핍박(Ⅵ-3. 비시디아 안디옥 : 갈라디아 지역 선교의 첫 열
매 : p.84;6. 핍박 속에 이어진 선교 여행 : p.91, Ⅶ-2. 유대인들은 왜 그토록 바울을
핍박했을까? : p.102, ⅩⅣ-3. 체포당하는 바울 : p.241 ; 4. 살인음모 : p.245)
선교지 사람들의 변덕스러움(Ⅵ-7. 선교지 사람들의 팥죽 변덕 : p.93)
선교 여행에서의 각종 어려움과 방해 공작들(Ⅵ-3. 비시디아 안디옥 : 갈라디
아 지역 선교의 첫 열매 : p.84;4. 눈이라도 빼어 줄 사람들 : p.87, Ⅹ-2. 화가 변하
여 복으로 : p.140, Ⅺ-5. 고린도 사역의 열매들과 방해 공작들 : p.168, ⅩⅡ-6. 에베
소 사역의 절정과 종결 : p.192)
정든 이들과의 이별(ⅩⅢ-1. 슬픈 이별들 : p.204)
공중 앞에서의 채찍질과 수치스러운 재판들(Ⅹ-2. 화가 변하여 복으로 : p.140,
ⅩⅤ-1. 벨릭스의 고민 : p.250 ; 2. 결론 없는 베스도의 재판 : p.254 ; 3. 헤롯 아그립
바 2세 앞에서 : p.257 ; 4. 바울과 재판 : p.260)
풍랑 속에서의 고난(ⅩⅥ-2. 풍랑 속에서 : p.270)
끝없는 기다림(ⅩⅤ-6. 기다림 : p.265)

8. 바울이 쓴 서신들

갈라디아서와 복음의 선언(Ⅷ-1. 심각한 문제 : p.112)
데살로니가전서와 바른 종말 신앙(Ⅺ-3. 데살로니가 전후서를 쓰면서 : p.162)
고린도 전후서와 교회 안의 문제 해결(ⅩⅡ-5. 선교사의 마음을 아프게 한 교회 :
p.188)
로마서와 바울의 사역지 변경(ⅩⅡ-7. 바울의 사역지 변경 계획과 로마서 : p.195)
빌레몬서와 바울이 감옥에서 낳은 아들(ⅩⅤⅡ-3. 감옥에서 낳은 아들 : p.282)
에베소, 빌립보, 골로새서와 바울의 감옥 생활(ⅩⅤⅡ-4. 모든 것을 초월하여 :
p.284)

9. 바울이 세운 교회들

갈라디아 교회들(Ⅵ-3. 비시디아 안디옥 : 갈라디아 지역 선교의 첫 열매 : p.84 ; 4.
눈이라도 빼어 줄 사람들 : p.87)
빌립보 교회(Ⅹ-1. 복음을 받은 유럽 최초의 도시 : p.137 ; 2. 화가 변하여 복으로 :

p.140;3. 바울의 세례 정책 : p.144)
데살로니가 교회(Ⅹ-4. 한 달 만에 세워진 교회 : p.146)
베뢰아 교회(Ⅹ-5. 신중한 사람들 : p.149)
고린도 교회(Ⅺ-4. 참 좋은 부부와의 만남 : p.165;5. 고린도 사역의 열매들과 방해 공작들 : p.168)
에베소 교회(Ⅻ-2. 두란도 서원 사역에 나타난 바울의 선교적 열정과 지혜 : p.182;3. 선교의 열매를 가져온 이적과 기사 : p.183)

10. 바울이 만난 세 종류의 선교 대상과 그 접근 방법

1) 유대인과 하나님을 경외하는 무리들—구약과 그 예언의 성취로서의 그리스도를 소개(Ⅵ-3. 비시디아 안디옥 : 갈라디아 지역 선교의 첫 열매 : p.84)
2) 이방인 중에서 철학적으로 높은 수준을 지닌 사람들(아테네)—창조주 이신 하나님을 말하고(행 17 : 24~30), 그 하나님이 보내신 예수 그리스도를 소개(행 17 : 31~32, Ⅺ-1. 잘난 사람들 : p.153)
3) 이방인 중에서 정령 숭배자들(루스드라, 에베소)—그들이 관심 가지고 있는 신적 능력을 보여 주고, 그것을 기점으로 하여서 복음을 증거함 (Ⅵ-7. 선교지 사람들의 팥죽 변덕 : p. 93, Ⅻ-3. 선교의 열매를 가져온 이적과 기사 : p. 183)

11. 바울의 3차 선교 지역들

1차(행 13 : 4~14 : 28)—키프러스의 살라미와 바보, 갈라디아의 안디옥, 이고니온, 루스드라, 더베[갈라디아 지역에 집중]
2차(행 15 : 36~18 : 22)—마케도니아의 빌립보, 데살로니가, 베뢰아, 아가야의 아테네, 고린도[마케도니아와 아가야에 집중]
3차(행 18 : 23~21 : 14)—길리기아, 갈라디아, 에베소, 마케도니아, 아가야[에베소에 집중]

12. 바울 주위의 사람들

가이오 디도 유스도(Ⅺ-5. 고린도 사역의 열매들과 방해 공작들 : p.168)
그리스보(회당장)(Ⅺ-5. 고린도 사역의 열매들과 방해 공작들 : p.168)

나손(XIV-1. 바울이 가져온 예물에 담긴 의미 : p.236)
누가(IX-4. 의사 누가와의 만남 : p.133, XVI-1. 죄수의 몸으로 : p.268)
두기고(XIII-5. 바울의 동역자들 : p.214)
드로비모(XIII-5. 바울의 동역자들 : p.214, XIV-3. 체포당하는 바울 : p.241)
디도(XII-5. 선교사의 마음을 아프게 한 교회 : p.188)
디오누시오(아레오바고 의회 의원)(XI-1. 잘난 사람들 : p.153)
디모데(IX-2. 믿음의 아들 디모데의 동참 : p.128, XII-5. 선교사의 마음을 아프게 한 교회 : p.188)
루디아(X-1. 복음을 받은 유럽 최초의 도시 : p.137)
마가(VI-2. 떠나간 동역자 : p.81, IX-1. 결별로 시작된 두 번째 선교 여행 : p.125)
바나바(IV-5. 바나바와의 만남 : p.62, V-2. 선교 운동의 새 중심지 : 안디옥교회 : p.68, VI-1. 키프러스(구브로)섬 : 선교단장 바나바의 고향 : p.79, IX-1. 결별로 시작된 두 번째 선교 여행 : p.125)
뵈뵈(XI-4. 참 좋은 부부와의 만남 : p.165)
빌레몬(XVII-3. 감옥에서 낳은 아들 : p.282)
빌립 집사(XIII-3. 성령의 헷갈리는 지시(?) : p.210)
세나(XIII-5. 바울의 동역자들 : p.214)
소바더(소시바더)(X-5. 신중한 사람들 : p.149, XIII-5. 바울의 동역자들 : p.214)
세군도(XIII-5. 바울의 동역자들 : p.214)
실라(실루아노)(IX-1. 결별로 시작된 두 번째 선교 여행 : p.125, X-2. 화가 변하여 복으로 : p.140)
아가보(XIII-3. 성령의 헷갈리는 지시(?) : p.210)
아굴라와 브리스길라(XI-4. 참 좋은 부부와의 만남 : p.165)
아리스다고(XII-6. 에베소 사역의 절정과 종결 : p.192, XVI-1. 죄수의 몸으로 : p.268)
아볼로(XII-4. 말에 능한 아볼로 vs 말에 어눌한 바울 : p.185)
압비아와 아킵보(XVII-3. 감옥에서 낳은 아들 : p.282)
야손(X-4. 한 달 만에 세워진 교회 : p.146)
오네시모(XVII-3. 감옥에서 낳은 아들 : p.282)
오네시보로(XVII-5. 계속되는 바울의 선교 : p.285)
유두고(XIII-1. 슬픈 이별들 : p.204)
유오디아와 순두게(IX-4. 의사 누가와의 만남 : p.133, XIII-5. 바울의 동역자들 : p.214)

참고 문헌

김세윤. 『예수와 바울』. 서울 : 도서출판 참말, 1993.
김재성 편. 『바울 새로 보기』. 서울 : 한국신학연구소, 2000.
박준서. 『성지 순례』. 서울 : 조선일보사, 1992.
신성종. 『신약 역사』. 서울 : 개혁주의신행협회, 1985.
Allen, Clifton. *The Broadman Bible Commentary. Acts - 1 Corinthians.*
Allen, Roland. *Missionary Methods : St. Paul's or Ours?*. Grand Rapids, MI : Eerdmans, 1962.
Barclay, William. *The Acts of the Apostles.* Revised edition, Philadelphia, PN : The Westminster Press, 1956.
_____. *The Letters to the Philippines, Colossians, and Thessalonians.* Revised Edition, Philadelphia : The Westminster Press,

1975.

_____. *The Letters to Timothy, Titus, and Philemon.* Revised Edition, Philadelphia : The Westminster Press, 1975.

_____. 『바울의 인간과 사상』. 서기산 역, 서울 : 기독교문사, 1997.

Beker, J. Christiaan. *Paul the Apostle : The Triumph of God in Life and Thought.* Philadelphia : Fortress Press, 1980.

Benjamin, Paul. *The Growing Congregation.* Cincinnati : Standard Publishing Co., 1972.

Bennett, Charles T. "Paul the Pragmatist : Another Look at His Missionary Methods", *Evangelical Missions Quarterly.* Vol. 16, No. 3.

Bosch, David J. *Transforming Mission : Paradigm Shifts in Theology of Mission.* Maryknoll, NY : Orbis Books, 1995.

Bruce, F. F. 『신약사』. 나용화 역, 서울 : 기독교문서선교회, 1978.

_____.『사도행전 상, 브루스 주석』. 이용복 · 장동민 역, 서울 : 아가페 출판사, 1986.

_____.『사도행전 하, 브루스 주석』. 김재영 · 장동민 역, 서울 : 아가페 출판사, 1986.

_____.『바울 곁의 사람들』. 윤종석 역, 서울 : 기독지혜사, 2000.

_____. *The Acts of the Apostles : The English Text with Introduction, Exposition and Notes, in The New London Commentary on the New Testament.* Marshall, Morgan and Scott/Eerdmans, 1954.

_____. *Paul : Apostle of the Heart Set Free.* Grand Rapids, MI : Eerdmans, 1977.

Dahl, N. A. "The Missionary Theology in the Epistle to the Romans", in *Studies in Paul : Theology for the Early Chris-*

tian Mission. Minneapolis : Augsburg Publishing House, 1977.

Foakes-Jackson. F. J. & Kirsopp Lake, eds. *The Beginnings of Christianity.* Part I : The Acts of the Apostles, Vol. 4, Grand Rapids, MI : Baker Book House, 1979.

Goodspeed, Edgar J. *Paul.* Winster : The John Christian Company, 1947.

Gilliland, Dean S. *Pauline Theology & Mission Practice.* Grand Rapids, MI : Baker Book House, 1983.

Glasser, Arthur F. *Kingdom and Mission.* Unpublished edition, Pasadena, CA : Fuller Theological Seminary, 1989.

Goodwin, Frank J. 『바울의 생애』. 이남종 역, 서울 : 크리스챤 서적, 1996.

Hedlund, Roger E. 『성경적 선교신학』, 송용조 역, 서울 : 서울 성경학교 출판부, 1990.

Holzner, Joseph. *Paul of Tarsus.* St. Louis, MO : B. Herder Book Co., 1944.

Josephus, Flavius. *The Antiquities of the Jews.* c. AD 93~94, translated by William Whiston, 1737 ; from Josephus : Complete Works, Pickering & Inglis, 1981.

_____. *The Wars of the Jews.* c. 78~79, translated , II.3.5. translated by William Whiston, 1737 ; from Josephus : Complete Works, Pickering & Inglis, 1981.

Kane, Herbert. 『선교 신학의 성서적 기초』. 이재범 역, 서울 : 도서출판 나단, 1988.

_____. *Christian Missions in Biblical Perspective.* Grand Rapids, MI : Baker Book House, 1976.

Kasemann, Ernest, "On the Subject of Primitive Christian Apocalyptic," in *New Testament Questions of Today*, 1969 : 108-137.

Longenecker, Richard N. *The Acts of the Apostles : Introduction, Text and Exposition, in The Expositor's Bible Commentary*. Frank Gaebelein ed., vol. 9, Grand Rapids, MI : Zondervan, 1981.

Marshall, Howard. *The Acts of the Apostles, New Testament Commentaries*. Grand Rapids, MI : Eerdmans, 1980.

Meyer, F. B. *Paul : A Servant of Jesus Christ*. Fort Washington, Pennsylvania : Christian Literature Crusade, 1983.

Nock, Arthur Darby. *St. Paul*. New York : Harper and Brothers, 1937.

Pierson, A. T. *The Acts of the Holy Spirit*. Marshall, Morgan and Scott, 1895.

Pollock, John. *The Apostle*. Wheaton, IL : Victor Books, 1985.

Ramsay, W. M. *St. Paul the Traveller and the Roman Citizen*. New York : G. P. Putnam's Sons, 1898.

_____. *Cities of the St. Paul : Their Influence on His Life and Thought*. New York : Hodder & Stoughton, 1907.

Sanders, Oswald J. 『지도자 바울』. 서울 : 네비게이토 출판사, 1987.

Sherwin-White, A. N. *Roman Society and Roman Law in the New Testament*. Oxford : Oxford University Press, 1963.

Stewart, R. A. "Proselyte", *The New Bible Dictionary*. ed., J. D. Douglas, Grand Rapids, MI : Eerdmans, 1962.

Stott, John. *The Spirit, the Church, and the World : The Message of Acts*. Downers Grove, IL : InterVarsity Press, 1990.

Viertel, Weldon. *Early Church Growth : A Study of the Book of Acts*. Manila : Publishers Association of the Philippines, 1973.

Winter, Ralph D. "The Two Structure of God's Redemptive Mission," in *Perspectives on the World Christian Movement*. Ralph D. Winter & Steven C. Hawthorne eds., Pasadena, CA : William Carey Library, 1992.

판권
소유

선교사가 그린 선교사 바울의 생애

2002년 12월 15일 1판 1쇄 발행
2006년 7월 10일 1판 2쇄 발행

지은이 | 안승오
발행인 | 이형규
발행처 | 쿰란출판사

주소 | 서울 종로구 이화동 184-3
TEL | 02-745-1007, 745-1301, 747-1212, 743-1300
영업부 | 02-747-1004, FAX / 02-745-8490
본사평생전화번호 | 0502-756-1004
홈페이지 | http://www.qumran.co.kr
E-mail | qumran@hitel.net
            qumran@paran.com
한글인터넷주소 | 쿰란, 쿰란출판사

등록 | 제1~670호(1988.2.27)

책임교열 | 장인숙 · 임영주

값 9,000원

ISBN 89-7434-775-X 03230

※ 이 책의 판권은 저작권법에 의해 보호를 받는 저작물이므로 무단 복제할 수 없습니다.
   잘못된 책은 교환해 드립니다.